Le corps quantique

Docteur Deepak Chopra

Le corps quantique

Trouver la santé aux confins du corps et de l'esprit

Traduit de l'américain par Nicole Romain-Hartvick

InterEditions

L'édition originale de cet ouvrage a été publiée aux États-Unis par Bantam Books, New York, sous le titre *Quantum Healing*. © 1989 by Deepak Chopra, M.D.

ISBN 2-7296-0637-8

Avec mon respect et mes remerciements
les plus profonds à
Maharishi Mahesh Yogi

Table des matières

Une introduction personnelle

« L'un de mes malades, qui est chinois, se trouve dans la phase terminale d'un cancer de la cavité nasale. Son visage est atteint et sa souffrance pratiquement constante. Mais il est également médecin et je crois qu'il devrait entendre cela. »

Assis de l'autre côté du bureau, je fis un signe d'assentiment. C'était à la fin du mois d'octobre 1987, à Tokyo. Je rendais visite à un spécialiste japonais en cancérologie, qui me paraissait susceptible de m'aider à expérimenter une théorie nouvelle. Celle-ci concernait l'un des plus grands mystères de la médecine, le processus de guérison. A l'époque, je n'avais pas encore trouvé le terme de « guérison quantique », mais c'était bien de cela que nous nous entretenions depuis plus d'une heure.

Nous nous levâmes et nous dirigeâmes vers les salles. En marchant, j'apercevais des jardins zen parfaitement entretenus, que l'hôpital avait installés à l'extérieur. Les enfants dormaient dans leur salle toute proche ; nous marchâmes donc en silence pendant quelque temps. Le médecin japonais s'arrêta devant des chambres privées, trouva la bonne porte et s'effaça pour me faire entrer. « Dr Liang », dit-il, « pouvez-vous nous accorder quelques instants ? » La chambre était dans l'ombre. Un homme de 45 ans environ, à peu près mon âge, était allongé dans le lit. Il tourna la tête avec lassitude tandis que nous entrions. Nous avions tous trois plusieurs points communs — nous étions originaires d'Orient et avions quitté notre pays d'origine pour apprendre la médecine occidentale de pointe. Nous réunissions à nous trois cinquante ans de pratique médicale spécialisée. Mais l'homme dans le lit était le seul qui serait mort dans un mois. Cardiologue taïwanais, il était atteint d'un cancer du nasopharynx, découvert moins d'un an auparavant. Maintenant, des pansements de grande taille lui arrivaient presque aux yeux. Notre rencontre fut un moment difficile. En le saluant, je ne baissai pas mon regard mais le Dr Liang baissa le sien.

« Nous sommes venus parler un peu », murmura le médecin japonais. « N'êtes-vous pas trop fatigué ? »

L'homme dans le lit fit un geste de dénégation courtois et nous avançâmes des chaises. Je commençai à décrire brièvement les idées principales que j'avais déjà exposées à mon hôte. Je croyais fondamentalement que la guérison n'est pas un processus essentiellement physique mais mental. Quand nous constatons la réduction d'une fracture osseuse ou la régression d'une tumeur maligne, notre qualité de médecin nous amène à examiner avant tout le mécanisme physique. Mais celui-ci est comparable à un écran derrière lequel, expliquai-je, se trouve quelque chose de beaucoup plus abstrait, une sorte de savoir-faire que l'on ne peut ni voir ni toucher.

Et cependant, j'en étais convaincu, ce savoir-faire est une force puissante qui échappe encore à notre contrôle. En dépit de tous nos efforts pour stimuler le processus de guérison lorsque celui-ci défaille, la médecine ne peut l'expliquer. La guérison est vivante, complexe et holistique. Nous la traitons à notre façon, qui est limitée, et elle semble se conformer à nos limites. Cependant, lorsqu'un événement étrange survient, par exemple quand un cancer déjà avancé disparaît soudain mystérieusement, la théorie médicale reste confondue. Nos limites semblent alors très artificielles.

Parmi ma propre clientèle, plusieurs de mes patients cancéreux se sont complètement rétablis alors que la médecine les avait déclarés incurables et ne leur accordait que quelques mois à vivre. Je ne pensais pas que ces cas fussent des miracles ; je pensais qu'ils étaient la preuve que l'esprit peut être assez puissant pour modifier les plans de base autour desquels est construit le corps. Il peut gommer les erreurs de l'épure, pour ainsi dire, et détruire toute maladie — cancer, diabète, maladie coronarienne — qui a rompu l'harmonie du projet.

Mes mots se bousculaient car je parlais sous le coup de l'expérience la plus remarquable de ma vie professionnelle. Quelques semaines auparavant, tandis que je visitais l'Inde, l'un des plus grands sages de notre époque m'avait enseigné des techniques, qui remontaient à des milliers d'années, dont il disait qu'elles pouvaient redonner à l'esprit ses capacités de guérison. Je parle du yogi Maharishi Mahesh, bien connu en Occident comme fondateur de la Méditation Transcendantale (MT). Je pratique la méditation depuis près de huit ans et je prescris fréquemment à mes malades la pratique de cette méditation (curieusement, j'ai été initié, non pas en Inde mais par un Américain à Boston).

J'étais assis un après-midi en compagnie de Maharishi, dans des locaux en plein développement appelés Maharishi Nagar et situés à 90 km environ à l'ouest de New Delhi. Nous étions seuls dans la modeste maison qu'il occupe, entourée de l'école et des bâtiments de l'hôpital, encore en cours de construction. Ce lieu fait déjà partie des rares endroits que je considère comme représentant l'Inde véritable. On y éprouve le sentiment qu'une grande culture du passé garde ici sa dignité et sa sagesse immense. Grâce à Maharishi, les anciens sages védiques ne nous paraissent pas lointains, malgré les milliers d'années qui nous en séparent, mais au contraire très proches. L'endroit se trouve même près du lieu où le dieu Krishna passa une nuit entière à initier le grand guerrier Arjuna aux secrets de l'illumination — l'histoire est rapportée dans le poème épique de la *Bhagavad Gitâ*.

Sans préliminaires, Maharishi se tourna vers moi et dit : « Je désire vous voir seul demain, dans ma chambre. Pouvez-vous venir sitôt après votre méditation matinale ? »

Je fus très surpris mais ne l'importunai pas par des questions. Le jour suivant, je me présentai à sa porte. Maharishi était assis dans la position du lotus, sur un sofa recouvert de soie. Il me fit signe d'entrer et de m'asseoir. Puis il me dit très simplement : « J'ai longtemps attendu avant de révéler certaines techniques très spéciales.

Je pense qu'elles deviendront la médecine du futur. Elles étaient connues dans le passé lointain mais elles se sont perdues dans le tourbillon du temps ; aujourd'hui, je veux que vous les appreniez, et en même temps je veux que vous expliquiez, de manière claire et scientifique, comment elles fonctionnent. »

Durant les heures qui suivirent, il m'enseigna une série de techniques mentales, dont celles qu'il nommait « les sons primordiaux ». Leur pratique est liée à la méditation mais elles sont prescrites en cas de maladies bien précises, comme le cancer, que nous considérons incurables en Occident. Maharishi me dit explicitement qu'elles représentaient les moyens de guérison les plus puissants dans l'ancienne tradition de la médecine indienne, *l'Ayur-Véda*. Son enseignement fut très simple et je n'eus aucune difficulté à comprendre ce qu'il me faudrait faire à mon retour, auprès de mes patients. En même temps, j'avais conscience qu'il me demandait d'aller bien au-delà de mon rôle de médecin, tel qu'on l'entend dans le monde occidental.

A la fin de l'entretien, j'avais noirci plusieurs pages de mon carnet de ses instructions. Maharishi sourit avec la douceur pénétrante et la compassion qui me reviennent à la mémoire chaque fois que j'évoque son nom.

« Ce savoir est extrêmement puissant », répéta-t-il. « En comparaison, les médicaments et la chirurgie que vous avez l'habitude d'utiliser sont très grossiers. Cela prendra du temps mais les gens finiront par s'en rendre compte. » Nonchalamment, il se tourna pour recevoir d'autres visiteurs venus le voir au sujet de l'admission des enfants à l'école de Maharishi Nagar.

Quelques minutes plus tard, je me tenais seul sous le porche, contemplant, au-delà du désert, le paysage aride et rougeoyant. Nous nous trouvions dans un lieu dont la plupart des Occidentaux ignorent l'existence. Croiraient-ils réellement qu'un changement capital dans la pensée médicale avait pris naissance ici ? Je connais de nombreux chercheurs et je riais à la seule pensée de leur réaction. Les fondements physiques de la science sont très solides et extrêmement convaincants aux yeux de tout médecin. Le pouvoir de l'esprit lui paraît douteux dans les mêmes proportions.

A dire vrai, mes doutes avaient bien du mal à entamer mon enthousiasme. Empruntant le sentier poussiéreux en direction de ma chambre, la nuque brûlante sous l'ardent soleil indien, je me sentais vivifié. Ce n'était pas un sentiment d'autosatisfaction mais de joie exubérante, presque impersonnelle. Je ne savais pourquoi, mais un grand secret venait de m'être dévoilé et j'avais l'impression d'avoir été élevé jusqu'au ciel. J'avais appris à voir à travers le masque de la matière et, à cet instant, la chaleur, la poussière et tout autre lien matériel m'apparaissaient dérisoires. Même mon propre scepticisme m'importait peu, même si je savais qu'il commencerait très bientôt à me tourmenter. Je devais affronter des décisions difficiles : il me fallait imaginer un moyen de rendre ces techniques crédibles. Certains les rejetteraient en leur reprochant d'être fondées sur la foi, d'autres m'accuseraient de vendre de faux espoirs.

Il me fallait montrer que cela méritait pleinement le nom de science. Comment m'y prendre ? Cela viendrait. La pensée indienne a toujours reposé sur la conviction que *Satya*, la vérité, est la seule à triompher. « La vérité est simple », m'encouragea Maharishi. « Soyez clair, laissez la vérité s'imposer d'elle-même et surtout ne compliquez pas les choses. »

Le nom *Ayur-Véda* est apparu il y a plus de quatre mille ans ; en sanskrit, il signifie « la science de la vie ». Le fait d'être élevé en Inde, comme ce fut mon cas, ne garantit pas qu'on puisse en apprendre beaucoup sur cette science antique. Lorsque j'étais enfant, ma grand-mère avait coutume de frotter du curcuma sur nos piqûres d'insectes et elle nous recommandait de ne jamais manger de fruits acides avec du lait. C'est ainsi qu'on pratiquait l'Ayur-Véda à la maison. En règle générale, l'Ayur-Véda a été éclipsée par la médecine scientifique occidentale, boutée hors de son lieu d'origine par le progrès. Si l'on excepte les cultures voisines de l'Inde, du Tibet, du Népal et de Sri Lanka, l'Ayur-Véda est pratiquement inconnue, bien qu'elle ait laissé une trace indélébile. Les techniques populaires de la médecine orientale qui ont réussi à s'imposer en Occident, comme l'acupuncture chinoise, furent fondées sur les principes ayur-védiques, il y a des milliers d'années.

Au cours des siècles, la connaissance originale de l'Ayur-Véda s'est dispersée. Les Indiens qui vivent selon les valeurs traditionnelles, en particulier dans les campagnes, ont encore tendance à suivre les pratiques ayur-védiques, mais ils les ont soumises à de nombreuses interprétations différentes. La plupart sont très partielles, voire bornées. Chaque *vaidya*, ou médecin ayur-védique, se réclame d'anciens maîtres de l'Ayur-Véda, tels Charaka ou Sushruta, mais cela ne signifie pas que son traitement sera le même que celui prescrit par le vaidya du village voisin.

De nombreuses techniques ayur-védiques ont complètement disparu et ce sont malheureusement celles qui pourraient le plus contribuer à la médecine moderne. Les anciens médecins indiens étaient aussi de grands sages ; leur principale croyance était que le corps est créé à partir de la conscience. Un grand yogi ou un *swami* auraient eu la même croyance. Ils pratiquaient donc une médecine fondée sur la conscience et leur façon de traiter la maladie franchissait la barrière corporelle pour aller plus profond, au cœur même de l'esprit.

Lorsqu'on regarde les schémas anatomiques de l'Ayur-Véda, on ne voit pas les mêmes organes que ceux représentés dans un manuel d'anatomie, mais le diagramme caché du lieu où l'esprit s'écoule alors qu'il crée le corps. C'est cet écoulement que traite l'Ayur-Véda. Ou plutôt traitait. Avant de rencontrer Maharishi, je supposais que l'Ayur-Véda n'était qu'une médecine populaire, parce que tout ce que j'en voyais relevait des remèdes de bonne femme — les herbes, régimes, exercices et surtout, les règles incroyablement complexes de la vie quotidienne, qui font partie de l'air qu'on respire lorsqu'on grandit en Inde.

La recherche de Maharishi, quant à elle, était axée sur l'ancienne Ayur-Véda et sa capacité de guérir des malades par des procédés immatériels. Après m'avoir transmis ces procédés, il attendait de moi que j'explique comment ils fonctionnaient. C'est pourquoi je voulais m'entretenir avec des médecins intéressés par ces techniques, comme l'était mon interlocuteur de Tokyo. Et maintenant, je répétais tout cela à un homme moribond, dans son lit d'hôpital, à des milliers de kilomètres de chez lui et bien plus loin encore de ses ancêtres spirituels. Mes mots se perdaient dans la paix de la chambre obscure. Il était évident que le Dr Liang était maintenant très fatigué. Il était resté silencieux mais comme nous nous levions pour partir, il me toucha le bras : « Espérons que vous avez raison », dit-il. « Merci. »

En revenant à travers les salles, je regardai encore par les fenêtres les minuscules jardins zen. Blotti dans une alcôve aussi petite qu'une chambre de l'hôpital, chacun d'eux était un modèle de soins attentionnés. Les ifs, taillés avec un soin extrême, resplendissaient dans la chaude lumière d'octobre. Nous marchâmes vers le parc de stationnement et, arrivés près de ma voiture, le docteur japonais et moi nous serrâmes la main chaleureusement. Je lui dis que j'allais d'abord expérimenter mes nouvelles techniques en Amérique mais que je le tiendrais à tout moment informé de la suite des événements.

Durant le trajet vers l'hôtel, je me promis de lui écrire pour lui rapporter les propos de Maharishi sur la vie du vaidya, médecin ayur-védique : « Un vaidya est un guerrier invincible parce qu'il combat l'élément de mort. Un vaidya donne, il est le donneur de vie et, pour cela, il est béni entre tous. »

Ces mots impliquent que le médecin se doit de faire un voyage intérieur, pour amener sa pensée au-delà des limites du corps physique et atteindre le cœur d'une réalité plus profonde. Sa responsabilité est de résoudre l'énigme de la vie et de la mort. La solution nous attend au-delà de l'horizon, avec le même sentiment d'urgence et de joie qui animait les anciens sages. Franchissant le vide du temps et de l'espace, survivant aux vagues de destruction qui engloutissent l'espèce humaine, l'ancienne sagesse védique s'adresse à nous avec une profonde simplicité : dans l'agencement parfait de la nature, rien ne meurt jamais. Un être humain est aussi éternel qu'une étoile ; tous deux sont illuminés par l'étincelle de la vérité.

Chaque jour, je ressens l'importance du voyage intérieur. Je crois que je n'accomplis encore que mes premiers pas, mais je veux les parcourir dans ce livre, pour d'autres. Pour moi aujourd'hui, la pratique de la médecine est pleine d'espoir. Je n'avais pas besoin de la connaissance ayurvédique pour savoir que les médecins luttent contre la mort. J'en avais besoin pour comprendre que nous serons vainqueurs.

PREMIÈRE PARTIE

La physiologie cachée

Dans la réalité plus profonde qui se situe au-delà de l'espace et du temps, il se peut que nous soyons tous membres d'un même corps.

Sir James Jeans

1

Après le miracle

A plusieurs reprises dans le cours de ma carrière médicale, j'ai eu le privilège être le témoin de guérisons miraculeuses. La dernière en date remonte à l'an dernier, lorsqu'une jeune femme indienne de 32 ans vint me voir à mon cabinet situé aux environs de Boston. Elle prit place tranquillement en face de moi, vêtue d'un sari de soie bleue. Pour garder contenance, elle joignait étroitement les mains sur ses genoux. Elle s'appelait Chitra, me dit-elle, et elle tenait avec son mari Raman un petit commerce de quartier, dans l'importation, à New York.

Quelques mois auparavant, Chitra avait remarqué une petite boule sur son sein gauche, sensible au toucher. Elle subit une opération pour enlever cette boule qui se révéla malheureusement cancéreuse. Le chirurgien fit un examen approfondi et s'aperçut que le cancer avait gagné les poumons.

Après avoir enlevé le sein atteint, ainsi qu'une zone importante de tissus environnants, le médecin de Chitra lui prescrivit des doses initiales de rayons puis la plaça en chimiothérapie intensive. C'est le processus habituel de traitement du cancer du sein, qui sauve de nombreuses vies. Mais son cancer du poumon serait plus difficile à traiter ; il était évident pour tous que Chitra se trouvait dans une situation précaire.

A l'examen, je remarquai sa grande anxiété. Lorsque je tentai de la rassurer, elle me surprit par une confidence touchante : « Ce n'est pas ma propre mort qui m'inquiète mais le fait que mon mari se sentira si seul sans moi.

Parfois, je feins de dormir et je passe ensuite toute la nuit éveillée à penser constamment à lui. Je sais que Raman m'aime mais après ma mort, il se mettra à fréquenter des Américaines. Je ne supporte pas l'idée qu'il me remplace par une Américaine. » Elle s'arrêta de parler et m'adressa un regard empreint de souffrance. « Je sais que je ne devrais pas dire cela mais je pense que vous comprenez. »

On ne s'habitue pas à la peine qu'engendre le cancer mais mon chagrin était encore plus grand de savoir que le temps était l'ennemi de Chitra. Pour l'instant, elle paraissait encore en bonne santé. Elle était même parvenue à dissimuler sa maladie à ses proches, craignant de les voir observer son affaiblissement progressif. Nous savions tous deux que des moments difficiles l'attendaient.

Personne ne peut prétendre connaître de traitement pour un cancer du sein avancé. Le traitement classique avait eu pour Chitra tout le résultat que l'on pouvait escompter. Etant donné que son cancer s'était déjà étendu à un autre organe, les statistiques lui donnaient une chance de survivre cinq ans inférieure à 10 %, même en choisissant le cycle de chimiothérapie le plus intensif qui puisse être administré sans danger.

Je lui demandai de suivre un nouveau genre de traitement, conforme à l'Ayur-Véda.

Comme moi, Chitra avait été élevée en Inde mais elle avait une idée très vague de l'Ayur-Véda. A mon avis, la génération de ses grands-parents avait dû être la dernière à y « croire » ; aujourd'hui, tout Indien moderne vivant dans une grande ville aurait tendance à préférer la médecine occidentale, s'il pouvait se le permettre financièrement. Afin d'expliquer à Chitra pourquoi je lui demandais en apparence de tourner le dos au progrès, je lui dis que son cancer n'était pas simplement une maladie physique mais également holistique. Tout son corps savait qu'elle avait un cancer et en souffrait ; un prélèvement de tissu provenant de ses poumons montrerait la présence de cellules cancéreuses alors qu'un prélèvement du foie se révélerait négatif. Cependant, son foie, étant irrigué par le même sang, recueillerait les signaux de la maladie provenant du poumon et ses propres fonctions s'en trouveraient affectées.

De la même manière, lorsqu'elle sentait une douleur dans la poitrine ou qu'elle devait s'asseoir pour reprendre son souffle, des signaux étaient diffusés dans tout le corps, dans un va-et-vient constant à partir du cerveau. Captant la douleur, son cerveau devait y répondre. La fatigue qu'elle ressentait, ainsi que son état de dépression et d'anxiété, étaient la réponse de son cerveau qui se traduisait par des conséquences physiques. Il était donc faux de penser que son cancer était simplement une tumeur isolée à détruire. Elle souffrait d'une maladie holistique ; il lui fallait donc une médecine holistique.

Le terme *holistique*, qui semble offenser les médecins orthodoxes, signifie simplement que l'approche du problème inclut, ensemble, le corps et l'esprit. Je crois que l'Ayur-Véda réussit mieux que toute autre médecine dans ce domaine, bien que cela ne semble pas évident à première vue. En fait, de nombreuses techniques fondées sur l'association esprit-corps, qui bénéficient d'un battage publicitaire important, comme l'hypnose ou la méthode du biofeedback, sont bien plus spectaculaires que l'Ayur-Véda. Si Chitra était tombée malade chez elle, à Bombay, sa grand-mère lui aurait sans doute préparé des repas spéciaux, lui aurait rapporté de la pharmacie ayur-védique des herbes médicinales dans du papier d'emballage et aurait insisté pour qu'elle reste au lit. Divers purgatifs et des massages avec des huiles auraient pu lui être prescrits pour débarrasser le corps des toxines produites par le cancer. Si la famille observait une tradition spirituelle, elle se serait mise à méditer. J'allais lui demander en quelque sorte de faire les mêmes choses, en y ajoutant certaines pratiques. Jusqu'à présent, on n'a trouvé aucune raison, scientifiquement parlant, pour qu'une de ces quelconques méthodes marche, si ce n'est qu'elles marchent. L'Ayur-Véda a su atteindre quelque chose de très profond dans la nature. Son savoir prend sa source non dans la technologie mais dans la sagesse, que je définirais comme étant la compréhension de l'organisme humain, accumulée au cours des siècles et en laquelle on peut avoir confiance.

« Je veux que vous alliez dans une clinique spéciale, aux environs de Boston, pendant une semaine ou deux », dis-je à Chitra. « Certaines des choses qui vous arriveront pourront vous sembler très étranges. Vous êtes habituée à associer l'idée d'un hôpital aux respirateurs, aux tubes intraveineux, aux transfusions et à la chimiothérapie. Selon ces critères, ce qu'on vous fera dans cette clinique vous paraîtra dérisoire. En un mot, je veux que vous rameniez votre corps à un état de repos très profond. »

Chitra était d'un tempérament confiant : elle accepta de s'y rendre. En un sens, bien sûr, elle n'avait pas d'autre choix. La médecine moderne avait fait tout son possible, avec pour stratégie l'attaque physique de son cancer. L'avantage initial d'un tel assaut, c'est l'espoir de balayer physiquement la maladie aussi rapidement que possible. L'inconvénient majeur, c'est que le corps tout entier subit des dommages résultant de l'assaut contre une de ses parties. Dans le cas de la chimiothérapie, le danger est grand que le système immunitaire se trouvant si affaibli permette à d'autres cancers de se développer ultérieurement. Cependant, un cancer du sein non traité est considéré comme mortel et la médecine actuelle parvient bien à éliminer la maladie à court terme. Dans un contexte psychologique où la peur prévaut, les gens préfèrent courir les risques inhérents à une cure de chimiothérapie plutôt que d'affronter la maladie elle-même.

J'envoyai Chitra à la clinique où je travaille, le Centre médical Maharishi Ayur-Véda, à Lancaster dans le Massachusetts. Elle y fut traitée pendant une semaine ; on lui enseigna également un programme, à suivre chez elle, qui comprenait un changement de régime, des herbes ayurvédiques, des exercices quotidiens de yoga, et un enseignement de la Méditation Transcendantale. Toutes ces mesures semblent différentes en apparence mais en réalité, elles concourent à ramener la vie quotidienne à un état d'équilibre et de paix, fondement de la guérison future. Dans l'Ayur-Véda, un niveau de relaxation totale, profonde, est la plus importante condition pour la guérison de tout désordre. Le concept de base est que le corps sait comment maintenir son équilibre, à moins que la maladie ne vienne bouleverser cet équilibre ; en conséquence, si l'on désire redonner au corps la capacité de se guérir lui-même, tout doit être mis en œuvre pour rétablir d'abord son équilibre. C'est une notion très simple dont les conséquences sont profondes. On enseigna également à Chitra deux techniques mentales spéciales qui s'adressaient directement à la racine de son mal (je reviendrai plus loin sur ces techniques).

Chitra suivit scrupuleusement son programme et revint me voir toutes les six semaines. Elle continuait dans le même temps la cure de chimiothérapie, prescrite par son médecin traitant, à New York. A propos de cette cure, je lui dis : « Si je pouvais en toute confiance vous prescrire uniquement l'Ayur-Véda, je le ferais — votre état physique en souffrirait moins. Mais vous étiez très malade lorsque vous êtes venue me voir et nous savons tous deux que l'approche de la chimiothérapie est extérieure. Associons les deux approches, extérieure et intérieure, et espérons que cette association mènera à une véritable guérison. »

Pendant près d'un an, je suivis les progrès de Chitra. Elle écoutait toujours dans une attitude pleine de confiance ; pourtant, à chacune de ses visites, il était clair que son état ne connaissait aucune amélioration. Ses radios du poumon restaient mauvaises, ses problèmes de respiration empiraient et, avec la progression de la maladie, elle commençait à se sentir plus faible et abattue. La panique perçait dans sa voix. Le jour arriva enfin où Chitra ne se présenta pas à son rendez-vous. Je laissai passer une semaine avant de l'appeler chez elle. Les nouvelles étaient mauvaises. Raman, son mari, m'annonça qu'une forte fièvre s'était brutalement déclarée et qu'elle avait dû être hospitalisée durant le week-end. Pendant quelque temps, du liquide avait suinté de ses poumons et s'était répandu dans la cavité pleurale environnante. Son docteur suspectait la présence d'une infection. Etant donné ce pronostic menaçant, rien ne garantissait que Chitra pût jamais quitter l'hôpital.

Puis une chose très curieuse se produisit. Après un ou deux jours d'antibiotiques, la fièvre de Chitra qui était montée à 40° redevint normale, laissant son médecin traitant incrédule. Il est tout à fait étrange qu'une forte fièvre cède d'elle-même si rapidement lorsque la cause sous-jacente est une infection chez un malade en phase terminale. Pouvait-il y avoir une autre cause que l'infection ? Il décida de faire une radio de la poitrine et le lendemain, Raman m'appela, à la fois surexcité et perplexe.

« Son cancer a disparu ! me dit-il au téléphone, débordant de joie.

— Que voulez-vous dire ? demandai-je, déconcerté.

— Ils ne peuvent plus trouver aucune cellule cancéreuse, rien », il avait bien du mal à se contenir. « Le cancérologue était sûr au début que la radio correspondait à un autre malade et il a voulu en refaire une mais maintenant, il est convaincu. »

Ravi, soulagé et incapable d'expliquer cette guérison subite, Raman considérait que le rétablissement de sa femme était un miracle. Quand j'appelai Chitra dans sa chambre d'hôpital, elle ne put que répéter en pleurant : « Vous avez réussi, Deepak », tandis que je reprenais avec insistance : « Non, non, c'est vous qui avez réussi, Chitra. » Je n'aurais jamais pensé qu'une guérison aussi rapide résulterait de ces traitements, qu'ils soient traditionnels ou ayur-védiques. Rétrospectivement, je comprends que sa forte fièvre traduisait en quelque sorte l'ultime embrasement du cancer moribond, un processus connu sous le nom de nécrose tumorale. Mais le mécanisme précis intervenant dans ce processus reste sans explication. Si les guérisons miraculeuses existent, alors j'étais convaincu que celle-ci en était une.

Au bout de quelques semaines cependant, notre joie mutuelle se fit plus tempérée. Le « miracle » de Chitra ne durait pas. C'est d'abord à l'intérieur d'elle-même qu'il faiblit : au lieu de croire à sa guérison inexplicable, elle devint tourmentée, craignant de manière morbide de voir réapparaître son cancer. Elle m'appela pour me demander si elle devait reprendre sa chimiothérapie.

« Cela fait deux mois que le cancer a disparu, dis-je. Votre médecin a-t-il trouvé de nouvelles cellules cancéreuses ?

— Non, admit Chitra, mais il pense que c'est la chimiothérapie qui m'a guérie et que je devrais la poursuivre. »

Je commençai à éprouver un sentiment de frustration. Je

savais, tout comme son médecin, que la chimiothérapie suivie par Chitra ne pouvait donner de résultats aussi soudains et complets, encore moins dans le cas de cancers avancés où d'autre organes étaient également atteints. Mais il devenait tout aussi évident que Chitra avait atteint les limites de son endurance. La chimiothérapie avait engendré un état nauséeux pratiquement constant et ses cheveux étaient tombés dans des proportions effrayantes, ce qui ajoutait à la honte qu'elle éprouvait à la suite de l'ablation de son sein. Tout cela compromettait les traitements ayurvédiques que nous avions entrepris. Si une chimiothérapie plus forte encore était administrée, Chitra deviendrait plus dépressive, plus vulnérable aux infections et plus faible de jour en jour.

Cependant, dans le même temps, je n'avais aucune bonne raison à lui opposer. Que se passerait-il si, au bout de six mois, elle rechutait et mourait ?

« Faites votre chimiothérapie », lui dis-je, « mais suivez également notre programme scrupuleusement ; d'accord ? » Elle acquiesça.

Pendant les mois qui suivirent, Chitra ne rechuta pas mais elle restait troublée et désorientée. Il semblait que son cancer fût plus facile à vaincre que le sinistre doute qui s'insinuait peu à peu dans sa vie, l'empêchant de se sentir bien.

Le dilemme angoissant de Chitra est le véritable point de départ de ce livre. Pour qu'elle se rétablisse réellement, il lui fallait une explication. Que lui était-il arrivé ? Sa guérison était-elle un miracle, comme elle l'avait d'abord pensé, ou simplement une rémission temporaire, comme elle venait à le redouter ? En cherchant plus loin dans l'association corps-esprit, je pense qu'on peut trouver la réponse.

Les recherches entreprises, aussi bien aux Etats-Unis qu'au Japon, sur les guérisons spontanées de cancers ont montré que juste avant que la guérison se produise, presque tous les patients ressentent un changement radical au niveau de leur prise de conscience. Ils savent qu'ils vont guérir et ils sentent que la force responsable de cette guérison se trouve en eux-mêmes, sans pour autant être limitée à eux — elle s'étend au-delà de leurs limites personnelles pour se propager dans la nature tout entière. Brusquement, ils pensent : « Je ne suis pas limité à mon propre corps, tout ce qui existe autour de moi fait partie de moi. » A ce moment précis, ces malades atteignent apparemment un nouveau niveau de conscience qui interdit l'existence du cancer. Alors, les cellules cancéreuses disparaissent, du jour au lendemain dans certains cas ou, du moins, se stabilisent sans plus détériorer l'organisme.

Ce saut dans la conscience semble représenter la clé du problème. Toutefois, il n'est pas nécessaire qu'il se produise tout à coup. Chitra cultivait délibérément ce sentiment à travers les techniques ayur-védiques. Ainsi, sa capacité à rester à un niveau de conscience supérieur était étonnamment liée à son état. D'une certaine manière, elle pouvait motiver l'absence de la maladie ou tout aussi aisément revenir à son état cancéreux (je compare l'idée à une corde de violon dont la hauteur de son varie en fonction du déplacement de l'archet sur cette corde). Le mot qui vient à l'esprit d'un scientifique réfléchissant à des changements aussi soudains est *quantum*. Le terme dénote un saut discret d'un niveau de fonctionnement à un plus haut niveau — c'est le saut quantique.

Le quantum est aussi un terme technique, que les physiciens étaient seuls à connaître auparavant mais qui acquiert aujourd'hui un sens populaire. Un quantum est « l'unité indivisible selon laquelle des ondes peuvent être soit émises soit absorbées », si l'on se réfère à la définition de l'éminent physicien britannique Stephen Hawking. Pour le profane, le quantum est un élément de base. La lumière est faite de photons, l'électricité provient de la charge d'un électron, la gravité du graviton (c'est un quantum hypothétique qui n'a pas encore été trouvé dans la nature) et ainsi de suite pour toutes les formes d'énergie — chacune d'elles ayant pour base le quantum et ne pouvant être divisée en de plus petits éléments.

Les deux définitions — le saut discret vers un niveau supérieur et le niveau irréductible d'une force — semblent s'appliquer à des cas semblables à celui de Chitra. Je voudrais ainsi introduire l'expression *guérison quantique* pour décrire ce qui lui est arrivé. Bien que le terme soit nouveau, le processus ne l'est pas. Il y a toujours eu des patients qui n'ont pas suivi le cours normal de la guérison. Une infime minorité, par exemple, ne s'affaiblit pas malgré le cancer ; d'autres ont des tumeurs qui évoluent beaucoup plus lentement que les statistiques ne le prévoient. De nombreuses guérisons qui ont toutes une origine mystérieuse — guérison par la foi, rémission spontanée ou utilisation efficace de placebos ou « substances neutres » — font également penser à un saut quantique. Pourquoi? Parce que dans tous ces exemples, la faculté d'utiliser la conscience intérieure semble avoir engendré un saut déterminant — le saut quantique — dans le mécanisme de guérison.

La conscience est une force que la plupart d'entre nous sous-estiment. En règle générale, nous négligeons notre conscience intérieure ou n'utilisons pas son pouvoir réel, même dans les moments de crise les plus difficiles. Ceci peut expliquer pourquoi les guérisons « miraculeuses » sont accueillies avec un mélange d'effroi, d'incrédulité et de respect. Pourtant, chacun d'entre nous possède cette conscience. Ces miracles sont peut-être des extensions de nos facultés normales. Lorsque l'organisme répare un os cassé, pourquoi cela n'est-il pas un miracle? En tant que processus de guérison, il est certainement complexe, bien trop complexe pour que la science médicale le reproduise ; il implique un nombre incroyable de processus parfaitement synchronisés dont la science médicale ne connaît que les plus importants et encore, imparfaitement.

Les raisons qui font que se guérir soi-même d'un cancer est un miracle et que réparer la fracture d'un bras n'en est pas un relèvent du domaine de l'association corps-esprit. L'os cassé semble se réparer de lui-même, selon un processus physique qui ne nécessite pas l'intervention de l'esprit ; en revanche, la guérison spontanée d'un cancer — selon l'opinion largement répandue — dépend d'une qualité spéciale de l'esprit, une volonté intense de vivre, une conception de la vie héroïquement optimiste ou un autre don rare. Cela implique qu'il y a deux sortes de guérisons, l'une normale, l'autre anormale ou du moins exceptionnelle.

Je pense pour ma part que cette distinction est fausse. Un bras cassé se répare parce que la conscience en a décidé ainsi et il en est de même pour la guérison miraculeuse d'un cancer, la survie exceptionnelle de malades atteints du SIDA, la guérison par la foi et même la capacité de vivre jusqu'à un âge très avancé sans être diminué par la maladie. La raison pour laquelle nous n'arrivons pas tous à entraîner le processus de guérison aussi loin qu'il peut aller réside dans nos différentes manières de mobiliser ce processus.

On peut illustrer cela par les différentes manières de réagir à la maladie des gens. Un pourcentage infime, même pas 1 %, des malades atteints d'une maladie incurable parvient à guérir spontanément. Un pourcentage plus élevé, bien qu'inférieur à 5 %, vit plus longtemps que la moyenne — ceci est confirmé par les 2 % de malades atteints du SIDA qui ont survécu plus de huit ans, tandis que la grande majorité meurt avant deux ans. Ces résultats ne sont pas limités aux maladies incurables. Des études ont montré généralement que 20 % des malades atteints de maladies sérieuses mais curables se rétablissent avec d'excellents résultats. Reste environ 80 % des malades qui ne guérissent pas du tout ou en partie seulement. Pourquoi cette écrasante majorité en faveur des guérisons manquées? Qu'est-ce qui différencie un rescapé d'un non-rescapé?

Apparemment, les vainqueurs ont appris à encourager leur propre guérison et les plus chanceux sont allés bien plus loin encore. Ils ont découvert le secret de la guérison quantique. Ce sont les génies de l'association esprit-corps. La médecine moderne ne peut même pas prétendre reproduire leur guérison, en ce sens que nulle guérison fondée sur des médicaments ou la chirurgie ne peut être aussi précisément réglée, aussi parfaitement coordonnée, aussi dépourvue de dangers (les effets secondaires sont inexistants) et n'exige aussi peu d'efforts que la leur. Leur capacité prend naissance à un niveau si profond que nul ne peut aller au-delà. Si nous arrivions à savoir ce que fait leur cerveau pour encourager le corps, nous aurions alors entre nos mains l'unité de base du processus de guérison.

Jusqu'à présent, la médecine n'a pas réalisé le saut quantique et le mot *quantum* n'a pas d'acception clinique. Parce que la physique quantique va de pair avec des accélérateurs à très grande vitesse, on pourrait croire que la guérison quantique utilise les radio-isotopes ou les rayons X. Mais c'est le contraire qui se produit. La guérison quantique s'éloigne des méthodes extérieures de haute technicité pour atteindre le cœur même du système corps-esprit. Ce point est l'endroit où la guérison prend naissance. Pour atteindre ce point et apprendre à activer le processus de guérison, on doit dépasser les niveaux plus élémentaires de l'organisme — cellules, tissus, organes et systèmes — et arriver au point de jonction de l'esprit et de la matière, le point où la conscience commence réellement à produire un effet.

Le quantum lui-même — ce qu'il est, comment il agit — occupe la première moitié de ce livre. La deuxième moitié mêle ensuite le quantum à la pratique de l'Ayur-Véda, réalisant ainsi le mariage de deux cultures pour tenter d'obtenir une seule réponse. De manière surprenante, l'Occident a une vision scientifique de l'Univers qui rejoint la vision des anciens sages de l'Inde. C'est un voyage qui brise toutes les barrières et ignore les obstacles culturels. Pour moi, l'histoire doit être dévoilée tout entière. Chitra me l'a demandé et c'est pour elle et pour tous les malades dans la même situation que je l'écris maintenant. Jusqu'à ce qu'ils trouvent une réponse, leur existence n'est pas assurée.

2

Le corps a un esprit qui lui est propre

Lorsque j'ai dit que personne ne pouvait honnêtement prétendre connaître de traitement du cancer du sein, je ne disais qu'à moitié la vérité. Si un malade pouvait activer le processus de guérison de l'intérieur, cela constituerait alors le traitement du cancer. Des exemples de guérison semblables à celle de Chitra se produisent lorsqu'un changement radical survient à l'intérieur, balayant la peur et le doute en même temps que la maladie. Toutefois, le lieu exact de ce changement reste très mystérieux. La sagesse médicale est mise au défi de répondre même à la plus élémentaire question: ce changement chez Chitra s'est-il produit dans son corps, dans son esprit ou dans les deux à la fois? Pour répondre à cette question, la médecine occidentale s'est mise récemment à considérer avec du recul les médicaments et la chirurgie, qui sont les fondements de toute pratique médicale, pour se pencher sur le domaine vague et souvent déroutant que l'on dénomme un peu rapidement la « médecine corps-esprit ». Cette prise de conscience était quasiment obligatoire car la confiance habituelle que l'on accordait au seul corps physique commençait à s'effriter.

La médecine corps-esprit provoque un malaise certain chez bon nombre de médecins qui pensent qu'elle est plus un concept qu'un domaine réel. Si le choix entre une idée nouvelle et un composé chimique connu lui est donné, le médecin accordera sa confiance à ce dernier — pénicilline, digitaline, aspirine ou valium ne nécessitent aucune réflexion de la part du patient (ou du médecin) pour être efficaces. Le problème surgit lorsqu'un tel produit se révèle inefficace. Des enquêtes récentes effectuées en Grande-Bretagne et aux Etats-Unis montrent que quelque 80 % des patients pensent que le problème sous-jacent, le motif qui les amenait à consulter un médecin, n'est pas résolu à l'issue de cette visite. Des études classiques qui remontent à la fin de la Deuxième Guerre mondiale ont montré que des malades ont quitté le Yale Medical School Hospital plus malades qu'ils n'étaient à leur arrivée (parallèlement, des études similaires ont montré que des patients souffrant de troubles psychiques se sont mieux portés durant la période d'attente de leur consultation qu'après avoir effectivement vu le psychiatre — cela prouve qu'il ne suffit pas d'échanger un médecin du corps contre un médecin de l'âme).

Une guérison miraculeuse, donc, met simplement en lumière la nécessité de reconsidérer certains des principes de base de la médecine. La logique normale en matière de guérison peut être impressionnante ou du moins satisfaisante, comme lorsqu'on prescrit de la pénicilline pour guérir une infection, mais la logique de la nature peut être stupéfiante. De nombreux médecins sont restés perplexes devant des cas de guérison tels que celui de Chitra, sans avoir le moindre début d'une explication ; ils emploient alors l'expression consacrée *rémission spontanée*, appellation bien pratique qui ne signifie pas autre chose que ceci : le patient s'est guéri lui-même. Ces guérisons spontanées sont tout à fait rares — une étude datant de 1985 a estimé qu'il y en avait une sur vingt mille cas de cancers diagnostiqués ; certains spécialistes pensent qu'elles sont plus rares encore (inférieures à dix pour un million) mais nul n'en est certain.

Récemment, je passais une soirée en compagnie d'un spécialiste du cancer renommé du Middle West, qui traite des milliers de personnes chaque année. Je lui demandai s'il connaissait des cas de rémission spontanée. Il haussa les épaules et me répondit : « Je n'aime pas beaucoup ce terme, cependant j'ai vu des tumeurs régresser complètement. C'est très rare mais cela arrive. »

Ces régressions pouvaient-elles parfois se produire d'elles-mêmes ? Il admit que cela pouvait être le cas. Il réfléchit un moment et ajouta que certaines formes de mélanomes — cancer de la peau redoutable, qui tue très rapidement — sont connues aussi pour disparaître d'elles-mêmes. Il ne pouvait dire pourquoi. « Je ne peux perdre mon temps à penser à ces phénomènes exceptionnels », dit-il. « Le traitement du cancer, c'est une affaire de statistiques — on considère les nombres. Une immense majorité de malades répond à certains aspects d'un traitement et on n'a tout simplement pas le temps de faire des recherches sur la minorité infinitésimale qui guérit pour une raison inconnue. De plus, l'expérience nous a montré que la plupart de ces régressions ne sont que temporaires. »

Pensait-il que les régressions totales étaient inférieures à une sur un million ? Non, répondit-il, elles ne sont pas aussi rares. Par conséquent, en qualité de scientifique, ne désirait-il pas découvrir le mécanisme qui se cachait derrière, même si les chances étaient d'une sur un million ou sur dix millions ? A nouveau il haussa les épaules. « Il doit bien sûr y avoir un mécanisme derrière cela », concéda-t-il, « mais ce n'est pas mon domaine de recherche. Laissez-moi vous donner un exemple : il y a huit ans, un homme est venu me voir en se plaignant d'une toux qui lui déchirait la poitrine. On lui fit passer une radio qui révéla une grosse tumeur entre ses poumons. Admis à l'hôpital, on pratiqua une biopsie et le pathologiste diagnostiqua un cancer à petites cellules (carcinome). C'est un cancer dont l'évolution est rapidement fatale.

« J'annonçai à mon patient la nécessité d'une opération immédiate, afin de soulager la tension créée par la tumeur, qui serait suivie d'une radiothérapie et d'une chimiothérapie. Il refusa, très troublé par la perspective d'un traitement. Après cette visite, je perdis complètement sa trace. Huit ans plus tard, un homme vint me voir avec un énorme ganglion lymphatique au cou. Je fis une biopsie qui révéla un cancer à petites cellules. Je me rendis compte alors que c'était le même homme.

« On fit une radio du thorax qui ne montra aucune trace de cancer du poumon. Normalement, 99,99 % des malades non traités seraient morts en six mois ; quant à 90 % des malades, ils n'auraient pas survécu au-delà de cinq ans, même avec un traitement intensif. Je lui demandai ce qu'il avait fait pour son premier cancer et il me répondit qu'il n'avait rien fait, qu'il avait simplement décidé qu'il ne mourrait pas d'un cancer, et que de la même manière, il allait refuser un traitement pour son deuxième cancer. »

Par définition, la médecine scientifique s'intéresse à des résultats prévisibles. Cependant, chaque fois qu'une rémission spontanée se produit, c'est toujours d'une manière imprévisible. Elles peuvent survenir sans aucun traitement ou accompagner un traitement classique. Les innombrables traitements alternatifs du cancer, appliqués aujourd'hui aux Etats-Unis, ont sans doute des mérites divers mais aucun n'a prouvé qu'il était plus à même de provoquer une rémission spontanée qu'un traitement ordinaire réunissant radiothérapie et chimiothérapie ; de même, ils ne sont apparemment pas plus mauvais. Le stade du cancer ne semble pas non plus important. Des tumeurs minuscules comme des zones cancéreuses très étendues peuvent disparaître, pratiquement du jour au lendemain. Parce qu'elles sont rares et qu'elles semblent survenir par hasard, les rémissions spontanées nous ont appris très peu jusqu'à présent sur la genèse du cancer ou sur la façon dont une guérison « impossible » se réalise.

Il semble raisonnable de supposer que le corps combat constamment le cancer et sort vainqueur de la plupart de ces batailles. On peut fabriquer de nombreuses formes de cancer dans des éprouvettes ou sur des animaux de laboratoire, en utilisant des substances toxiques (carcinogènes), des régimes gras, des radiations, des virus ou en provoquant un climat de stress intense. Parce que nous sommes soumis à haute dose à tous ces facteurs, ceux-ci peuvent provoquer des ravages à l'intérieur de notre organisme. On sait que l'ADN se rompt dans des conditions extrêmes ; toutefois, il sait habituellement se réparer lui-même ou repérer l'élément endommagé et l'éliminer.

Cela signifie que les cancers précoces sont probablement repérés et combattus dans l'organisme de manière régulière. Si l'on prend ce processus et qu'on accentue son intensité, on obtient le « miracle » de la rémission spontanée. En fait, cela n'a rien d'un miracle mais provient d'un processus naturel qui n'a pas encore d'explication, de la même manière que le traitement de la pneumonie par la pénicilline serait un miracle si on ne pouvait l'expliquer par la théorie microbienne de la maladie. Le fait est que le mécanisme qui se cache derrière les guérisons miraculeuses n'est ni mystique ni le résultat du hasard et qu'il mérite d'être étudié.

Dans la pratique courante, une fois le miracle accompli, le docteur retourne à sa routine et donc à ses concepts habituels. Toutefois, même ceux-ci, qui font partie du fonds de connaissance de l'enseignement médical, ont fait long feu. Donnons un seul exemple : depuis que son domaine de recherche scientifique et rationnelle a été reconnu, la médecine a accepté l'idée de la dégénérescence des fonctions du cerveau chez les personnes âgées comme un phénomène naturel. On a largement commenté cette détérioration par des démonstrations « rigoureuses » — avec l'âge, notre cerveau se retrécit, devient plus léger et perd chaque année des millions de neurones. Nous possédons notre quota maximum de neurones dès l'âge de deux ans et, à partir de trente ans, leur nombre ne cesse de décroître. La perte de toute cellule cérébrale est définitive car les neurones ne se régénèrent pas. Sur cette base, le déclin du cerveau semblait être avéré scientifiquement. Le constat était triste mais la vieillesse devait fatalement conduire à une perte de la mémoire, à des facultés de raisonnement amoindries, à une intelligence altérée et à divers autres symptômes de même nature.

Cependant, ces hypothèses longtemps admises sont maintenant démenties. Une étude sérieuse sur des personnes âgées en bonne santé — en opposition avec les vieillards malades et hospitalisés que la médecine peut observer habituellement — a montré que 80 % des Américains en bonne santé, et non atteints de détresse psychologique (solitude, dépression, absence de stimulation extérieure) ne souffrent d'aucune perte de mémoire significative due au vieillissement. La faculté de retenir des informations nouvelles peut décliner, ce qui explique pourquoi les gens oublient des numéros de téléphone, des noms ou ne savent plus pourquoi ils sont entrés dans une pièce ; mais en fait, la faculté de se rappeler des événements lointains, que l'on nomme la mémoire à long terme, s'améliore. (Une sommité en matière de vieillissement cite Cicéron : « Je n'ai jamais entendu parler d'un vieil homme qui oublie où il cache son argent. »)

Lors d'expériences qui ont opposé des gens âgés de 70 ans à des jeunes de 20 ans, les plus âgés ont obtenu de meilleurs résultats dans ce domaine particulier de la mémoire. Après s'être entraînés à l'autre forme de mémoire — que l'on appelle mémoire à court terme — quelques minutes par jour, le groupe plus âgé pouvait presque rejoindre le groupe des cadets dont les facultés mentales étaient à leur apogée.

Peut-être la période de la « force de l'âge » devrait-elle être étendue ? Le secret, comme pour la majorité des déclins « naturels » liés à l'âge, dépend des habitudes de l'esprit et non du schéma d'ensemble du système nerveux. Aussi longtemps qu'une personne garde une activité mentale, elle demeure aussi intelligente qu'elle l'était dans sa jeunesse ou dans sa pleine maturité. Les gens perdent effectivement plus d'un milliard de neurones dans le cours de leur vie, avec un taux de 18 millions par an, mais cette perte est compensée par une autre structure, composée de filaments ramifiés ou dendrites qui relient les cellules nerveuses entre elles.

Chaque cellule nerveuse a une forme bien particulière, mais elle possède toujours une section centrale bulbeuse d'où partent de minces ramifications, telle une pieuvre. Ces ramifications ou axones se terminent par une spirale de filaments minuscules à qui les premiers anatomistes attribuèrent une forme d'arbre, d'où leur nom de dendrite, dérivé du grec signifiant « arbre ». Les dendrites, qui peuvent varier en nombre, de moins d'une douzaine à plus d'un millier par cellule, servent de points de contact, permettant au neurone d'adresser des signaux à ses voisins. En développant de nouvelles dendrites, un neurone peut ouvrir de nouvelles voies de communication tous azimuts, tel un standard qui multiplierait ses lignes.

On ne sait pas comment une pensée se forme réellement parmi les cellules cérébrales ou comment les connexions, en nombre incroyablement élevé, communiquent entre elles — des millions de dendrites se rassemblent en des points de jonction essentiels dans l'organisme, tels que le plexus solaire, sans parler des milliards de milliards qui opèrent dans le cerveau lui-même. Mais des expériences ont montré que de nouvelles dendrites peuvent se développer pendant la vie entière, jusqu'à un âge avancé. L'opinion qui prévaut actuellement est que cette nouvelle croissance nous assure aisément la structure physique gardant la fonction cérébrale intacte. Dans un cerveau sain, la sénilité n'est pas un phénomène physique normal. Une multiplication importante des dendrites pourrait même expliquer le fait que l'on devienne plus sage avec l'âge, lorsque la vie est perçue de plus en plus dans son ensemble — en d'autres termes, plus interconnectée, tout comme les cellules nerveuses se trouvent interconnectées grâce à leurs nouvelles dendrites.

Cet exemple montre combien la médecine peut se tromper lorsqu'elle prétend que la matière est supérieure à l'esprit. Dire qu'une cellule nerveuse crée la pensée peut être exact mais il est tout aussi exact de dire que la pensée crée des cellules nerveuses. Dans le cas de nouvelles dendrites, c'est l'habitude de penser, de se rappeler et d'être mentalement actif qui crée le nouveau tissu. On ne peut pas dire non plus que cette découverte soit un phénomène isolé. Assez curieusement, dès que les médecins ont admis le concept d'une « nouvelle vieillesse », notre vision concernant diverses formes de dégénérescence a commencé à changer. Par exemple, tant qu'une personne pratique des exercices physiques, la musculature de son corps se maintient et sa force reste intacte, même si sa vigueur connaît un lent déclin. On peut s'entraîner pour un marathon à 65 ans, à condition d'être en bonne condition physique et de s'entraîner raisonnablement. De la même manière, le cœur change avec l'âge, devenant moins souple et pompant moins de sang à chaque battement, mais la maladie de cœur et le durcissement des artères, que l'on pensait inéluctables il y a quelques décennies, sont également évitables aujourd'hui, grâce à un style de vie et à un régime appropriés. L'infarctus, autre caractéristique de l'âge, a diminué de 40 %, si l'on considère seulement la dernière décennie, grâce à une meilleure surveillance de l'hypertension et à une diminution des graisses dans l'alimentation. On sait maintenant qu'un pourcentage important de cas de sénilité « inévitables » est lié à un déficit vitaminique, à une alimentation trop pauvre ou à la déshydratation. Le résultat global de ces découvertes est que le vieillissement est aujourd'hui radicalement remis en question. Un résultat secondaire est que l'organisme tout entier, à quelque stade de la vie qu'il se trouve, doit être repensé.

Dans tous les domaines de la médecine, l'organisme sain apparaît désormais plus souple et polyvalent qu'on ne l'avait d'abord supposé. Alors que l'enseignement médical démontre qu'un germe A, responsable d'une maladie B, est traité par un médicament C, la nature tend à penser que c'est seulement là une option parmi d'autres. L'approche mentale du traitement du cancer, par exemple, aurait été tournée en ridicule il y a dix ans. Mais les gens semblent capables de participer au traitement de leur cancer et même de contrôler le cours de leur maladie, à l'aide de la pensée. En 1971, le Dr O. Carl Simonton, radiologue à l'Université du Texas, fit la rencontre d'un homme âgé de 61 ans, atteint d'un cancer de la gorge. La maladie était très avancée ; le patient avalait très difficilement et son poids avait chuté à 49 kilos.

Non seulement le pronostic était très mauvais — les médecins lui accordaient 5 % de chances de survivre cinq ans après traitement — mais le patient était déjà si faible qu'il semblait improbable qu'il pût réagir favorablement aux radiations, qui constituent dans ce cas le traitement adéquat. En désespoir de cause, le Dr Simonton, qui était également curieux d'essayer une approche psychologique, suggéra que l'homme renforce sa radiothérapie par le biais de la visualisation. On lui apprit à visualiser son cancer de manière aussi évocatrice que possible. Puis on lui demanda de visualiser, en choisissant une image mentale qui lui plaisait, son système immunitaire lorsque les globules blancs attaquaient avec succès les cellules cancéreuses, en les éliminant de l'organisme pour ne garder que les cellules saines.

L'homme dit qu'il imaginait ses cellules immunitaires comme une tourmente de particules blanches recouvrant la tumeur, telle la neige ensevelissant un rocher noir. Le Dr Simonton le renvoya chez lui en lui demandant de répéter cette visualisation à intervalles réguliers durant la journée. L'homme acquiesça et bientôt, sa tumeur donna l'impression de régresser. Quelques semaines plus tard, elle était effectivement plus petite et sa réaction aux radiations fut pratiquement exempte d'effets secondaires ; deux mois plus tard, la tumeur avait disparu.

Naturellement, le Dr Simonton fut surpris et déconcerté, tout en se réjouissant de constater la puissance de cette approche psychologique. Comment une pensée peut-elle vaincre une cellule cancéreuse ? Le mécanisme était totalement inconnu — en fait, étant donné la complexité diabolique du système immunitaire et du système nerveux, tous deux étant de toute évidence impliqués dans ce cas précis, le mécanisme pourrait bien être impossible à déterminer. Pour sa part, le patient admit sa guérison sans être autrement étonné. Il annonça au Dr Simonton que l'arthrite dont il souffrait au niveau des jambes l'empêchait de pratiquer la pêche en rivière autant qu'il le désirait. Maintenant que son cancer avait disparu, ne pouvait-il pas tenter de visualiser l'arthrite afin de s'en débarrasser aussi ? En l'espace de quelques semaines, c'est exactement ce qui se produisit. L'homme ne rechuta pour aucune des deux affections, pendant les six années où il fut suivi médicalement.

Ce cas désormais fameux est un événement marquant pour la médecine corps-esprit mais malheureusement, il n'est pas tout à fait probant. Le traitement par visualisation du Dr Simonton (qui est devenu un vaste programme corps-esprit) ne guérit pas le cancer à tout coup. Une de mes malades l'a utilisé avec succès, pour tenter, je pense, de se guérir elle-même d'un cancer du sein ; toutefois, elle a suivi le programme toute seule et non avec l'assistance de son médecin. Cependant, des études statistiques à long terme soulèvent la question de savoir si des résultats aussi sporadiques valent mieux que ceux obtenus avec un traitement classique. A l'heure actuelle, le traitement traditionnel possède un énorme avantage. Si une femme, atteinte par exemple d'un cancer du sein, découvre la tumeur alors que celle-ci est encore très petite et bien localisée, ses chances de guérison (une « guérison » signifie une survie minimum de trois ans sans rechute) sont actuellement de plus de 90 %. En comparaison, le taux de rémissions spontanées, même en étant très optimiste, serait bien inférieur à un millième. Tant qu'une approche mentale ou tout autre traitement ne donneront pas de meilleur résultat que la radiothérapie et la chimiothérapie, cela ne constituera pas le traitement de choix. Bien que les malades sollicitent impatiemment de telles approches, la plupart des médecins les redoutent encore et s'en méfient.

Même si le patient du Dr Simonton était unique, son cas suffirait à bouleverser nos idées sur la manière dont l'organisme se guérit lui-même, car nous avons ici la preuve que la nature a trouvé un moyen de combattre la mort, ce qu'aucun docteur n'a jamais trouvé — plus, nous sommes confrontés à la sombre perspective que les tentatives habituelles des médecins pourraient bien ne pas aider la nature mais l'étouffer.

Dans les dix dernières années, des médecins curieux et aventureux ont été nombreux à expérimenter des techniques nouvelles corps-esprit, qu'il s'agisse du *biofeedback*, de l'hypnose, de la visualisation ou de la modification du comportement. Globalement, les résultats ont été vagues et difficiles à interpréter. Le psychologue Michael Lerner a dirigé pendant trois ans une vaste étude sur 40 cliniques proposant des approches diverses du cancer, dont les méthodes allaient des herbes macrobiotiques à la visualisation d'images mentales positives. Il s'aperçut que ces « centres cancéreux annexes » étaient fréquentés par des malades aisés, issus d'une catégorie sociale généralement élevée, que les médecins dirigeant ces cliniques étaient sérieux et bien intentionnés, mais que rien qui puisse ressembler à la guérison du cancer n'y avait été découvert.

Quand il interrogea les malades, 40 % d'entre eux estimèrent avoir au moins obtenu une amélioration temporaire de leur qualité de vie. Quarante pour cent encore déclarèrent qu'ils avaient tiré de l'expérience une amélioration médicale qui allait de quelques jours à plusieurs années. Dix pour cent adoptèrent des positions extrêmes, soit qu'ils jugeaient n'avoir rien retiré du traitement, soit qu'ils se considéraient désormais, en partie ou complètement, comme guéris. De manière générale, l'avantage de ces traitements alternatifs réside dans le réconfort et le soulagement qu'ils procurent aux malades. Malheureusement, les taux de rémission ne sont pas radicalement différents de ceux obtenus avec les traitements classiques.

D'autres problèmes sont plus sérieux encore que ces résultats décevants : la théorie corps-esprit continue à souffrir de son incapacité à démontrer rigoureusement son principe de base, à savoir que l'esprit influence le corps en bien ou en mal. Il semble absolument certain que les gens malades et les gens en bonne santé jouissent d'un état d'esprit différent, mais l'association causale nous échappe encore. En 1985, une importante étude sur le cancer du sein, effectuée à l'Université de Pennsylvanie, n'a pu trouver de corrélation entre le comportement mental des patientes et leurs chances de survivre à la maladie au-delà de deux ans. Dans l'éditorial qui accompagnait l'étude et qui parut dans la prestigieuse revue *New England Journal of Medicine*, la notion même de l'influence de l'état émotionnel sur le cancer fut dénoncée. « Croire que la maladie est une conséquence directe de l'état mental, » était-il écrit, « relève du folklore. »

En réponse, des lettres affluèrent au journal, émanant pour la plupart de médecins qui contestaient vigoureusement la conclusion de l'article. Il paraît hautement déraisonnable de nier le rôle des attitudes mentales dans la maladie, plus encore de taxer cette approche de folklore. Tout médecin en exercice sait que la volonté de guérir du malade joue un rôle essentiel dans son traitement. Aussi soumis qu'ils soient aux principes « purs et durs » de la médecine, la plupart des médecins ne peuvent cependant pas souscrire à l'idée que le comportement, la croyance et les émotions n'interviennent en rien dans le processus. Hippocrate disait, à l'aube de la médecine occidentale, « qu'un malade en danger de mort peut toutefois guérir, par la seule foi qu'il met en la capacité de son médecin ». De nos jours, de nombreuses études ont corroboré cette idée en démontrant que les personnes qui font confiance à leur médecin et s'en remettent complètement à lui sont plus à même de se rétablir que celles qui considèrent la médecine avec défiance, crainte et un certain antagonisme.

A la suite de l'éditorial, les esprits s'échauffèrent et des déclarations d'allégeance fleurirent, tandis que la situation se faisait plus confuse. Trois études distinctes sur les taux de survie au cancer du sein furent publiées au milieu des années quatre-vingt, dont les résultats différaient complètement. Selon l'une, les femmes qui montraient une attitude résolument positive avaient tendance à survivre à celles dont l'attitude était négative, le stade de leur maladie important peu — un état émotionnel positif, semblait-il, les aidait à vaincre un cancer au stade avancé et comportant des métastases, tandis que des malades au comportement négatif succombaient à de petites tumeurs, pourtant détectées à un stade précoce.

Cependant, une seconde étude montrait qu'une forte détermination, qu'elle soit positive ou négative, à condition qu'elle soit exprimée et non réprimée, améliorait la survie. Si les premières conclusions procédaient d'un certain bon sens — l'idée que la positivité est meilleure que la négativité — les conclusions suivantes allaient en fait dans le même sens, tout en considérant le problème sous un angle différent, l'idée étant qu'il vaut mieux se battre que renoncer. On a fait beaucoup de publicité autour de la prétendue personnalité à cancer qui étoufferait les émotions et transformerait d'une certaine manière cette répression en cellules malignes. Le profil inverse serait du type « farouche volonté de vivre », se révélant de façon soit positive soit négative.

Tout cela suit une certaine logique, à l'exception de l'étude qui, publiée d'abord dans le *New England Journal of Medicine,* fut suivie d'études analogues qui ne trouvaient aucune corrélation entre un quelconque schéma émotionnel et une survie supérieure à deux ans dans le cas du cancer du sein. Bien qu'il gagnât en popularité, devenant l'une des innovations les plus applaudies depuis le vaccin antipoliomyélitique de Salk, le concept de la médecine corps-esprit fut ébranlé. En fait, nous assistions à l'émergence d'un modèle familier, par lequel le public se trouvait informé d'une découverte sensationnelle, suivie de résultats cliniques décevants, généralement connus des seuls cercles médicaux. Un exemple classique consistait à diviser des malades cardiaques, les trois-quarts d'entre eux étant des hommes d'âge mûr, en deux types de personnalité A et B, l'une à haut risque, l'autre à bas risque. La personnalité de type A était supposée correspondre au profil d'un homme exigeant, obsédé par le travail, défiant constamment le temps et inondant son système d'hormones produites par la tension nerveuse, en opposition au type B, plus décontracté, plus équilibré et plus tolérant. Le type A souffrait de la « maladie de l'homme pressé » ; en conséquence, il semblait logique que son cœur finît par se rebeller, pour aboutir à un infarctus.

Malheureusement, des études confirmées ont montré que cette division communément admise n'est pas aussi évidente. Il se trouve que la plupart des gens correspondent à la fois au type A et au type B et qu'ils réagissent au stress de différentes façons, certains déclarant même s'en trouver très bien. Enfin, une étude de 1988 a montré que dans le cas où un homme a effectivement une crise cardiaque, le type A survit mieux que le type B. La volonté qui l'anime l'avantage apparemment lorsque l'infarctus frappe.

Il était dit que la complexité de la relation corps-esprit ne serait pas aisément dévoilée. Si l'on pose la question de savoir pourquoi on ne peut corréler facilement esprit positif et bonne santé, alors que la relation semble être un des faits les plus évidents de l'existence, c'est que la réponse dépend d'abord de ce que l'on entend par « esprit ». La question n'est pas d'ordre philosophique mais pratique. Si un malade atteint d'un cancer vient consulter, son état mental est-il jugé d'après les sentiments qu'il éprouve le jour du diagnostic, bien avant ou bien après ? Le Dr Lawrence LeShan, auteur dans les années cinquante des premières études qui révélèrent la relation entre état émotionnel et cancer, cherchait dans l'enfance de ses patients la semence noire qui empoisonnait leur état psychologique ; il émit la théorie que cette semence restait enfouie dans le subconscient pendant des années avant de provoquer la maladie.

Au cours de ma carrière, il m'a été donné de voir un malade qui s'était fort bien accommodé pendant cinq ans d'une tumeur au poumon, grosse comme une pièce de monnaie. Il ne se doutait même pas de la nature cancéreuse de cette tumeur et comme il avait plus de soixante ans, la lésion évoluait très lentement. Pourtant, dès que je lui appris la nature de son mal, il fit preuve d'une extrême agitation. En l'espace d'un mois, il se mit à cracher du sang ; en moins de trois mois, il était mort. Si son état d'esprit était responsable de cette désolante précipitation, son action avait été rapide. Ce malade pouvait vivre avec sa tumeur mais ne pouvait vivre avec le diagnostic.

Une autre question, plus fondamentale encore, peut se poser : est-ce bien de l'esprit qu'il s'agit lorsqu'un médecin s'intéresse à la personnalité globale d'un malade, à son subconscient, son comportement, ses croyances les plus profondes ou est-ce quelque chose que la psychologie n'a pu encore ni comprendre ni définir ? Il se peut que la fonction de l'esprit impliquée dans le fait d'être malade ou en bonne santé ne soit même pas spécifique à l'homme.

Une étude de l'Université de l'Ohio sur les maladies cardiaques, réalisée dans les années soixante-dix, consista à administrer à des lapins une alimentation hautement toxique et riche en cholestérol, destinée à boucher leurs artères, reproduisant ainsi les effets d'un tel régime sur l'homme. Des résultats uniformes commencèrent à paraître dans tous les groupes de lapins, à l'exception d'un seul dans lequel on pouvait noter une réduction de 60 % des symptômes observés.

Rien dans la physiologie de ces lapins ne pouvait expliquer leur accoutumance étonnante au régime, jusqu'à ce que l'on apprenne par hasard que l'étudiant qui se chargeait de nourrir ce groupe de lapins aimait les caresser et les dorloter. Avant de les nourrir, il les prenait un à un contre lui avec tendresse pendant quelques minutes : curieusement, ce simple geste semblait permettre à ces animaux de surmonter la toxicité du régime. Des expériences répétées, dans lesquelles un groupe de lapins était traité de manière neutre tandis que les autres étaient choyés, donnèrent des résultats similaires. Une fois de plus, le mécanisme responsable d'une telle immunité reste totalement inconnu — il est stupéfiant de penser que l'évolution a généré dans l'esprit du lapin une réponse immunitaire qui a besoin d'être provoquée par les caresses de l'homme.

Il y a même une possibilité à laquelle souscriraient bien des médecins, que l'esprit ne soit que fiction, médicalement parlant. Lorsque nous pensons que l'esprit est malade, c'est en fait le cerveau qui est atteint. Selon cette logique, les dérèglements mentaux les plus connus — dépression, schizophrénie et psychose — sont en réalité des désordres cérébraux. Cette logique a des insuffisances évidentes : cela revient à dire que les véhicules sont responsables des accidents de la route. Mais le cerveau, organe physique que l'on peut donc peser et disséquer, rassure le corps médical, contrairement à l'esprit, qui reste indéfinissable malgré plusieurs siècles d'introspection et d'analyses. Les médecins se satisfont très bien de ne pas avoir à faire les philosophes.

Les médicaments actuels, psychotropes ou régulateurs de l'esprit, sont bien plus à même de soulager les symptômes les plus marquants des maladies mentales — dépression, folie, anxiété et hallucinations — que les traitements utilisés dans le passé. La psychiatrie fondée sur la chimie est en passe de rivaliser avec la médecine corps-esprit, dont les principes lui sont exactement opposés, pour le titre de révolution médicale de notre époque. Elle a à son actif des résultats cliniques probants de même que de nombreuses indications qui associent directement les dérèglements chimiques du cerveau aux maladies mentales.

Rien ne semble pouvoir égaler les manifestations de folie poussées au paroxysme d'un schizophrène chronique, qui souffre de visions hallucinatoires, d'une pensée déformée et souvent d'un total déséquilibre physique et mental et qui entend des voix intérieures. Le simple fait de demander la date à un schizophrène peut le plonger dans la confusion la plus complète et un état de terreur indicible. Toutefois, il est possible d'expliquer la différence de structure entre ce comportement et un esprit sain par l'action d'un agent chimique, la dopamine, sécrété par le cerveau. Son action, connue depuis vingt ans, s'explique par le fait que les schizophrènes ont une production trop grande de dopamine, qui joue un rôle essentiel dans l'élaboration des émotions et des perceptions — une hallucination serait alors une perception du monde extérieur qui se trouverait brouillée dans le code chimique du cerveau.

Cette hypothèse se trouva renforcée en 1984 lorsqu'un psychiatre de l'Université de l'Iowa, le Dr Rafiq Waziri, passant en revue toutes les connaissances sur la chimie cérébrale des schizophrènes, cerna un peu plus le problème et attribua la responsabilité à une molécule encore plus petite, la sérine, acide aminé bien connu que l'on trouve dans la plupart des aliments protéiques. On pense que la sérine est un maillon précoce de la chaîne de fabrication de la dopamine. Incapable de transformer correctement la sérine par métabolisme, le cerveau des schizophrènes produit apparemment trop de dopamine pour compenser le déficit — le processus exact reste encore inconnu. Se pourrait-il que les délires schizophréniques, considérés comme le désordre mental le plus bizarre et complexe, dépendent de la manière dont la digestion des aliments se fait? Des résultats antérieurs, provenant de l'Institut de technologie du Massachusetts (M.I.T.), avaient déjà montré que la chimie de base du cerveau est si fluctuante qu'un seul repas peut en modifier la composition.

Le Dr Waziri étaya sa théorie en étudiant un groupe de schizophrènes de longue date, décidant d'ajouter à leur alimentation de la glycine, agent chimique que la sérine est supposée élaborer lors du processus de fabrication de la dopamine. Peut-être l'apport en glycine pourrait-il, pensait-il, court-circuiter le déficit en sérine et ramener le taux de dopamine à l'équilibre. Dans le groupe de sujets, certains schizophrènes réagirent de façon spectaculaire et se trouvèrent en mesure de cesser leur traitement, sans connaître de rechutes psychotiques. Pour la première fois depuis des années, leur pensée était libérée à la fois de la maladie et des drogues débilitantes destinées à la traiter.

Une approche diététique de la maladie mentale serait en tout état de cause moins nocive que les traitements actuels. La perspective de trouver d'autres relations d'ordre diététique est également bien tentante, comme en témoigne un ouvrage de diététique dont la vente a connu un grand succès et qui a pris les devants en établissant la liste des « aliments heureux » et des « aliments tristes », expliquant que les acides aminés parviennent directement au cerveau où ils se transforment en agents chimiques responsables d'une humeur positive ou négative. Le lait, le poulet, les bananes et les légumes verts à feuilles font partie des éléments heureux, car ils stimulent la dopamine et deux autres agents chimiques cérébraux dits « positifs ». En revanche, les aliments sucrés ou riches en graisses sont des exemples types d'aliments tristes, en ce sens qu'ils stimulent l'acétylcholine, agent chimique dit « négatif ». Certaines critiques font valoir fort justement que les agents chimiques cérébraux ne sont pas aussi simples — le niveau élevé de dopamine chez un schizophrène peut-il être considéré comme positif? Il ne semble pas non plus qu'un changement dans l'ingestion d'acides aminés puisse augmenter la production d'un agent chimique donné dans le cerveau, de la même manière que le taux de cholestérol contenu dans un régime ne peut être comparé au taux de cholestérol dans le sang.

S'il est possible, en mangeant, de choisir son état de santé ou même son humeur, les principes fondamentaux de la médecine corps-esprit paraissent plus confus encore. Peut-on dans le même temps faire confiance à l'esprit pour guérir l'arthrite et prétendre que manger du chocolat peut provoquer un état dépressif? Cela impliquerait une contradiction interne, à savoir que l'esprit domine la matière sauf lorsque celle-ci domine l'esprit. Dans le climat actuel, où les ambiguïtés prévalent, les deux démarches opposées — traiter le corps par l'esprit ou traiter l'esprit par le corps — recueillent l'une et l'autre autant de suffrages.

Aucun des éléments qui alimentent la polémique n'a pu être clarifié et, en conséquence, l'univers subjectif de l'esprit demeure une puissance traîtresse, capricieuse dans sa capacité à guérir et tout aussi capricieuse dans sa capacité à engendrer la maladie. De nombreux médecins, du fait de leur conception matérialiste, seraient trop heureux de conclure que les agents chimiques sont obligatoirement la réponse à toutes nos interrogations, qu'elles soient physiques ou mentales.

Je ne pense pas qu'il puisse en être ainsi. C'est dans le domaine de l'endocrinologie, ma spécialité, qu'on a découvert certains des premiers agents chimiques exerçant une action sur l'esprit, les hormones endocrines. Chaque jour, je vois des patients présentant divers symptômes mentaux provoqués par une défaillance de leur équilibre hormonal — pensée déformée d'un diabétique en période de crise aiguë d'hypoglycémie, changements d'humeur liés au cycle menstruel ; dépression caractéristique qui est le signe avant-coureur de certains cancers (une tumeur au pancréas, par exemple, même si elle est trop petite pour être détectée, répand dans le flot sanguin du cortisol ainsi que d'autres « hormones de stress », provoquant un état dépressif chez le malade).

Malgré ces exemples, je perçois trop les limites du raisonnement selon lequel une connaissance plus approfondie de la chimie de l'organisme serait la réponse à nos interrogations : le corps renferme trop d'agents chimiques (on les compte par milliers) qui sont produits selon des schémas d'une complexité ahurissante et qui se déplacent trop rapidement, souvent en des fractions de seconde. Par quoi ce flux constant est-il contrôlé ? On ne peut absolument pas isoler l'esprit de l'association corps-esprit. Dire que l'organisme se guérit lui-même par la seule utilisation d'agents chimiques revient à dire qu'un véhicule effectue un changement de vitesse grâce au seul mécanisme de transmission. De toute évidence, l'opération nécessite la présence du conducteur qui sait ce qu'il est en train de faire. Bien que la médecine ait persisté durant plusieurs siècles à croire que le corps, telle une machine autonome, est son propre maître, la présence d'un conducteur s'impose. Dans le cas contraire, la chimie de l'organisme serait un enchevêtrement de molécules flottantes alors que l'ensemble est d'évidence régi par un système incroyablement ordonné et précis.

En des temps plus crédules, on pensait que le conducteur était un homme minuscule, l'homoncule, siégeant dans le cœur et opérant tous les changements de vitesse nécessaires à la bonne marche de l'organisme. L'homoncule disparut à la Renaissance, lorsque les anatomistes entreprirent de disséquer des cadavres et en vérifièrent l'intérieur. On ne put trouver d'homoncule à l'intérieur du cœur (on n'y trouva pas l'âme non plus), mais il restait manifestement un énorme fossé entre l'esprit et le corps. Depuis cette époque, de nombreux scientifiques ont tenté de combler ce fossé en faisant intervenir le cerveau, dont la fonction serait selon eux d'ordonner et de contrôler toutes les autres fonctions physiologiques ; mais cette réponse porte en elle sa propre contradiction car le cerveau n'est lui-même qu'une machine. La présence d'un conducteur s'avère toujours indispensable. Je ferai la démonstration de cette présence, tout en faisant remarquer que la croyance s'est transformée en quelque chose de plus abstrait que l'homoncule ou même le cerveau — le conducteur fait partie intégrante de la puissance douée d'intelligence qui nous pousse à vivre, à bouger et à penser.

Peut-on le prouver ? L'étape suivante qui nous attend est de pénétrer plus avant dans l'intelligence intérieure de l'organisme et de tenter de découvrir ce qui la motive. Le domaine de la médecine corps-esprit n'a ni certitudes ni règles inflexibles et c'est bien ainsi. Pendant des décennies, la médecine, bien que consciente de l'origine psychosomatique de certaines maladies, a échoué dans ses tentatives de comprendre de tels processus. A l'intérieur de notre organisme doit exister un « corps pensant » qui réagit aux injonctions de l'esprit ; mais où réside-t-il et de quoi est-il fait ?

3

Sculpture ou rivière?

Le recensement du nombre de cellules dans l'organisme humain est aussi difficile que le recensement de la population mondiale, mais l'estimation officielle est de cinquante billions, soit environ dix mille fois la population actuelle du globe. Si on isole les différents types de cellules — cœur, foie, cerveau, rein, etc. — et qu'on les examine au microscope, elles apparaissent toutes semblables à un œil non averti. Une cellule, c'est d'abord un sac, enserré par une membrane extérieure, la paroi cellulaire, et rempli d'un mélange d'eau et d'agents chimiques tourbillonnants. Au centre de ceci, si l'on excepte les globules rouges, se trouve un noyau, le nucléole, qui protège les brins étroitement mêlés de l'hélice de l'ADN. Si l'on tient entre les doigts un échantillon de foie humain, celui-ci ressemble au foie du veau ; il ne serait certes pas aisé de deviner sa provenance humaine. Même un généticien averti ne peut détecter une différence que de 2 % entre l'ADN humain et celui du gorille. On ne pourrait soupçonner, d'un simple regard, les multiples fonctions des cellules du foie, plus de 500 si l'on en croit la dernière évaluation.

Bien que le concept corps-esprit soit devenu très confus, une chose reste indiscutable : les cellules humaines sont parvenues d'une manière ou d'une autre à un stade d'intelligence remarquable. A tout instant, les activités qui sont coordonnées dans l'organisme atteignent un nombre infini. Comme les écosystèmes de la Terre, la physiologie semble fonctionner dans des sphères séparées qui sont en fait reliées par un fil invisible : nous mangeons, respirons, parlons, pensons, digérons, combattons les infections, purifions le sang de toutes ses toxines, renouvelons les cellules, rejetons les déchets, votons — la liste n'est pas exhaustive. Chacune de ces activités tisse sa voie dans le processus de fabrication de l'ensemble. (Notre écologie est bien plus végétale que la plupart des gens ne le pensent. Des créatures pullulent à la surface de notre corps, aussi peu soucieuses de notre démesure que nous le sommes de leur infinie petitesse. Des colonies de mites, par exemple, passent leur vie entière sur nos cils.)

Dans le vaste agencement de l'organisme, les fonctions de chaque cellule — par exemple de l'un des quinze milliards de neurones du cerveau — remplissent tout un ouvrage de médecine. Les volumes consacrés à n'importe quel système de l'organisme, comme le système nerveux ou le système immunitaire, remplissent plusieurs étagères d'une bibliothèque médicale.

Le mécanisme de guérison se trouve quelque part à l'intérieur de cette vaste complexité mais l'endroit reste vague. Il n'existe aucun organe spécifique de guérison. Dans ces conditions, comment l'organisme sait-il ce qu'il doit faire en cas de défaillance ? La médecine n'offre aucune réponse. Tous les processus impliqués dans la cicatrisation d'une coupure superficielle — la coagulation du sang par exemple — sont incroyablement complexes, plus encore si le mécanisme faillit, comme c'est le cas pour les hémophiles, et la médecine scientifique moderne est alors incapable de reproduire la fonction endommagée. Un médecin peut prescrire des médicaments qui remplacent le facteur de coagulation absent dans le sang, mais l'effet sera temporaire, artificiel, et entraînera de nombreux effets secondaires indésirables. L'organisation méthodique et la merveilleuse coordination des divers processus déclenchés par le corps n'auront pas été respectées. A titre de comparaison, un médicament préparé par l'homme est un étranger sur une Terre où tous les autres occupants appartiennent à une même famille. Il lui est impossible de partager le savoir dont les autres disposent de manière innée.

Le corps, nous devons l'admettre, a un esprit qui lui est

propre. Dès lors que nous aurons accepté ce mystère qui caractérise notre nature fondamentale, l'aspect miraculeux du processus de guérison du cancer disparaîtra. Tout organisme sait comment cicatriser une coupure mais apparemment, seuls quelques privilégiés possèdent un organisme sachant comment guérir le cancer.

Tout médecin admet le rôle prépondérant de la nature dans la guérison d'une maladie ; Hippocrate a été le premier à en faire le constat, il y a quelque deux mille ans. Quelle est donc la différence entre les formes courantes de guérison et les guérisons inhabituelles ou « miraculeuses » ? La différence est sans doute infime et n'existe que dans notre esprit. Si on se coupe un doigt en épluchant des pommes de terre, la coupure se cicatrise d'elle-même et ce phénomène de cicatrisation ne présente évidemment rien de surprenant — la coagulation du sang qui referme la blessure, la formation d'une croûte et la régénérescence d'une nouvelle peau et de vaisseaux sanguins, tout cela paraît absolument normal.

Cependant, on devrait être conscient de la différence qui sépare cette impression de normalité de la connaissance du processus de guérison et de ses moyens de contrôle. Il est attristant de constater à quel point une partie du savoir présenté dans les ouvrages de médecine repose non pas sur la vie mais sur la mort. C'est en réalisant des autopsies sur des cadavres, en examinant au microscope des prélèvements de tissus, en analysant le sang, l'urine et d'autres sous-produits de l'organisme, qu'on a recueilli la majeure partie du savoir médical. Il est vrai que les malades sont examinés de leur vivant et que bien des expériences peuvent être réalisées sur de nombreuses fonctions de leur corps. Mais la connaissance qu'on en retire est bien pauvre comparée au volume des renseignements d'une sophistication extrême attachés à la mort. Le poète Wordsworth a écrit ce vers d'une sécheresse implacable : « Nous assassinons pour disséquer. » Nul constat plus vrai n'a jamais été fait sur les limites de la recherche médicale.

La première chose que l'on tue en laboratoire est le fil

délicat de l'intelligence qui maintient le corps. Lorsqu'un globule rouge se précipite vers le siège d'une blessure et entame le processus de coagulation, son parcours ne se fait pas au hasard. Il sait en fait où aller et quoi faire dès son arrivée, aussi sûrement que le ferait un auxiliaire médical — plus sûrement même, en ce sens qu'il agit tout à fait spontanément et sans hésitation. Même si l'on soumettait ses connaissances à des examens successifs de plus en plus précis, dans le but de surprendre le secret de quelque hormone minuscule ou de quelque enzyme messager, on ne découvrirait pas de protéine appelée « intelligence », bien qu'il ne fasse aucun doute que c'est bien d'intelligence qu'il s'agit.

Une partie de cette intelligence se consacre à la guérison et la force qui l'anime semble très puissante. Toute maladie mortelle, pas seulement le cancer, connaît des cas de survie inexplicables. Bien que je ne connaisse aucune guérison spontanée chez des malades atteints du SIDA, il existe certains cas de survie exceptionnelle — des malades qui sont encore vivants après cinq ans, que leur système immunitaire semble avoir protégés d'une certaine manière d'une maladie pourtant connue pour ses effets dévastateurs. Les chercheurs tendent à considérer ces cas physiologiques étonnants comme des caprices biochimiques de la nature. En faisant des prélèvements de leur sang et en isolant tout facteur inhabituel que l'on pourrait détecter dans leurs cellules immunitaires, les biologistes moléculaires espèrent découvrir la substance inconnue qui protège ces malades. S'ils y parviennent — leur tâche est extrêmement ardue et pénible étant donné la complexité du système immunitaire — on peut alors espérer qu'après des années d'expérimentation et des dépenses s'élevant à des millions de dollars, un nouveau médicament sera mis au point, dont la population tout entière pourra bénéficier.

Cependant, ce que chacun de nous doit réellement découvrir, c'est la faculté de produire soi-même ce remède miracle, tout comme la personne qui, en premier, a pu le faire, et cette faculté-là ne peut être synthétisée. N'est-il pas aussi efficace d'acheter un médicament que de le fabriquer ? Loin s'en faut. Le facteur soi-disant actif d'un médicament produit artificiellement n'est qu'un pâle reflet de l'original, le composé chimique directement produit par le corps. Il serait presque plus juste de dire de ce médicament qu'il est un facteur inerte.

L'explication se trouve au niveau de nos cellules. La membrane extérieure de la cellule, la paroi cellulaire, est équipée de nombreux repères que l'on appelle récepteurs. La paroi elle-même est lisse mais ces récepteurs sont « collants » — ils sont faits de chaînes moléculaires complexes dont les derniers chaînons se terminent par des ouvertures où d'autres molécules viennent s'imbriquer. En d'autres termes, les récepteurs ressemblent à des trous de serrures auxquels ne peuvent s'adapter que des clés rigoureusement spécifiques. Pour qu'un médicament soit actif — morphine, valium, digitaline ou pratiquement tout autre médicament — il faut qu'il soit la clé qui s'adapte à un récepteur bien précis de la paroi cellulaire.

Les hormones, les enzymes et autres composés biochimiques produits par le corps humain savent très exactement à quels récepteurs ils doivent s'adapter. Les molécules elles-mêmes semblent capables de faire un choix parmi les différents repères. Il est affolant de suivre leur trace au microscope électronique, lorsqu'elles se dirigent tout droit vers le site qui a besoin d'elles. Le corps peut également produire instantanément des centaines d'agents chimiques différents et diriger les mouvements de chacun en fonction de l'ensemble.

Lorsque vous sursautez en entendant un vieux tacot pétarader sous vos fenêtres, votre réaction instantanée résulte d'un phénomène interne complexe. Le déclenchement du processus se fait par une décharge subite d'adrénaline produite par vos glandes surrénales. Emportée par le sang, cette adrénaline véhicule les réactions du cœur, qui se met à pomper le sang plus rapidement, des vaisseaux sanguins, qui se contractent et accentuent la pression sanguine, du foie, qui produit un surplus de carburant sous forme de glucose, du pancréas, qui sécrète l'insuline de manière à accroître le métabolisme du sucre, enfin de l'estomac et des intestins qui stoppent immédiatement la digestion des aliments pour que toute l'énergie puisse être disponible ailleurs.

Toute cette activité, qui se produit à une cadence très rapide et dont les effets puissants se répercutent dans tout le corps, est coordonnée par le cerveau qui utilise l'hypophyse pour diriger la plupart des signaux hormonaux précédemment décrits, sans oublier les nombreux autres signaux chimiques qui déferlent des neurones pour mettre au point votre vision, vous faire tendre l'oreille, redresser les muscles de votre dos et vous faire tourner la tête dans un mouvement d'alarme.

Pour que cet ensemble de réactions se produise puis disparaisse (car l'organisme, contrairement à un médicament, sait comment inverser tous ces processus, aussi sûrement qu'il les a déclenchés), le même mécanisme de serrurerie se produit partout. L'opération est d'une simplicité trompeuse car si on tentait de reproduire ce mécanisme avec un médicament, les résultats seraient loin d'être aussi précis et aussi merveilleusement agencés. En fait, ils sont chaotiques. L'injection indépendante d'adrénaline, d'insuline ou de glucose dans le corps provoque une secousse brutale. Les agents chimiques envahissent immédiatement tous les récepteurs, sans aucune coordination du cerveau. Au lieu de communiquer avec l'organisme, ils l'assiègent avec une insistance obstinée. Même si la composition chimique de l'adrénaline est en tous points identique quelle que soit sa provenance, la présence du facteur crucial de l'intelligence reste obligatoire ; dans le cas contraire, l'action du médicament n'est qu'une caricature du processus réel.

L'exemple suivant permet de voir combien le fait d'administrer un médicament qui paraît simple peut avoir des conséquences compliquées. On conseille généralement aux personnes souffrant d'hypertension de réduire leur tension artérielle à l'aide de diurétiques, médicaments qui pompent l'eau des cellules et l'évacuent du système par l'urine. C'est exactement ce que font les reins à tout moment lorsqu'ils contrôlent avec délicatesse la chimie sanguine afin d'en assurer l'équilibre en eau, en déchets, en sels ou en électrolytes. Un diurétique, cependant, n'a pour ainsi dire qu'une idée en tête qui, tournant à l'obsession, le pousse à parcourir le corps, exigeant de chaque cellule rencontrée « de l'eau, de l'eau ».

En conséquence, la fluidité des vaisseaux sanguins se trouve réduite, ce que voulait obtenir le médecin, mais le niveau d'eau est également affecté partout ailleurs. Le cerveau peut alors se voir contraint de perdre un peu de son eau, ce qu'il ne fait d'ordinaire qu'en cas d'extrême urgence, et qui occasionne chez le patient des vertiges et un état de somnolence. Dans la plupart des cas, rien de plus sérieux ne se produit mais parfois, l'équilibre d'autres fonctions du cerveau peut être aussi atteint, surtout chez les personnes âgées : s'il leur arrive de boire de l'alcool, même modérément, ces personnes peuvent sombrer dans un état de confusion telle qu'elles oublient de boire de l'eau en quantité suffisante ou de se nourrir convenablement. Ceci peut provoquer un état de malnutrition associé à une importante déshydratation. D'après certains endocrinologues, la déshydratation, provoquée par l'absorption simultanée de diurétiques et d'alcool ou de tranquillisants, est la principale cause de décès chez les personnes âgées, aux Etats-Unis.

Toutes ces conséquences, qu'elles soient minimes ou graves, sont généralement désignées sous le nom d'« effets secondaires » indésirables liés aux diurétiques ; toutefois l'appellation est impropre. Ce sont leurs effets tout court — les bons et les mauvais effets vont évidemment de pair à l'intérieur du même ensemble. Un diurétique agit généralement en s'appropriant les atomes de sodium, obligeant ainsi le corps à rejeter l'excès de sel, ce qui en retour réduit indirectement le niveau d'eau dans les tissus, puisque l'eau et le sel forment un ensemble dans l'organisme, comme dans le milieu marin. Le diurétique est impuissant dans le cas où le prélèvement de sel est trop élevé alors que l'eau est encore nécessaire. Comme la structure d'un atome de sodium est proche de celle d'un atome de potassium, le diurétique épuise également les réserves de potassium, provoquant un état de fatigue et de faiblesse ainsi que des crampes musculaires. (Des effets moins nocifs sont généralement observés, dus au filtrage d'autres éléments, tels le zinc et le magnésium qui se trouvent présents en proportions infimes.) Outre les signes caractéristiques d'une déficience en potassium, d'autres complications peuvent survenir — la digitaline, habituellement administrée à des malades cardiaques afin de soulager leur angine de poitrine, devient plus toxique si le taux de potassium dans l'organisme est bas.

L'ironie veut qu'on soupçonne actuellement la déficience en potassium d'être responsable de l'augmentation de la tension, ce qui impliquerait que le diurétique engendre le phénomène qu'il est censé combattre.

Il est particulièrement frustrant pour les chercheurs d'admettre que l'organisme vivant est la meilleure pharmacie jamais imaginée. Il fabrique les diurétiques, les analgésiques, les calmants, les somnifères, les antibiotiques, en fait tout ce que peuvent fabriquer les laboratoires pharmaceutiques mais en mieux, beaucoup mieux. Le dosage est toujours approprié et administré au moment voulu ; les effets secondaires sont minimes, voire inexistants et le mode d'emploi est inclus dans le produit lui-même car il fait partie intégrante de son intelligence innée.

L'analyse de ces faits bien connus m'a conduit à émettre trois conclusions. Premièrement, que l'intelligence est présente partout dans l'organisme. Deuxièmement, que notre propre intelligence intérieure est de loin supérieure à toute espèce de substitut extérieur que nous essayons de produire. Troisièmement, que l'intelligence est plus importante que la matière tangible dont est composé l'organisme, en ce sens que sans cette intelligence, la matière serait ingouvernable, informe et chaotique. L'intelligence fait la différence entre une maison conçue par un architecte et un amoncellement de briques.

Pour l'instant, assurons-nous que la définition du terme *intelligence* reste aussi simple et pratique que possible. Plutôt que de la comparer à l'intelligence d'un génie, ce qui peut sembler à la fois abstrait et pompeux, je préfère adopter le terme de « savoir-faire ». Il n'y a aucun doute que l'on doit reconnaître au corps une immense capacité de savoir-faire, quelle que soit l'idée que l'on puisse se faire de l'intelligence dans son acception abstraite. L'intelligence intérieure du corps est si puissante que lorsqu'elle se détraque, le médecin se trouve face à un adversaire véritablement redoutable. A titre d'exemple, toutes les cellules du corps sont programmées, par le biais de leur ADN, pour se diviser selon un certain rythme, produisant ainsi deux nouvelles cellules à partir de la cellule mère qui se scinde. Comme tout processus régi par notre intelligence intérieure, celui-ci n'est pas uniquement mécanique. Une cellule se divise pour répondre à la logique interne qui lui est propre, associée à des signaux émis par les cellules environnantes, le cerveau et d'autres organes plus lointains qui lui « parlent » au moyen de messages chimiques. La division d'une cellule fait suite à une décision soigneusement pensée — sauf dans le cas d'un cancer.

Le cancer est extravagant et son comportement est antisocial car il pousse une cellule à se reproduire sans aucun contrôle, sans tenir compte des signaux qui lui parviennent, à l'exception, semble-t-il, de ceux émis par son ADN détraqué. Personne ne sait pourquoi le phénomène se produit. On suppose que le corps lui-même sait comment inverser le processus mais que, pour quelque raison tout aussi inconnue, il n'y parvient pas toujours. Une fois le processus engagé, ce n'est plus qu'une question de temps pour que les cellules cancéreuses investissent un organe vital, dépassent en nombre les cellules normales et entraînent le décès. Au moment de la crise finale, les cellules cancéreuses périssent en même temps que l'organisme, victimes de leur désir incontrôlé d'expansion.

Jusqu'à présent, la médecine n'a pu trouver le moyen d'adresser un message aux cellules cancéreuses à temps pour les écarter de l'issue tragique vers laquelle elles se dirigent. Les produits chimiques qu'un médecin peut utiliser pour lutter contre le cancer sont totalement impuissants au niveau de l'intelligence. Le cancer est doté d'un génie maléfique alors que les médicaments font figure de simples d'esprit. C'est pourquoi le cancérologue a recours à un assaut beaucoup plus primaire qui correspond à une sorte d'empoisonnement. Le médicament anticancéreux prescrit a en général des effets toxiques sur tout le corps, mais du fait que les cellules cancéreuses croissent beaucoup plus vite que les cellules saines, elles absorbent également plus de poison et meurent en premier. La stratégie globale comprend un risque calculé. Le malade doit avoir de la chance ; son médecin doit méticuleusement déterminer le dosage et la durée de la chimiothérapie car ces deux éléments sont d'une importance vitale. Il est alors possible que le cancer soit vaincu et que le patient voie son espérance de vie augmenter de quelques années.

Assez ironiquement, le traitement peut échouer parce qu'il dépossède l'organisme de l'intelligence même qui le protège habituellement de la maladie. De nombreux médicaments anticancéreux ont une action particulièrement néfaste sur le système immunitaire ; ils détruisent directement la moelle épinière qui fabrique les globules blancs et l'effet sur le nombre de globules blancs dans le sang est dévastateur. A mesure que la chimiothérapie se déroule, le malade devient de plus en plus vulnérable à d'autres formes de cancer et, dans certains cas — qui peuvent atteindre 30 % pour le cancer du sein — de nouveaux cancers se déclarent et le malade meurt. De plus, il est parfois impossible, statistiquement parlant, de détruire toutes les cellules malignes. On a évalué à dix milliards le nombre de cellules cancéreuses qui peuvent exister chez un malade. Même si sa chimiothérapie est efficace à 99,9999 %, il reste tout de même un million de cellules cancéreuses qui en réchappent, ce qui est largement suffisant pour que le processus de cancérisation reprenne.

Les cellules cancéreuses ne sont pas toutes semblables ; certaines sont plus résistantes que d'autres et par là-même, plus difficiles à détruire. Il se peut que la destruction des plus faibles entraîne une sélection darwinienne, permettant aux plus adaptées seulement de survivre. Dans ce cas, la chimiothérapie pourrait en réalité provoquer une maladie bien plus virulente que celle qu'elle a combattue. (De la même manière, les infections permanentes à staphylocoques, que des malades contractent lors de leur hospitalisation, ont souvent une résistance très grande aux antibiotiques car seules les bactéries les plus virulentes survivent à l'atmosphère stérile des salles d'opération et aux injections continuelles de pénicilline.) Il est alors facile d'imaginer que la souche d'un cancer « supérieur » puisse surgir d'une ou deux cellules malignes qui auraient le mieux résisté au traitement.

En tout état de cause, l'espoir initial qu'on avait mis dans la chimiothérapie dans les années cinquante, et qui devait signifier la victoire de notre génération sur le cancer, s'est singulièrement amenuisé. A l'heure actuelle, on peut affirmer que quelques cancers sont vaincus, comme la leucémie lymphatique de l'enfant et certaines formes de la maladie de Hodgkin, tandis que des cancers fréquents et redoutables, comme celui du poumon ou du cerveau, sont pratiquement invincibles avec la seule chimiothérapie.

Rien de ce que j'ai dit jusqu'ici à propos du savoir-faire de l'organisme ne peut être qualifié d'hypothétique. Nous sommes tous conscients, les médecins comme les profanes, de la complexité étonnante du corps. Nous persistons néanmoins à avoir une vision désuète du corps, qui serait essentiellement composé de matière, mais qu'un technicien astucieux dirigerait de l'intérieur. On a d'abord désigné ce technicien sous le nom d'âme, puis il semble avoir été déchu au rang de fantôme que l'on imagine enfermé dans la machine ; en tout cas, le phénomène perdure avec la même insistance. Parce que nous pouvons voir et toucher notre corps, mouvoir sa masse en nous déplaçant et nous cogner contre une porte dans un moment d'inattention, la réalité du corps nous apparaît essentiellement matérielle — c'est là l'idée préconçue qui prévaut dans notre société.

Mais il y a une énorme faille dans ce raisonnement. Malgré l'écrasante supériorité du savoir-faire de l'organisme, que les scientifiques reconnaissent volontiers, les moyens en temps et en argent que l'on consacre à l'étude de l'organisme vivant dans son ensemble sont infimes, et ce pour une raison très simple. Le philosophe grec Héraclite a dit ces mots célèbres : « On ne peut sauter deux fois au même endroit dans une rivière », parce que l'eau de la rivière est constamment renouvelée par le courant qui l'entraîne. Ce principe vaut également pour le corps. Nous ressemblons bien plus à une rivière qu'à un objet figé dans le temps et dans l'espace.

Si l'on pouvait voir le corps dans sa réalité profonde, on ne l'observerait jamais deux fois de suite dans les mêmes conditions. Quatre-vingt-dix-huit pour cent des atomes de l'organisme étaient absents un an auparavant. Le squelette qui semble si solide n'était pas le même trois mois plus tôt. La configuration des cellules osseuses demeure plus ou moins constante mais des atomes différents passent et repassent en toute liberté au travers des parois cellulaires, ce qui explique qu'un nouveau squelette se forme tous les trois mois.

La peau se renouvelle tous les mois. La paroi de l'estomac change tous les quatre jours et les cellules superficielles qui sont au contact des aliments sont renouvelées toutes les cinq minutes. Les cellules du foie se renouvellent très lentement mais de nouveaux atomes continuent à les traverser, telle l'eau dans le courant d'une rivière, et fabriquent un nouveau foie toutes les six semaines. Même à l'intérieur du cerveau où les cellules ne sont pas remplacées après leur destruction, la composition en carbone, azote, oxygène et autres éléments n'a rien de commun aujourd'hui avec ce qu'elle était un an plus tôt.

C'est comme si l'on vivait dans un immeuble dont les briques seraient systématiquement remplacées chaque année. Si l'on conserve le même plan, il semble alors qu'il s'agisse du même immeuble. Mais en réalité, il est différent. De même, le corps humain semble rester plus ou moins identique jour après jour, mais à travers les processus de respiration, digestion, élimination ou d'autres encore, il se produit une relation d'échange constante avec le reste du monde.

Certains atomes — comme le carbone, l'oxygène, l'hydrogène et l'azote — traversent le corps très rapidement car ils constituent la part essentielle des éléments que nous absorbons le plus vite — les aliments, l'air et l'eau. Si cela ne dépendait que de ces quatre éléments, de nouveaux organismes seraient créés pratiquement chaque mois. Cependant, le rythme de renouvellement est ralenti par d'autres éléments qui ne traversent pas le corps aussi rapidement. Le calcium contenu dans les os peut prendre plus d'un an à se renouveler — certains scientifiques avancent même l'hypothèse de plusieurs années. Le fer, responsable de la couleur rouge des globules rouges, se maintient avec une véritable obstination, malgré la perte qu'il subit avec la mutation des cellules mortes de la peau ou la perte de sang.

Même si ces mécanismes présentent des variations, ce changement est omniprésent. Ce que je nomme « intelligence » se charge de diriger ces changements de manière que le corps ne s'effondre pas comme une simple pile de briques. Dans le domaine de la physiologie, il est absolument évident que les ouvrages médicaux n'accordent pratiquement aucune place à l'étude de cette intelligence, du fait de son caractère si changeant, de sa rapidité d'exécution, en fait de sa *vie même*.

Il suffit de considérer la structure d'un neurone pour se faire une idée des limites de nos connaissances actuelles. Les neurones qui constituent le cerveau et le système nerveux central « parlent » entre eux à travers des intervalles nommés synapses. Ces intervalles séparent les minuscules filaments ramifiés, ou dendrites, qui se forment à l'extrémité de chaque cellule nerveuse. Chacun de nous possède des milliards de ces cellules, réparties entre le cerveau et le système nerveux central et, comme nous l'avons déjà vu, chacune est capable de produire des douzaines, voire des centaines de dendrites (l'estimation globale est de 1014), ce qui signifie qu'à tout instant, les combinaisons possibles de signaux traversant les synapses du cerveau excèdent en nombre les atomes contenus dans l'Univers qui nous est connu. En outre, les signaux correspondent entre eux à la vitesse de l'éclair. Pour lire une phrase, le cerveau a besoin de quelques millièmes de seconde qui lui servent à organiser le schéma précis de millions de signaux qui seront ensuite aussitôt détruits et ne seront jamais plus interprétés exactement de la même façon.

A la faculté de médecine, on enseigne un modèle de communication des neurones qui est très simple : une charge électrique se forme d'un côté de la synapse et lorsque cette charge est assez puissante, elle bondit, telle une étincelle, par-dessus l'intervalle pour transmettre le message à une autre cellule nerveuse. En supposant que ce mécanisme soit exact (en fait, il ne l'est pas), la description qu'en faisait mon manuel de neurologie en 1966 ne comportait aucune information sur l'action des neurones dans la réalité ; le modèle décrit n'est valable que si l'on considère une seule cellule nerveuse isolée, figée dans le temps et privée de contexte. En vérité, l'action qui se déroule dans les intervalles du système nerveux ressemble à celle d'un ordinateur cosmique qui serait ramené à une échelle microcosmique. Cet imposant ordinateur opère sans discontinuer, traite simultanément des centaines de programmes, gère des dizaines de milliards de « bits » d'information par seconde et, ce qui paraît le plus miraculeux, sait fonctionner de manière autonome.

En vérité, ce n'est pas l'enseignement médical qui est à blâmer. Quel ouvrage pourrait être en mesure de décrire le processus dans son ensemble? Penser, c'est assembler à l'intérieur de soi des structures qui sont aussi complexes, fugaces et riches dans leur diversité que la réalité elle-même. La pensée est le miroir du monde, pas moins. La science ne possède tout simplement pas les moyens d'étudier un tel phénomène, qui est tout à la fois infini et vivant. On ne cessera pas d'étudier l'organisme vivant mais certainement pas dans son ensemble. Ainsi, lorsque celui-ci assène un choc à la science, comme dans un cas de guérison spontanée d'un cancer, la médecine ne peut que rester en arrêt, stupéfaite de découvrir que la vie ne se comporte pas avec autant de simplicité qu'un modèle de laboratoire.

En 1986, un coup de tonnerre vint ébranler le domaine de la recherche sur le cerveau, menaçant d'en bouleverser complètement les concepts : un neurochirurgien mexicain, le Dr Ignacio Medrazo, implanta avec succès de nouvelles cellules saines dans le cerveau d'un malade atteint de la maladie de Parkinson.

Non seulement la greffe prit, ce qui était jugé impossible auparavant, mais le patient recouvra 85 % de ses fonctions normales. Avant l'opération, celui-ci, un fermier mexicain proche de la quarantaine, montrait une incapacité quasi totale due à la maladie. La maladie de Parkinson frappe environ 1 % de la population âgée de plus de cinquante ans. Elle se manifeste d'abord par des tremblements musculaires, une rigidité des membres ou une tendance à se déplacer avec une lenteur excessive. Ces symptômes sont directement liés à une déficience en dopamine, ce même agent chimique cérébral responsable de la schizophrénie lorsque sa production est trop grande. Pour des raisons encore inconnues, les cellules nerveuses qui produisent la dopamine, situées sur une partie du tronc cérébral que l'on appelle *substantia nigra*, meurent progressivement, provoquant la déficience. Cette réduction de la dopamine entraîne d'abord un amoindrissement de la fonction cérébrale qui commande les mouvements musculaires, puis sa destruction totale.

Les trois symptômes de la maladie de Parkinson s'aggravent avec le temps jusqu'à ce que le malade souffre d'une incapacité totale. L'auteur dramatique Eugène O'Neill fut frappé par la maladie à l'approche de la cinquantaine. Il lui devint de plus en plus difficile d'écrire au fur et à mesure que ses tremblements s'accentuaient. Il avait formé le projet d'écrire une tétralogie qui devait être le chef-d'œuvre de sa vie, mais la maladie détruisit tous ses espoirs : il suffit de regarder ses derniers manuscrits pour constater que le dramaturge pouvait à peine former des lettres illisibles, tordues et qui ressemblaient pathétiquement à des pattes d'araignée. Au prix d'une volonté héroïque, il parvint à coucher des phrases sur le papier mais nul n'est capable aujourd'hui de déchiffrer leur sens.

Au Mexique, le malade du Dr Madrazo, bien que beaucoup plus jeune que la plupart des victimes de cette maladie, était cloué au lit, souffrant de tremblements constants et cadencés qui le rendaient incapable de tout mouvement sans aide extérieure. Après l'opération, il put marcher, courir, se nourrir lui-même, cultiver son jardin et, comme en témoigne un film, prendre à nouveau ses jeunes enfants dans ses bras.

L'opération du Dr Madrazo rendit l'espoir à d'autres victimes de la maladie, qu'on estime à plus d'un million pour les seuls Etats-Unis. Vers la fin de 1987, 200 opérations du même genre avaient été réalisées dans le monde entier. Le Dr Madrazo en tenta lui-même vingt qui furent toutes couronnées de succès (des tentatives précédentes avaient échoué, de même que beaucoup d'autres ont échoué depuis. Le Dr Madrazo pense qu'il doit son succès à l'endroit précis qu'il choisit pour ses implantations.) Cependant, on commence à peine à étudier les effets à long terme d'une telle opération — soudain, et sans avertissement véritable, les chercheurs en neurologie sont confrontés à la perspective, qui relève du domaine de la science-fiction, d'une « greffe du cerveau ».

Le choc que constitue la greffe du tissu cérébral s'explique par le fait que la médecine a toujours eu la conviction que le cerveau ne pouvait se guérir lui-même ; c'est d'ailleurs pourquoi toute lésion cérébrale, ou presque, provoquée par un accident ou la maladie, est jugée irréversible. Ce n'est qu'en 1969 qu'un chercheur de Cambridge, Godfrey Raisman, a fait la preuve, à l'aide d'un microscope électronique, que des cellules nerveuses endommagées pouvaient connaître une nouvelle croissance. Puis le Dr Madrazo a prouvé que le cerveau est non seulement capable de se guérir mais aussi d'accepter des tissus provenant d'autres organes. Il a eu recours, pour réaliser sa transplantation, à des cellules produites par l'hypophyse, qui fabrique également la dopamine ; l'opération peut également se faire avec des tissus provenant d'une autre personne ou même d'un fœtus de cochon.

Les neurologues émettent actuellement l'hypothèse que le cerveau serait muni d'un système chimique de réparation complexe qui, il y a quelques années, était totalement inconnu. Une équipe de chercheurs suédois a établi que l'on pouvait inverser le processus de perte de mémoire chez les rats en leur injectant un des principaux agents chimiques de réparation, une protéine clé appelée NGF ou facteur de croissance des nerfs.

Par analogie, les dommages du cerveau causés par la maladie d'Alzheimer, qui entraîne également une perte de mémoire, pourraient être traités de la même façon. L'expérience suédoise représente d'autre part un progrès par rapport à la greffe tissulaire car elle n'a pas utilisé de tissus vivants ou nécessité d'opération chirurgicale.

Il paraît essentiel de revoir un à un les principes fondamentaux de la physiologie cérébrale et de les modifier radicalement. Les découvertes continuent d'être révolutionnaires : une autre équipe suédoise a établi que des cellules nerveuses peuvent être implantées sur la rétine de l'œil, dont la surface est simplement une extension et un développement du nerf optique. Après leur implantation, les cellules développent de nouvelles ramifications, ce qui confirme l'idée qu'une régénérescence du cerveau est possible et normale. Une fois encore, cette recherche a porté sur des animaux de laboratoire et non sur des sujets humains, mais les applications possibles dans le traitement de la cécité sont évidentes ; de même, d'autres greffes pourraient être appliquées à des malades souffrant de blessures traumatiques du cerveau, d'attaques cardiaques ou d'autres désordres cérébraux.

J'insiste sur le fait qu'aucune de ces découvertes n'aurait pu se faire si la science n'avait modifié ses concepts de base. Il est troublant de constater que les mêmes médecins, qui aujourd'hui parlent avec assurance de traitements du cerveau, déclaraient la chose impossible en 1985. L'origine de la greffe cérébrale remonte en réalité à de nombreuses années, en fait à 1912 lorsque Elizabeth Dunn, chercheur à l'Institut Rockefeller, implanta avec succès des cellules nerveuses dans le cerveau d'une souris. Sa recherche se heurta à l'indifférence générale. (On peut rappeler que l'observation de l'action des cultures de penicillium sur les bactéries a été faite plus de 140 fois et a été dûment rapportée dans la littérature médicale avant qu'Alexander Fleming ne « découvre » tout le processus. Avant lui, tous les autres chercheurs s'étaient inquiétés de voir leurs cultures de laboratoire, qu'ils entretenaient si soigneusement, envahies par cette moisissure verte. Fleming lui-même se débarrassa de ses cultures bactériennes contaminées ; ce n'est que plus tard qu'il se rendit compte qu'il était en train de mettre au point un médicament miracle.)

Un autre pionnier dans le domaine des greffes du cerveau, Don M. Gash, qui est maintenant à l'Université de Rochester, se vit sermonner, au début de sa carrière, par un membre éminent de la faculté : « Dr Gash, vous êtes un jeune homme plein d'avenir. Ne perdez pas votre temps à poursuivre une idée stupide qui ne peut avoir aucun fondement. »

L'idée même que la transplantation puisse avoir une action réelle soulève un scepticisme intense. Les adversaires de la méthode adoptée par le Dr Madrazo ont fait valoir que la période de convalescence de ses patients, qui commence quelques semaines à peine après l'implantation des cellules cérébrales, était bien trop rapide pour que le nouveau tissu « prenne ». Il est possible que le cerveau se répare entièrement de lui-même, sans tenir compte des nouvelles cellules, produisant en revanche des agents chimiques qui seraient une réponse à la plaie provoquée par la chirurgie (un peu comme une huitre produit de la nacre, en réaction à la présence d'un peu de sable sous sa coquille.)

Ces découvertes devraient peut-être nous inciter non pas à continuer dans la voie de la chirurgie mais plutôt à étudier les nouvelles facultés du cerveau en tant qu'organe vivant et dynamique. Car, malgré la place privilégiée qu'il occupe dans la médecine moderne, le cerveau a constitué la partie la plus figée du modèle que l'on se fait du corps, du fait que lui seul ne semblait pouvoir se réparer lui-même. A première vue, cette assertion soulève bien des réserves. Toutes les cellules du corps, du follicule capillaire au neurone en passant par les cellules du cœur, sont créées à partir de la double hélice de l'ADN, au moment de la conception. Tout ce que l'on fait — penser, parler, courir, jouer du violon ou diriger un pays — se construit à partir des fonctions programmées dans cette toute première molécule. Ainsi, dire qu'un neurone ne peut se guérir lui-même revient à dire que son ADN est paralysé. Est-ce là une hypothèse raisonnable ? L'ADN a de toute évidence vocation de devenir une cellule du cerveau plutôt qu'une cellule du cœur et cette « décision » implique qu'il doive dans ce cas exprimer certaines facettes de son potentiel d'expression et en inhiber d'autres.

Mais cela ne signifie en aucune façon que l'ADN ait perdu l'une quelconque de ses facultés. Rien n'est jamais perdu dans l'ADN. Chaque cellule du corps contient en permanence les possibilités infinies de l'ADN, à tout instant, de la conception à l'instant de la mort. La preuve en est donnée par la technique dite du clonage : en théorie, on peut retirer une cellule de votre joue et, dans des conditions précises, produire une copie de vous rigoureusement identique, ou mieux un million de ces copies. Le génie de la nature est de n'avoir pas choisi la solution du million de clones identiques ; en fait, seuls les organismes les plus élémentaires sont formés de cellules identiques et la plupart sont unicellulaires, comme l'amibe. Toutefois, la distinction entre une amibe et un être humain cesse au niveau de l'ADN, en ce sens que l'amibe est contenue tout entière dans son petit tas d'ADN et que notre organisme est également contenu tout entier dans notre ADN. Il ne serait donc pas surprenant qu'un neurone puisse effectivement (dans des circonstances qui nous restent inconnues) « décider » brusquement de ne plus suivre le principe de ne pas se réparer lui-même et de se mettre justement à le faire. Son ADN n'est pas paralysé.

La vérité, c'est que le cerveau est trop complexe pour être réduit à un modèle et la science, par définition, fonctionne avec des modèles. Les modèles sont utiles mais ils présentent tous des zones aveugles à l'intérieur de leur système. Pour étudier sans aucun modèle une fonction du cerveau ou toute autre fonction du corps, il faudrait les considérer comme des éléments totalement abstraits et apparemment contradictoires, comme des îlots de permanence au sein du changement dynamique.

Pour ce qui est de la permanence, le corps est solide et stable comme une sculpture figée. Pour ce qui est du changement, il est mobile et fluctuant comme une rivière. Selon les critères scientifiques hérités de Newton, il s'est révélé impossible pour l'esprit de considérer en même temps ces deux aspects. Je me souviens d'un physicien qui déclarait que pour Newton, la nature ressemblait à un jeu de billard. Il entendait par là que la physique traditionnelle étudie une association d'éléments solides — les boules de billard — qui se déplacent en lignes droites, mus par des lois immuables. Le jeu est de prévoir leur itinéraire, leur vitesse, leur impulsion, etc., comme le fait un joueur lors de sa partie quotidienne. Pour effectuer ces calculs, il faut, en revanche, interrompre le jeu, en construire un modèle et utiliser des formules pour calculer les angles appropriés, les trajectoires et autres critères nécessaires.

La science a adopté en général un tracé géométrique et figé de tout événement survenant dans le monde matériel et c'est tout naturellement que la notion de sculpture s'est imposée au détriment de la notion de rivière. Mais la rivière ne s'est pas arrêtée pour autant — la beauté du corps vient de son renouvellement de tous les instants. Cependant, comment peut-on tracer une carte du corps qui corresponde à chaque instant? C'est le nouveau dilemme auquel nous sommes confrontés. Si nous pouvons le résoudre, nous aurons fait un grand pas vers le but que nous nous sommes fixé, qui n'est pas d'acquérir un surcroît de connaissances destinées à alimenter les bibliothèques mais plutôt de découvrir de nouvelles capacités que nous programmerions dans notre ordinateur cosmique.

4

Des messagers de l'espace intérieur

Grimper jusqu'au Machu Picchu, la cité-forteresse des Incas, est une entreprise ardue. Il faut traverser un défilé de 5000 mètres sur les hauts plateaux andins, où l'oxygène est déjà suffisamment raréfié pour provoquer des vertiges et, une fois la ville en vue au dessus des nuages, gravir 3000 marches de pierre pour atteindre ses murs. Ce fut la dernière place forte emportée par Pizarro lors de sa conquête du Pérou en 1532. On s'étonne à la pensée que des coureurs à pied reliaient le Machu Picchu à chaque village de l'empire inca, qui s'étendait sur plus de 3000 kilomètres. C'étaient des messagers rapides, à l'endurance quasi inhumaine. Ils couraient pieds nus, couvrant chaque jour des distances immenses — qui équivalaient parfois à trois marathons olympiques. Certains des chemins qu'ils empruntaient commençaient à la hauteur d'un pic des Montagnes Rocheuses du Colorado, et s'élevaient encore d'environ 2000 mètres.

Ce sont certainement ces coureurs, qui étaient les yeux et les oreilles de l'empereur Atahualpa, qui l'ont averti de l'approche des Espagnols. Pizarro s'est emparé par traîtrise d'une véritable fortune en exigeant le paiement d'une rançon après la capture d'Atahualpa (qu'il exécuta plus tard). Il est à souhaiter que les légendes selon lesquelles l'or le plus inestimable des Incas fut dissimulé à temps soient vraies. (Pizarro, qui était d'une avidité peu commune, même pour un conquistador, fut lui-même assassiné par des rivaux qui le jalousaient, en 1541.)

Si l'on compare le cerveau humain à la forteresse du

Machu Picchu, il doit alors disposer des mêmes coureurs pour véhiculer ses commandes à l'avant-poste le plus éloigné de son empire, représenté ici par le gros orteil. Les circuits physiques sont certainement visibles — le système nerveux central descend le long de la colonne vertébrale, s'étend à partir de chaque vertèbre, ses principaux nerfs se ramifient ensuite en millions de chemins minuscules qui communiquent avec chaque région du corps. Les premiers anatomistes observèrent les principaux nerfs au XVIe siècle, mais le système nerveux gardait encore un secret. Qui étaient les coureurs qui apportaient les messages au cerveau et les en renvoyaient ?

Nombreux sont les gens qui croient encore que les nerfs fonctionnent électriquement, à l'image d'un système télégraphique, et ce parce que les ouvrages médicaux l'affirmaient jusqu'à il y a quinze ans. Cependant, dans les années soixante-dix, une série de découvertes capitales a révélé la présence d'une nouvelle catégorie d'agents chimiques appelés neurotransmetteurs. Comme leur nom l'indique, ces agents chimiques transmettent les impulsions ; ils agissent dans les cellules comme des « molécules de communication », grâce auxquelles les neurones du cerveau peuvent communiquer avec le reste de l'organisme.

Les neurotransmetteurs sont les coureurs qui vont et viennent à partir du cerveau, transmettant à chacun de nos organes, émotions, désirs, souvenirs, intuitions et rêves. Aucun de ces événements n'est confiné au cerveau seul. De même, ce ne sont pas uniquement des phénomènes mentaux puisqu'ils peuvent être codés sous forme de messages chimiques. Les neurotransmetteurs touchent la vie de chaque cellule. Quelle que soit la direction prise par une pensée, ces agents chimiques doivent nécessairement l'accompagner et, sans eux, aucune pensée ne peut exister. Penser, c'est réaliser une chimie cérébrale qui engendre une cascade de réactions dans tout l'organisme. Nous avons déjà vu que l'intelligence, ou le savoir-faire, envahit la physiologie — à présent, elle a acquis une base matérielle.

Nous venons de révéler, sans en avoir l'air, la clé de l'énigme que nous explorons dans ce chapitre. En réalité, nul autre événement récent survenu dans le domaine de la biomédecine n'a été aussi révolutionnaire que ces découvertes. L'entrée en scène des neurotransmetteurs favorise plus que jamais la mobilité et la fluidité de l'interaction entre esprit et matière — qui se rapproche encore plus du modèle de la rivière. Elle contribue également à combler l'espace qui semble séparer l'esprit du corps et qui constitue l'un des plus profonds mystères auxquels l'homme se soit attaqué depuis qu'il a commencé à s'interroger sur lui-même.

Tout d'abord, aux environs de 1973, il est apparu que seuls deux neurotransmetteurs étaient nécessaires, l'un pour activer une cellule lointaine, par exemple un muscle, l'autre pour ralentir cette activité. Deux substances chimiques cérébrales, l'acétylcholine et la noradrénaline, sont responsables de ces fonctions ; elles représentent les signaux « départ » et « ralentir » du système nerveux. On les a considérées à l'époque comme révolutionnaires car elles prouvaient que l'impulsion passant d'une cellule nerveuse à une autre n'était pas d'origine électrique mais chimique. Tout à coup, la théorie officiellement admise, qui représentait de minuscules étincelles bondissant de neurone en neurone, se trouvait dépassée. Mais, dans un premier temps, le nouveau modèle chimique continua de défendre la théorie de base selon laquelle seuls deux signaux étaient nécessaires. Les ordinateurs créés par l'homme fonctionnent sur le mode binaire et le cerveau semblait se conformer à cette même règle.

Puis, dans le monde entier, des chercheurs en biologie moléculaire entreprirent des études plus approfondies et découvrirent de nombreux autres neutrotransmetteurs, présentant tous des structures moléculaires différentes et semblant tous porteurs de messages distincts. La plupart présentaient des structures comparables, étant constitués comme des peptides, chaînes complexes d'acides aminés du même type que ceux contenus dans les protéines qui composent chaque cellule, y compris les cellules cérébrales.

Un bon nombre d'énigmes se trouvèrent peu à peu résolues, directement ou indirectement, grâce à ces découvertes. Si l'on prélève sur un chat endormi une dose infime de son liquide céphalo-rachidien et qu'on l'injecte sur un chat en état d'éveil, ce dernier s'endort immédiatement. Cela s'explique par le fait que le cerveau du chat provoque chimiquement l'endormissement de son organisme : il possède sa propre potion interne. Pour que l'animal se réveille, il suffit d'injecter dans sa colonne vertébrale la substance chimique inverse qui sera le signal d'éveil.

Chez les êtres humains, où l'on retrouve les mêmes mécanismes chimiques, le corps est réveillé le matin, non pas par un brusque signal d'alarme interne mais par une série de signaux bien programmés, d'abord légers puis progressivement plus forts, qui le tirent du sommeil par paliers successifs. L'ensemble du processus comporte une transition progressive, en quatre ou cinq vagues qui transforment la biochimie du sommeil en biochimie de l'état de veille. Si ce processus est interrompu, le réveil n'est pas aussi net qu'il devrait l'être — les biochimies des deux phases distinctes se trouvent alors mêlées. C'est pourquoi les parents de nouveau-nés, qui doivent se réveiller plusieurs fois dans la nuit, ne se sentent pas bien durant le jour. Les réveille-matin bouleversent également les schémas naturels de l'éveil, provoquant des étourdissements qui peuvent durer toute la journée, jusqu'à ce qu'un nouveau cycle endormissement-réveil vienne rééquilibrer la chimie corps-esprit.

Voici un exemple voisin. Tous les chameaux montrent une résistance exceptionnelle à la douleur — ils peuvent mâcher passivement des épines tandis qu'un chamelier furibond leur assène de bons coups de bâton. Des chercheurs intrigués, ayant examiné les cellules cérébrales des chameaux, ont découvert qu'elles produisaient en grande quantité une substance chimique spécifique qui, injectée chez d'autres animaux, provoquait la même insensibilité à la douleur. La résistance au sommeil et à la douleur, on le voit donc, dépend de messages chimiques bien précis produits par le cerveau.

De nombreuses autres fonctions, que l'on croyait auparavant purement psychiques, ont été les unes après les autres associées à des neurotransmetteurs bien précis. Les schizophrènes qui souffrent de manière aiguë d'hallucinations et de pensées psychotiques voient leur état s'améliorer considérablement lorsqu'on les place sous dialyse rénale, opération qui permet de filtrer les impuretés du sang. Comme nous l'avons vu, les chercheurs ont découvert qu'un neurotransmetteur, la dopamine, était présent dans des proportions anormalement élevées dans le cerveau des schizophrènes. Les traitements chimiques actuels de ce dérèglement mental impliquent l'utilisation de médicaments psychoactifs qui suppriment la dopamine ; peut-être est-ce aussi le cas de la dialyse qui, directement ou par le biais d'un sous-produit, éliminerait la dopamine du sang.

Vers le milieu des années quatre-vingt, dix ans à peine après la découverte initiale, plus de cinquante neurotransmetteurs et neuropeptides avaient été identifiés. Tous sans exception sont produits sur l'un des bords de la synapse, reliant deux neurones, et sont reçus par les récepteurs situés sur l'autre bord. Cela implique une incroyable souplesse de communication entre les cellules. Chaque neurone est désormais considéré comme un émetteur de messages qui ne se contente pas de dire « oui » ou « non », à la manière des ordinateurs. Le vocabulaire cérébral est bien plus étendu et comprend des milliers de combinaisons de signaux distincts — ce processus semble n'avoir pas de fin car de nouveaux transmetteurs sont constamment découverts.

Quel genre de messages les cellules nerveuses échangent-elles ? Il est difficile de répondre à la question car certains mots du « vocabulaire » chimique semblent être aussi précis qu'un langage ordinaire, tandis que d'autres sont particulièrement ambigus. Notre résistance à la douleur, comme celle des chameaux, dépend d'une catégorie de substances biochimiques découvertes dans les années soixante-dix, les endorphines et les enképhalines, qui ont une action antalgique naturelle sur l'organisme. *Endorphine* signifie « morphine interne » et *enképhaline* veut dire « à l'intérieur du cerveau ». Ces expressions résument bien leur histoire : produites par le cerveau lui-même, elles sont une réplique de la morphine.

Cette faculté de produire spontanément des opiacés, que

l'on ignorait jusque-là, s'est révélée très intéressante. On soupçonnait déjà l'organisme d'être capable de maîtriser la sensation de douleur. Même tenace, la douleur n'arrive pas toujours jusqu'à notre conscience. De fortes émotions, par exemple, peuvent masquer des signaux de douleur, comme lorsqu'une mère se précipite dans une maison en flammes pour sauver son enfant ou qu'un soldat blessé continue à se battre, ignorant la douleur causée par ses blessures. Dans des circonstances moins dramatiques, nous sommes tous capables, jusqu'à un certain point, de détourner notre attention d'une douleur légère — si nous sommes par exemple plongés dans une discussion passionnante, nos maux de gorge nous paraissent tout à coup négligeables.

Magré le fait que nous ayons tous ressenti la fluctuation du seuil de la douleur, aucun mécanisme n'avait pu l'expliquer. Désormais, la médecine se trouvait en mesure de le faire en se référant à ces substances antalgiques internes, les endorphines et les enképhalines, que chaque neurone peut produire à volonté. Le public fut rapidement informé du fait que le cerveau produisait des narcotiques 200 fois plus puissants que n'importe quelle drogue artificielle, avec l'avantage supplémentaire que ces antalgiques ne provoquent aucun effet d'accoutumance. Il se peut que dans le futur, un médecin réussisse à anesthésier ses malades en stimulant une région précise de leur cerveau, faisant ainsi de la médecine occidentale la version scientifique de l'acupuncture chinoise.

La morphine et les endorphines bloquent la douleur en comblant un récepteur particulier sur le neurone, empêchant ainsi les agents chimiques porteurs de la douleur de s'y fixer. Sans ces agents chimiques, la sensation de douleur ne peut se matérialiser, quelle que soit l'intensité de l'attaque. Selon ce schéma, on peut comparer la molécule d'endorphine à un mot spécifique, le mot *analgésique*. On peut imaginer que chaque fois que le mot *douleur* parvient au cerveau, celui-ci a le choix d'envoyer en réponse le mot *analgésique*. Malheureusement, les recherches qui ont suivi ont brouillé cette représentation trop simple.

On a découvert que la quantité d'endorphines n'était pas proportionnelle à l'intensité de la sensation de douleur. On peut le prouver avec l'utilisation de placebos, ou substances neutres. Il arrive souvent que des malades qui souffrent puissent être soulagés par un placebo, en général une simple dragée, qu'on leur présente comme un analgésique puissant. Tous les malades ne réagissent pas au traitement mais 30 à 60 % d'entre eux affirment voir leur douleur disparaître. Ce résultat, qu'on appelle l'effet placebo, est signalé depuis des siècles mais il est totalement imprévisible. Le médecin ne peut savoir à l'avance lesquels de ses patients en bénéficieront et jusqu'à quel point.

Pour quelle raison une simple dragée serait-elle en mesure de supprimer la douleur, même la douleur lancinante qui accompagne un ulcère à l'estomac ou une chirurgie traumatique ? La réponse, on le sait maintenant, est donnée par les endorphines. Un médicament, la naloxone, a une action chimique antagoniste sur la morphine, en ce sens qu'elle a la faculté de chasser les molécules de morphine hors d'un récepteur. Lorsque la naloxone est administrée après la prise d'un analgésique, la sensation de douleur réapparaît instantanément. Il se trouve que le même phénomène se produit avec les placebos. Les patients, chez qui la douleur avait disparu avec la prise d'une simple dragée, ont tous constaté la reprise de cette douleur après administration de naloxone. Cela signifie que les endorphines et la morphine représentent certainement le même médicament, à ceci près que les premières sont produites par l'organisme et que la seconde provient du pavot.

Mais une fois de plus, seul un certain pourcentage de malades a réagi de cette façon. La naloxone a provoqué chez certains un retour en force de la douleur ; pour d'autres, l'effet placebo n'a pas du tout été atténué ; pour d'autres enfin, la douleur n'est revenue que partiellement. Les chercheurs se sont donc trouvés plus perplexes que jamais et ils en sont toujours au même point aujourd'hui. Les endorphines sont certainement des analgésiques internes, mais la découverte de ces nouvelles molécules n'est qu'une réponse partielle au problème.

Des études récentes sur la douleur ont montré que la morphine n'est pas identique aux endorphines sur le plan chimique, que les endorphines interagissent d'une manière plus complexe que les narcotiques et que le traitement adopté pour réduire la douleur, quel qu'il soit — morphine, endorphines, acupuncture ou hypnose — a une efficacité très variable. On a également découvert qu'on ne pouvait reproduire de manière satisfaisante les endorphines sous forme de médicaments : lorsqu'ils sont injectés, nos analgésiques internes provoquent une réaction d'accoutumance aussi forte que l'héroïne.

Très vite, les scientifiques ont dû faire face, en étudiant les autres neurotransmetteurs, à des complications tout aussi frustrantes que celles rencontrées avec les endorphines et les enképhalines. Il se trouve qu'un neurone ne se contente pas de recevoir un signal transmis par une cellule nerveuse voisine et de le transmettre intact à la synapse suivante. Cela ne constitue pour lui qu'un choix parmi d'autres. Bien qu'on ne puisse décrire précisément la manière dont les neurones reçoivent et véhiculent leurs messages chimiques le long de leur axone,ou tronc, on sait que le processus doit être très souple. La cellule nerveuse peut modifier le message en cours de route, transformant la substance chimique reçue en un point A en une substance différente au point B. Les récepteurs situés aux extrémités des cellules nerveuses peuvent également se modifier afin de recevoir différents types de messages ; la « station émettrice », située de l'autre côté de la synapse, est tout aussi modifiable.

Pour ce qui nous concerne, cette confusion est en réalité très encourageante car elle prouve qu'on ne peut comprendre l'organisme sans le facteur « intelligence ». La reproduction physique des endorphines ou de toute autre substance neurochimique est loin d'être aussi importante que leur savoir-faire — la façon dont elles choisissent leur site récepteur, ce qui les pousse à agir, comment elles « parlent » au reste de l'organisme avec une coordination aussi parfaite, et ainsi de suite. Même au milieu d'une véritable révolution chimique, l'esprit garde sa supériorité sur la matière. En fait, il apparaît aujourd'hui que la structure moléculaire d'un neurotransmetteur dépend totalement de la manière dont le cerveau s'en sert.

Cette constatation a fait l'effet d'une bombe parmi les

chercheurs en biologie cellulaire car, en matière de molécules, les neurotransmetteurs ne présentent pas d'intérêt particulier. Toutes les protéines de l'organisme se construisent à partir de chaînes de vingt acides aminés de base, ces chaînes pouvant ensuite s'agencer en séquences plus longues qu'on appelle peptides. Les neuropeptides se différencient des autres chaînes de peptides de l'organisme, mais ils proviennent tous de la même fabrique, l'ADN. Celui-ci est à la source de toutes les protéines qui réparent les cellules, en construisent de nouvelles, remplacent les pièces manquantes ou défectueuses du code génétique, pansent les plaies et les bosses...

Peu soucieux d'inventer une nouvelle catégorie de substances chimiques, l'ADN a imaginé une nouvelle façon d'utiliser ses matériaux bruts habituels, amines, acides aminés et peptides. Une fois encore, seule la *faculté* de fabriquer ces produits est d'une importance capitale. Ce ne sont pas les molécules elle-mêmes qui importent, même si leur découverte par un chercheur en biologie moléculaire peut constituer un intérêt pour ce domaine particulier de la science.

D'où vient donc cette faculté de produire les neurotransmetteurs? Nous devrions peut-être nous intéresser à la question de la participation de l'esprit. Après tout, ce n'est pas vraiment la molécule d'adrénaline qui fait se précipiter une mère dans un immeuble en flammes pour sauver son enfant, ni la molécule d'endorphine qui l'empêche de sentir les flammes. C'est l'amour qui l'entraîne, et la farouche détermination qui l'anime la protège de la douleur. Tout simplement, ces caractéristiques de son esprit ont su trouver le chemin chimique qui permet au cerveau de communiquer avec le corps.

Nous voilà arrivés au cœur du problème. L'esprit est par définition immatériel, mais il a imaginé un moyen de travailler en collaboration avec ces molécules de communication très complexes. Leur association est si étroite, comme nous avons pu le constater, que l'esprit ne peut se projeter dans le corps sans l'aide de ces substances chimiques. Mais ces dernières ne sont pas l'esprit. Ou le sont-elles?

Il y a quelques années, cette situation paradoxale fut résumée avec beaucoup d'esprit par le prix Nobel britannique, l'éminent neurologue Sir John Eccles, qui avait été invité à donner une conférence devant une assemblée de parapsychologues. Ces derniers débattaient des sujets habituels — ESP, télépathie, psychokinésie — c'est-à-dire la capacité de déplacer des objets physiques avec l'esprit. « Si vous voulez réellement assister à un phénomène de psychokinésie », déclara-t-il à son assistance, « il vous suffit d'admirer les exploits de l'esprit sur la matière, à l'intérieur du cerveau. Il est tout à fait étonnant de voir que pour chaque pensée, l'esprit réussisse à déplacer les atomes d'hydrogène, de carbone, d'oxygène et d'autres particules dans les cellules cérébrales. On pourrait penser que rien n'oppose plus une pensée immatérielle à la matière grise solide du cerveau. Le tour de passe-passe se produit pourtant, sans aucun lien apparent ».

Le mystère de l'action de l'esprit sur la matière n'a pas été expliqué par la biologie, qui préfère axer ses recherches sur des structures chimiques de plus en plus complexes, fonctionnant à des niveaux toujours plus sophistiqués de la physiologie. Il apparaît pourtant évident que personne ne sera jamais en mesure de trouver une particule, si infime soit-elle, que la nature ait désignée comme étant l'« intelligence ». Le fait devient encore plus évident lorsqu'on se rend compte que *toute* la matière contenue dans l'organisme, grand ou petit, a été conçue, comme partie intégrante du schéma directeur, avec cette intelligence. L'ADN lui-même, bien qu'on le considère comme le cerveau chimique de l'organisme, est composé pour l'essentiel des mêmes éléments de base que les neurotransmetteurs qu'il fabrique et dirige. L'ADN ressemble à une usine de briques qui serait elle-même constituée de briques. (Le célèbre mathématicien, Américain d'origine hongroise, Erich von Neumann, inventeur de l'ordinateur moderne, s'intéressait à tous les types de robots. Un jour, il inventa sur le papier une machine particulièrement ingénieuse, un robot capable de construire des robots identiques — en d'autres termes, une machine autoreproductible. Notre ADN a réalisé la même chose à grande échelle, puisque l'organisme humain n'est autre que des variantes de l'ADN, produites par l'ADN.)

Il pourrait sembler facile d'en conclure que l'ADN, avec ses milliards d'informations génétiques, est une molécule intelligente ; elle l'est certainement plus qu'une simple molécule de sucre. A quel point le sucre peut-il être intelligent? Mais en réalité, l'ADN est simplement constitué de chaînes de sucre, d'amines et d'autres éléments aussi simples. Si ces structures n'étaient pas a priori « intelligentes », l'ADN ne pourrait espérer le devenir en les mettant simplement bout à bout. Si l'on poursuit le raisonnement, pourquoi les atomes de carbone ou d'hydrogène contenus dans le sucre ne seraient-ils pas eux aussi intelligents? Peut-être est-ce le cas. Comme nous le verrons, si l'intelligence est présente dans le corps, elle doit nécessairement venir de quelque part et ce quelque part pourrait bien être partout.

Si l'on poursuit l'étude du phénomène des neurotransmetteurs, on se trouve confronté à un autre saut quantique en matière de complications mais, curieusement, la relation entre l'esprit et la matière s'en trouve simplifiée. On a découvert que les zones du cerveau qui traitent nos émotions — les amygdales et l'hypothalamus, que l'on qualifie également de « cerveau du cerveau » — possèdent en abondance les mêmes substances que l'on trouve dans le groupe des neurotransmetteurs. Cela signifie que dans les zones où les processus de pensée sont nombreux (c'est-à-dire où de nombreux neurones sont étroitement agglomérés), les substances chimiques associées à ces processus sont abondantes. A ce stade, on pouvait encore observer une distinction assez nette entre les substances chimiques qui franchissent l'espace séparant les cellules cérébrales et celles qui voyagent dans le sang à partir du cerveau. (Dans mon domaine, l'endocrinologie, l'une des caractéristiques des hormones est de flotter en suivant le courant sanguin, à un rythme beaucoup plus lent que la vitesse de transmission d'une cellule nerveuse. Cette dernière est évaluée à 360 km/h ; un signal envoyé du cerveau vers l'orteil met moins de 1/50 de seconde.)

Juste au moment où les scientifiques pensaient pouvoir isoler les substances chimiques du cerveau et classifier leurs sites récepteurs, c'est le corps lui-même qui fit surgir de nouvelles complications. Les chercheurs de l'Institut national américain d'hygiène mentale découvrirent des récepteurs tout aussi abondants dans des zones extérieures au cerveau. Dès le début des années quatre-vingt, des récepteurs destinés à des neurotransmetteurs et à des neuropeptides furent découverts sur les cellules du système immunitaire, les monocytes. Des récepteurs « cérébraux » sur les globules blancs du sang? Une telle découverte était réellement fondamentale. Dans le passé, on pensait que seul le système nerveux central relayait les messages adressés à l'organisme, à la manière d'un système téléphonique complexe reliant le cerveau à tous les organes à qui il désire « parler ». Dans ce schéma, les neurones fonctionnent comme des lignes téléphoniques véhiculant les signaux du cerveau — c'est leur unique fonction, que nul autre système physiologique ne peut assumer.

Désormais, il était prouvé que le cerveau ne se contente pas d'envoyer des impulsions se propageant en droite ligne le long des axones, ou troncs des neurones ; il véhicule librement l'intelligence dans l'espace intérieur tout entier de l'organisme. A la différence des neurones qui sont fixés sur des sites particuliers dans le système nerveux, les monocytes du système immunitaire, entraînés par le sang, ont accès à toutes les cellules du corps. Muni d'un vocabulaire lui permettant de refléter le système nerveux dans toute sa complexité, le système immunitaire semble capable d'envoyer et de recevoir des messages qui paraissent tout aussi divers. Au fond, si le fait d'être heureux, triste, pensif ou excité nécessite la production de neuropeptides et de neurotransmetteurs dans les cellules cérébrales, les cellules immunitaires doivent alors présenter la même aptitude à être heureuses, tristes, pensives ou excitées — en d'autres termes, elles doivent être capables d'exprimer la gamme complète des « mots » que les neurones utilisent. On peut en conséquence considérer les monocytes comme des neurones mobiles.

Avec cette découverte, le concept de cellule intelligente

acquérait une réalité nouvelle. Une certaine forme d'intelligence localisée était déjà connue, celle que l'ADN possède dans chaque cellule. Depuis que Watson et Crick ont révélé la structure de l'ADN au début des années cinquante, des recherches ont montré que cette molécule extraordinaire, à la complexité quasi infinie, contient sous forme de code toutes les informations nécessaires à la création et à la préservation de la vie humaine. Mais on a d'abord pensé que l'intelligence des gènes était fixe puisque l'ADN lui-même constitue la substance chimique la plus stable de l'organisme et que, grâce à cette stabilité, chacun de nous est à même d'hériter les caractéristiques génétiques de ses parents — yeux bleus, cheveux frisés, traits du visage — et de les transmettre intactes à ses enfants.

Le savoir-faire transporté par les neurotransmetteurs et les neuropeptides représente tout autre chose : l'intelligence de l'esprit, tout à la fois volatile, sensible et fugace. Ce qui provoque l'étonnement, c'est que ces substances chimiques « intelligentes » ne sont pas uniquement produites par le cerveau, dont la fonction est de penser, mais aussi par le système immunitaire, dont la fonction essentielle est de protéger de la maladie. Du point de vue d'un chimiste du cerveau, cette soudaine extension des molécules messagères ne fait qu'accroître la complexité de son travail. Mais pour nous, la découverte de cette intelligence « flottante » confirme la représentation du corps sous la forme d'une rivière. Il nous fallait une base concrète qui nous permette d'affirmer que l'intelligence inonde tout notre organisme ; c'est chose faite.

Chacun peut se rendre compte que son esprit est submergé d'un flot déroutant d'impressions bien trop vagues pour être précisées. Pour les décrire, la psychologie en est réduite à employer des termes tout aussi vagues, comme la fameuse expression *stream of consciousness*. Aujourd'hui, les chercheurs spécialisés dans l'étude du cerveau, comme pour matérialiser ce courant à l'aide d'une eau qui serait palpable, ont découvert des cascades de substances chimiques cérébrales. Mais à la différence d'un ruisseau, ces cascades n'ont pas de rivages ; elles s'écoulent n'importe où et partout à la fois. De plus, ce flot ne s'interrompt jamais, même pendant la plus petite fraction de seconde. En réalité, un spécialiste du cerveau doit arrêter le temps pour pouvoir examiner la composition de la cascade. Les substances chimiques qu'il cherche sont infiniment petites — il a fallu 300 000 cervelles de moutons pour isoler un seul milligramme de la molécule utilisée par le cerveau pour stimuler la thyroïde. Les récepteurs cellulaires sont tout aussi difficiles à repérer. Ils dansent sans cesse à la surface de la paroi cellulaire et modifient leur aspect pour recevoir de nouveaux messages ; toute cellule peut contenir des centaines, voire des milliers de sites récepteurs et seuls un ou deux de ces sites peuvent être analysés à la fois. La science en a beaucoup plus appris ces quinze dernières années sur la chimie cérébrale que dans toute l'histoire de ce domaine particulier de la recherche, mais nous ressemblons toujours à des étrangers qui tenteraient d'apprendre une langue en lisant des bouts de papier ramassés dans la rue.

Personne n'a pu découvrir de quelle manière la cascade de substances chimiques s'organise pour réaliser toutes les choses que le cerveau peut accomplir. La mémoire, les souvenirs, les rêves et toutes les autres activités quotidiennes de l'esprit restent, pour ce qui concerne le mécanisme physique qui les anime, un profond mystère. Mais nous savons désormais que l'esprit et le corps sont des univers parallèles. Tout ce qui se produit dans l'univers mental doit laisser des traces dans l'univers physique.

Récemment, les spécialistes du cerveau ont trouvé le moyen de photographier le tracé d'une pensée en relief, à la façon d'un hologramme. Le procédé, connu sous le nom de tomographie à émission de positrons, consiste à injecter dans le sang du glucose, dont les molécules de carbone ont été marquées avec des radio-isotopes. Le glucose représente l'unique aliment du cerveau, qui l'absorbe beaucoup plus rapidement que ne font les tissus ordinaires. Ainsi, lorsque le glucose injecté parvient au cerveau, ses marqueurs de carbone sont repérés à mesure que le cerveau les utilise. Ils sont représentés en trois dimensions sur un écran, selon un procédé analogue à celui du scanner. En observant la trajectoire de ces molécules marquées pendant que le cerveau pense, les scientifiques se sont aperçus que chaque événement survenant dans l'univers du cerveau — tels qu'une sensation de douleur ou un souvenir puissant — déclenche une nouvelle disposition chimique dans le cerveau, et ce à plusieurs endroits et non pas à un seul. Le schéma apparaît différent pour chaque pensée et si l'on élargissait la représentation physique à tout le corps, on s'apercevrait sans aucun doute que c'est l'organisme tout entier qui se modifie, grâce à la cascade de neurotransmetteurs et de molécules messagères associées qui se déversent dans l'organisme.

Comme vous pouvez maintenant vous en rendre compte, votre corps est une représentation physique en relief de ce que vous êtes en train de penser. Ce fait remarquable échappe à notre attention pour plusieurs raisons. La première, c'est que l'aspect extérieur du corps ne change pas de manière visible avec chaque pensée. Malgré tout, il est évident que le corps tout entier projette ses pensées. On peut réellement lire les pensées des gens sur leur visage en suivant le jeu constant de leurs expressions ; on peut aussi interpréter les mille et un gestes du langage corporel comme un reflet de leur humeur et de leur disposition à notre égard. Les films réalisés par des laboratoires travaillant sur le sommeil montrent que nous changeons de position des dizaines de fois pendant la nuit, obéissant à des commandes du cerveau qui échappent à notre conscience.

La deuxième raison pour laquelle nous ne percevons pas le corps comme le lieu de projection des pensées est que la plupart des changements physiques provoqués par l'acte de pensée passent inaperçus. Ils entraînent des altérations infimes de la chimie cellulaire, de la température corporelle, de la charge électrique, de la tension sanguine qui ne parviennent pas jusqu'à notre conscience. On peut cependant être certain que le corps est assez fluide pour refléter tous les événements mentaux. Rien ne peut bouger sans faire bouger l'ensemble.

Les dernières découvertes en neurobiologie n'ont fait que

confirmer la théorie selon laquelle le corps et l'esprit appartiennent à des univers parallèles. Lorsque les chercheurs ont entrepris d'étudier d'autres domaines que les systèmes nerveux et immunitaire, ils ont découvert dans différents organes, intestins, reins, estomac, cœur, les mêmes neuropeptides et les mêmes récepteurs qui leur sont associés. On peut également s'attendre à les trouver partout ailleurs. Cela signifie que les reins peuvent « penser », en ce sens qu'ils peuvent produire les mêmes neuropeptides que ceux trouvés dans le cerveau. Leurs sites récepteurs ne sont pas que des plaques adhésives. Ils sont comparables à des questions en quête de réponses, moulées dans le langage de l'univers chimique. Il est vraisemblable que si nous disposions d'un dictionnaire complet et non pas de quelques bribes, nous découvririons que chaque cellule parle aussi couramment que nous.

A l'intérieur de l'organisme, le flot de questions et de réponses est permanent. Une seule glande comme la thyroïde a tant de choses à dire au cerveau, aux glandes endocrines voisines et, à travers elles, au corps tout entier, que ce torrent de messages influence à lui seul une douzaine de fonctions vitales : croissance, taux de métabolisme et bien d'autres encore. La rapidité de votre pensée, votre taille, la forme de vos yeux, dépendent toutes en partie des conseils formulés par la thyroïde. On peut en conclure, sans crainte de se tromper, que l'esprit n'est pas confiné au cerveau selon une division bien nette qui nous simplifierait les choses. L'esprit se projette partout dans notre espace intérieur.

L'un des chercheurs les plus doués et tournés vers l'avenir dans le domaine de la chimie cérébrale, le Dr Candace Pert, directrice du département de biochimie cérébrale à l'Institut national américain d'hygiène mentale, a fait remarquer qu'il était tout à fait arbitraire d'affirmer qu'une substance biochimique comme l'ADN ou un neurotransmetteur appartienne au corps plutôt qu'à l'esprit. L'ADN est presque autant pur savoir que matière. Le Dr Pert définit l'ensemble du système corps-esprit comme un « réseau d'informations », rejetant ainsi l'opposition traditionnelle entre le niveau élémentaire de la matière et le niveau beaucoup plus subtil de l'esprit. Existe-t-il vraiment une raison valable de maintenir l'esprit et le corps séparés ? Dans ses articles, Pert préfère utiliser un terme commun : *corps-esprit*. Si ce mot est adopté, cela voudra dire qu'une barrière vient de s'écrouler. Pert n'est pas encore suivie par la société scientifique mais la situation pourrait changer rapidement. Il devient chaque jour plus évident que le corps et l'esprit sont étonnamment semblables. On reconnaît maintenant que l'insuline, hormone que l'on a toujours associée au pancréas, est également produite par le cerveau, de même que des substances chimiques cérébrales comme le transféron ou le CCK sont produites par l'estomac.

C'est bien la preuve que la division si nette de l'organisme en divers systèmes, nerveux, endocrinien, digestif, n'est que partiellement vraie et qu'elle pourrait bien être totalement dépassée dans un futur proche. Il est aujourd'hui absolument certain que les mêmes éléments neurochimiques influencent le corps-esprit dans sa totalité. Tous les constituants sont liés au niveau des neuropeptides ; en conséquence, vouloir séparer ces zones relève tout simplement d'un mauvais raisonnement scientifique.

Un corps capable de « penser » est bien différent de celui que la médecine traite actuellement. D'une part, il sait ce qui lui arrive, non pas seulement par le biais du cerveau mais partout où se trouve un récepteur susceptible d'accueillir des molécules messagères, en fait dans toutes les cellules. Cela permet d'élucider bien des mystères relatifs aux effets secondaires liés aux médicaments. Certains médicaments provoquent des effets secondaires innombrables. En consultant mon *Vidal*, qui regroupe la liste exhaustive des médicaments qu'un médecin peut prescrire, je me trouve devant une liste fort longue d'informations concernant la famille des corticostéroïdes (ou plus simplement stéroïdes). Le plus connu est la cortisone mais la famille tout entière est largement prescrite dans le traitement des brûlures, des allergies, de l'arthrite, des inflammations postopératoires et bien d'autres affections.

Si l'on ne connaissait pas l'existence des sites récepteurs, les stéroïdes paraîtraient particulièrement extravagants.

Imaginons que je prescrive des stéroïdes à une femme ayant un grave problème d'arthrite. Les stéroïdes réduiraient considérablement l'inflammation des articulations mais dans le même temps, une multitude d'événements étranges pourraient se produire. Elle pourrait commencer à se plaindre d'être fatiguée et déprimée. Des dépôts graisseux anormaux seraient susceptibles d'apparaître sous sa peau et ses vaisseaux sanguins pourraient devenir si cassants qu'ils provoqueraient de larges hématomes, qu'il serait difficile de résorber. Comment des symptômes aussi différents pourraient-ils être liés ?

C'est au niveau des récepteurs que se trouve la réponse. Les corticostéroïdes remplacent certaines des sécrétions produites par le cortex surrénal, plaque jaunâtre située au-dessus des glandes surrénales. Dans le même temps, ils suppriment les autres hormones surrénales, de même que les sécrétions de l'hypophyse située dans le cerveau. Aussitôt administré, le stéroïde se précipite et inonde tous les récepteurs de l'organisme qui sont « à l'écoute » d'un certain message. Lorsque le récepteur est occupé, l'étape suivante n'est pas des plus simples. La cellule peut interpréter de diverses façons le « message » surrénal, selon la durée pendant laquelle le site récepteur reste occupé. Dans le cas qui nous occupe, le récepteur reste indéfiniment occupé. (Le fait que d'autres messages ne soient pas reçus est important, de même que la perte innombrable de connexions avec les autres glandes endocrines.)

La cellule peut avoir, à cause de l'occupation d'un récepteur, des réactions extrêmes. En guise de comparaison, observons par une nuit d'été un papillon de nuit accroché à un auvent. Chez le mâle, les antennes sensibles qui le coiffent sont en fait des extensions externes de sites récepteurs. Au coucher du soleil, le papillon attend un signal d'une femelle du voisinage, qui projette dans l'air une molécule spéciale, la phéromone. Les papillons de nuit sont de minuscules créatures et le nombre de phéromones qu'ils peuvent émettre dans l'atmosphère est infinitésimal en comparaison du volume d'air et de la masse énorme de pollen, de poussière, d'eau et d'autres phéromones sécrétées par des animaux de toutes espèces, y compris l'homme. On a bien du mal à imaginer que deux papillons de nuit puissent communiquer sur une distance non négligeable.

Pourtant, dès qu'une seule molécule de phéromone se pose sur l'antenne du mâle, le comportement de celui-ci se modifie. Il se pose rapidement sur la femelle, accomplit dans l'air les rites compliqués de la parade nuptiale et procède à l'accouplement. Sur le plan biologique, le seul responsable de ce comportement compliqué est *une* seule molécule.

Lorsque je prescris des stéroïdes à un patient qui souffre d'arthrite, des milliards de molécules et de sites récepteurs se trouvent impliqués dans le processus. C'est pourquoi les vaisseaux sanguins, la peau, le cerveau, les cellules adipeuses réagissent tous à leur manière. Si je me réfère à mon *Vidal*, j'apprends que les conséquences à long terme liées à l'administration prolongée de stéroïdes regroupent aussi bien le diabète, l'ostéoporose, la destruction du système immunitaire (qui prédispose le patient aux infections et au cancer), les ulcères simples de l'estomac que les hémorragies internes ou bien un taux de cholestérol élevé ; la liste est encore longue. On pourrait même compter la mort parmi les effets secondaires, car la prise prolongée de stéroïdes provoque le flétrissement du cortex surrénal (cet exemple montre comment un organe peut s'atrophier s'il n'est pas utilisé). Si l'on interrompt trop brutalement l'administration de stéroïdes, la glande surrénale n'a pas le temps de se régénérer. Le patient voit alors ses défenses contre le stress, que les hormones surrénales aident habituellement à maîtriser, diminuer. S'il se rend chez un dentiste pour se faire arracher une dent de sagesse, opération qui en temps normal ne provoque qu'une tension raisonnable, il peut subir un choc opératoire du fait de l'absence de ces hormones surrénales. Il se pourrait même qu'il en meure.

Si l'on rassemble toutes ces manifestations, on s'aperçoit que les stéroïdes sont pratiquement capables de *tout*. Ils peuvent agir directement ou ne constituer que le premier chaînon d'un processus, mais ce *distinguo* importe peu pour le patient. Ce dernier ne fait pas de différence entre l'ostéoporose provoquée par les stéroïdes et les effets de la maladie pour laquelle il était initialement traité. Il en est de même pour le diabète, la dépression ou la mort. Un seul messager en est responsable. En réalité, il n'existe pas de messagers solitaires — chacun d'eux est un fil du réseau d'intelligence de l'organisme. Toucher l'un de ces fils revient à faire trembler le réseau tout entier.

Je m'aperçois que ces constatations font paraître les médicaments beaucoup plus dangereux qu'on le croyait, même aujourd'hui où recenser les désastres médicaux est devenu une obsession. Nous avons l'habitude de minimiser un effet secondaire — qui devient alors un simple grain de sable dans le rouage, comme l'épine qui accompagne la rose ou les maux de tête qui suivent de joyeuses libations. Bien au contraire, les effets secondaires peuvent enfler démesurément, au gré des caprices de l'organisme. En général, nous évitons les catastrophes car les réactions du corps se situent dans des limites étroites. La prise d'un cachet d'aspirine peut éventuellement provoquer une hémorragie de la paroi abdominale mais certainement pas une crise cardiaque. Cependant, les cellules du corps possèdent une grande capacité d'action — ce sont des êtres conscients qui comprennent le monde qui les entoure. Les effets secondaires recensés dans mon *Vidal* ne représentent que ceux qui ont été observés jusqu'à présent.

J'ai lu récemment le récit d'un spécialiste des maladies organiques que le cas d'un de ses malades, âgé de près de 80 ans, a complètement dérouté. L'homme, qui s'était mis brusquement à présenter des signes de paranoïa, était obsédé par l'idée que des voleurs puissent pénétrer chez lui. Il s'était acheté une arme qu'il gardait sous son oreiller. Une nuit, il avait terrifié sa femme en bondissant hors du lit à trois heures du matin, pour se précipiter dans l'escalier avec son arme et chercher comme un fou les voleurs qu'il croyait trouver derrière chaque chaise. Comprenant qu'il était victime d'hallucinations dangereuses, sa femme l'emmena voir d'urgence ce spécialiste. Le malade n'avait jamais eu de symptômes d'une maladie mentale et ne prenait aucun médicament, à l'exception de la digitaline qu'on lui avait prescrite pour régulariser son rythme cardiaque.

Considérant l'âge du patient, le diagnostic de la maladie d'Alzheimer semblait imminent.

Toutefois, le spécialiste demanda à un neurologue de faire passer un scanner au malade. Celui-ci ne révéla rien d'anormal et le neurologue déclara : « Je parie que les hallucinations de cet homme sont provoquées par la digitaline. » En trente ans de pratique, le spécialiste, qui enseignait également la médecine à New York, n'avait jamais observé un tel effet secondaire ; il en avait tout de même entendu parler. Il diminua le traitement et en moins de dix jours, l'état du patient était redevenu normal. Il paraît extravagant qu'un médicament spécifique aux troubles cardiaques puisse mener à la démence. Si ce patient avait souffert d'hallucinations, il y a plusieurs décennies, alors que notre encyclopédie médicale n'avait pas encore établi l'existence d'un effet secondaire aussi étrange, aucun médecin n'aurait voulu croire au phénomène ; même de nos jours, le spécialiste ne s'était rendu à l'évidence qu'après avoir effectué de nombreux tests qui ne laissaient place à aucune autre interprétation.

Cet exemple montre qu'on ne peut jamais savoir ce que le corps pense ou à quel endroit il pense. Il est tout à fait possible que le cœur de cet homme soit devenu fou, en ce sens qu'il a renversé la première pierre de l'édifice, déclenchant les manifestations paranoïaques. Le cerveau et le cœur ont en commun de nombreux sites récepteurs ; bien plus, ils partagent le même ADN, ce qui implique qu'une cellule cardiaque peut agir de la même façon qu'une cellule cérébrale, hépatique ou autre. Après une opération à cœur ouvert, les malades connaissent parfois des phases psychotiques et souffrent d'hallucinations. Couchés sur le dos, étourdis par le manque d'oxygène dont souffre leur cerveau et confinés dans l'atmosphère rigoureusement stérile d'une unité de soins intensifs, ils croient brusquement qu'une armée de petits hommes verts envahit leurs draps — telle est du moins l'explication courante de leurs accès de démence. Se pourrait-il qu'en fait le cœur soit responsable de ces hallucinations ? Le traumatisme causé par l'opération chirurgicale peut simplement faire croire au cœur que la réalité est devenue folle ; c'est précisément ce message que le cœur transmet au cerveau.

La découverte des neurotransmetteurs, des neuropeptides et des innombrables molécules messagères a considérablement élargi notre conception de l'intelligence. Mais, si chaque cellule peut envoyer et recevoir un nombre incalculable de messages, il est non moins évident que seuls quelques-uns de ces messages peuvent être activés en même temps. Qui ou quoi contrôle ces messages? La question s'avère explosive. Dans un laboratoire de chimie, les réactions suivent automatiquement le déclenchement d'une expérience ; il suffit pour cela de mélanger deux substances chimiques. Il faut bien toutefois que quelqu'un prenne d'abord ces produits sur l'étagère.

La médecine a trop souvent ignoré ce fait lorsqu'il s'applique à l'organisme humain. A présent, on s'aperçoit qu'une cellule, ayant à sa disposition des milliers de substances chimiques, ne doit pas seulement en choisir certaines pour les mélanger et analyser ensuite les résultats. Elle doit tout d'abord les fabriquer, en trouvant les multiples moyens de créer de nouvelles molécules à partir de quelques éléments de base — carbone, oxygène, hydrogène et azote. Ce processus exige la présence d'un esprit. C'est ainsi qu'en suivant l'itinéraire des neuropeptides, on en est arrivé à reconsidérer de façon radicale le monde dans son ensemble. Pour la première fois dans l'histoire de la science, l'esprit dispose d'une base solide sur laquelle s'appuyer. Auparavant, la science affirmait que nous étions des machines ayant d'une façon ou d'une autre appris à penser. On commence à admettre, maintenant, que nous sommes des pensées qui ont appris à créer des machines.

5

Les fantômes de la mémoire

Une jeune femme proche de la trentaine, mannequin occasionnel, s'est présentée récemment à mon cabinet médical de Boston. Après avoir dissimulé pendant des années le fait qu'elle avait des problèmes nutritionnels, sa famille l'avait enfin persuadée de se faire soigner. Sa ligne l'obsédait depuis l'adolescence et cette obsession s'était aggravée avec le temps, pour se transformer en une double maladie, l'anorexie nerveuse accompagnée de boulimie.

En observant cette femme séduisante, intelligente et dont le comportement semblait tout à fait normal, je ne me laissai pas abuser par l'apparente simplicité de son problème. Malgré des recherches et une publicité importantes ces dernières années, l'anorexie et la boulimie soulèvent toujours autant d'interrogations. Pourquoi des jeunes femmes, issues pour la plupart d'un milieu socio-professionnel élevé, développeraient-elles une obsession incontrôlable à propos de leur régime alimentaire et de leur poids ? Les personnes souffrant d'anorexie éprouvent une véritable terreur de la nourriture et prennent en horreur l'acte de manger. Se soumettant à des règles très strictes qui les conduisent à se laisser volontairement mourir de faim, elles refusent d'admettre qu'elles sont trop minces, au point même de se laisser mourir.

La maladie qui lui est associée, la boulimie, peut se manifester seule ou coexister avec l'anorexie, comme dans le cas de cette femme. Dans les cas de boulimie, l'horreur de la nourriture prend une forme bizarre, celle d'une orgie de nourriture. Les festins que le boulimique s'accorde en cachette sont souvent pantagruéliques — ils peuvent aller de

2 000 à 50 000 calories par repas (un homme vigoureux de 75 kg n'a besoin que de 2 000 calories par jour). Cette énorme quantité de nourriture est ensuite vomie, provoquant une tension extrême du système digestif et du corps tout entier.

Les troubles présentés par cette femme avaient évolué au point qu'elle vomissait tous les jours de manière à maintenir le poids normal, quoique trop bas, que son métier exigeait. La seule vue d'un dessert, me dit-elle, lui donnait des sueurs froides et accélérait son rythme cardiaque. Elle était extrêmement intelligente et m'écouta attentivement lorsque je lui déclarai qu'il fallait chercher la racine de son mal dans la fausse image qu'elle avait d'elle-même. Parce que la société est obsédée par un idéal de minceur, nombreuses sont les femmes qui tentent d'adapter leur corps à un modèle intérieur qui ne correspond pas forcément à leur constitution morphologique. Toutefois, dans son cas, le modèle intérieur ne lui disait pas « Je dois être mince » mais « Je ne serai jamais assez mince ».

Pour expliquer cette maladie paradoxale, on doit oublier la distinction entre le corps et l'esprit et se référer à un seul système, le corps-esprit, pour la simple raison que les troubles nutritionnels correspondent à une maladie holistique qui est la cruelle antithèse de la santé holistique. Chez les anorexiques, l'idée déformée « je dois être plus mince » s'empare du corps-esprit, tel un spectre insaisissable et malveillant. Même après une longue période d'hospitalisation et un traitement psychiatrique approfondi, le patient parvient rarement à manger normalement. Une personne normale serait obligée de lutter pour se laisser mourir de faim. En effet, lorsque le corps dépasse un certain degré de privation, il émet des signaux de faim qui balaient tout autre signal du corps-esprit, jusqu'à ce que le désir de nourriture devienne irrésistible. Pour une personne qui souffre d'anorexie, c'est l'inverse qui se produit — l'obligation de se priver de nourriture devient irrépressible.

Comme je lui expliquais tout cela, la jeune femme me regarda d'un air désolé et murmura : « Alors, c'est donc vrai, ces histoires de fantômes ? »

Je la regardai d'abord interloqué puis, au bout de quelques instants, je lui répondis : « C'est vrai mais on peut exorciser ces fantômes-là. » Ce que nous évoquions ainsi, c'est un fantôme de la mémoire, un souvenir que le corps a enregistré puis enfoui au plus profond de lui. La mémoire semble très abstraite tandis que la nourriture est une chose concrète. Mais la mémoire apparaît dans ce cas bien plus réelle. Qu'une personne ne puisse s'empêcher d'être trop mince ou trop grosse ne dépend pas en premier lieu de la quantité de nourriture qu'elle absorbe. Cela s'est vérifié dans des cas moins étranges que l'anorexie. Pendant des siècles, on a attribué à une faiblesse de caractère l'état d'obésité, que l'on a même qualifié dans des périodes très religieuses, de « péché de gloutonnerie ». Le raisonnement impliquait qu'avec un peu de volonté et d'autodiscipline, les personnes obèses pouvaient devenir aussi minces que les autres, en décidant simplement de manger moins.

On sait maintenant que dans le cas d'une obésité chronique, les régimes ne résolvent pas le problème (de même qu'à l'opposé, gaver un anorexique n'est pas une solution), parce que le cerveau d'une personne obèse émet en fait des signaux tout-puissants qui exigent toujours trop de nourriture. Comment ces messages sont-ils déclenchés et comment les faire dévier restent des questions sans réponse. A moins d'atteindre un certain degré de contrôle, situé à un niveau très profond, les personnes obèses peuvent passer leur vie entière à s'astreindre à un régime, tactique qui porte en elle sa propre défaite et qui ne fait qu'aggraver leur déformation mentale. Une perte de cinq kilos est enregistrée par le cerveau comme un signal de famine et au prochain repas, le cerveau n'aura de cesse d'avoir regagné sept kilos, de manière à s'assurer une marge confortable en prévision de la prochaine famine. On a remarqué que des obèses pouvaient prendre du poids en suivant un régime qui ne fournissait que le quota minimum de calories destiné à maintenir leur métabolisme de base. L'explication vient de ce que le cerveau peut altérer le métabolisme de manière à stocker les calories sous forme de graisses au lieu de les brûler.

Personne ne sait pourquoi l'intellect est aussi impuissant à modifier l'image déformée que l'on a de soi. Plus le fantôme est combattu, plus il gagne en force. Même si les anorexiques nient systématiquement avoir un problème, lorsque le médecin parvient à percer leurs défenses, il est clair qu'il s'agit d'une profonde dissociation au sein du corps-esprit, une partie du système luttant pour maintenir une certaine rationalité, tandis que l'autre émet des impulsions profondément irrationnelles.

J'ai eu un jour en consultation pendant une heure une autre jeune femme anorexique d'environ trente ans, qui pesait moins de quarante kilos et avait conservé ce poids pendant sa grossesse, dont les forces déclinaient rapidement (10 % des anorexiques meurent purement et simplement de faim ou de causes liées à la malnutrition). Son cas était d'autant plus étrange que rien ne lui faisait plus plaisir que de cuisiner pour sa nombreuse famille italienne, nourrissant de pâtes et d'huile d'olive sa douzaine de frères et sœurs, cousins, oncles et tantes.

Notre conversation se déroulait plus ou moins normalement, mais tout à coup, elle me prit brusquement à partie : « Vous pensez vraiment que vos discours vont me convaincre ? J'ai déjà compris mon problème, vous savez, et cela ne m'a fait aucun bien. Laissez-moi tranquille. Je sais ce que je dois manger. »

Elle me fixa avec hostilité : « Dites-moi », dit-elle d'un ton péremptoire, « combien de gens avez-vous aidés à cesser de fumer en discutant avec eux ? Ils sont au courant des dangers de la nicotine, du risque d'un cancer du poumon et de tout le reste. Cela ne leur sert à rien d'en parler et cela ne me servira à rien non plus. »

Je m'enfonçai dans mon fauteuil, conscient des vagues glacées du désespoir et des vagues brûlantes de la haine qui teintaient ses propos. Quelle horrible situation que de vivre avec ces deux sentiments empoisonnés et étrangement imbriqués.

« Le vrai problème n'est pas de savoir si je peux vous aider », lui répondis-je lorsqu'elle eut repris son calme, « c'est de savoir si vous pouvez vous aider vous-même. » Elle se radoucit légèrement et je continuai gentiment : « Vous savez, ce n'est pas moi que vous blessez en refusant de manger — ce n'est pas même une personne en chair et en os mais plutôt une image. Cette image est en vous et c'est elle qui est au cœur du problème, à la fois pour vous en tant que personne et pour moi, en tant que médecin traitant. »

Cette histoire n'a pas de fin heureuse, du moins pour l'instant. Ma patiente m'a certainement prouvé qu'elle jugeait inutiles mes tentatives de dialogue. Elle se montre toujours aussi hostile et perturbée. Mon seul espoir est de l'amener à rencontrer d'autres anorexiques ou boulimiques qui pourront peut-être l'aider. Pour parvenir à exorciser le fantôme de sa mémoire, il lui faudra atteindre le niveau où vit ce fantôme. Tant que celui-ci est là, les malades dans son cas n'ont pas conscience d'avoir une maladie — ils *sont* la maladie.

Cette constatation résume très exactement leur problème. Que vous arrive-t-il lorsque vous apercevez un serpent et que vous bondissez hors de sa portée ? La pensée pleine d'effroi *attention, un serpent* ! vient à l'esprit au moment même où l'adrénaline vous fait bondir. En général, la pensée et l'action sont si étroitement liées que la pensée consciente n'a même pas le temps de se traduire en paroles — à peine avez-vous vu le serpent que vous bondissez de côté. Il ne reste aucune marge de manœuvre entre les deux phénomènes. Dans le cas d'un anorexique, la simple vue d'un aliment déclenche une vague de répulsion. Sans doute la vue et l'odeur d'une tranche de pain frais envoient-elles la pensée : *non, je ne dois pas manger cela* et au même moment, l'estomac se révulse, les glandes salivaires se dessèchent et le tube digestif est prévenu de ne pas fonctionner.

Naturellement, il s'agit d'une réaction déformée mais la pensée et la réaction se produisent en même temps, ne laissant aucune liberté de manœuvre entre les deux. Le processus qui se met en place est ce que l'on peut appeler une « impulsion de l'intelligence », c'est-à-dire qu'une pensée et une molécule forment un tout comme les deux faces d'une pièce de monnaie. Une fois cette impulsion amorcée, il n'y a pas de retour en arrière possible. La pensée est la molécule ; la molécule est la pensée. Au moment où elle se produit, cette impulsion de l'intelligence représente toute la réalité intérieure du malade. Lorsqu'une anorexique éprouve du dégoût pour la nourriture, sa réaction à elle seule résume tout le problème (du moins chez cette patiente — elle *est* elle-même sa maladie, à ce moment précis). C'est vrai également pour la personne obèse qui essaie de résister à la nourriture, pour le fumeur qui tente d'éviter de prendre une nouvelle cigarette, etc.

On ne peut modifier une pensée après coup. Le combat intérieur auquel se livrent ces patients est totalement inutile. Mais il existe, au-delà de la pensée et de la molécule, un autre composant qui participe à cette impulsion de l'intelligence. Ce troisième élément est le silence et il est invisible. Comme nous tous, l'anorexique doit aller chercher ses pensées dans une zone qui se situe au-delà de la pensée et c'est à ce niveau que l'on peut espérer trouver un traitement.

La prise de conscience, redoutée par l'anorexique, qui consiste à dire « Je suis ma maladie », est peut-être réelle mais elle ne constitue pas la réalité finale. Si l'anorexique pouvait transcender ses contraintes et les considérer avec un certain détachement, sa maladie disparaîtrait alors. Le fait de devenir un témoin silencieux lui permettrait de prendre ses distances par rapport au fantôme. Archimède disait que s'il disposait d'un levier assez long et d'un endroit adéquat où se tenir, il pourrait déplacer la Terre — *a priori*, il aurait fallu qu'il se tienne dans l'espace cosmique. L'anorexique a justement besoin de trouver une telle place ; malheureusement, l'être humain est enfermé dans son espace intérieur. Personne ne dispose d'un système nerveux de rechange que l'on pourrait tirer du placard lorsque le système principal se mettrait à avoir des idées extravagantes. Nous avons du mal à l'admettre mais il n'existe aucun endroit extérieur où l'on puisse se placer.

Sans en avoir conscience, nous comptons fermement sur le fait que nos pensées déclenchent les substances chimiques adéquates dans le corps et que l'esprit et les molécules messagères s'associent de manière aussi automatique que parfaite. Mais ce processus peut se dérégler et la confusion qui en résulte est comparable au fait de faire tourner simultanément deux programmes sur un même ordinateur — lorsque l'entrée des données n'est pas claire, il n'est pas étonnant que le programme de sortie, en l'occurrence l'organisme, soit complètement brouillé. A titre d'exemple, le valium est l'un des médicaments les plus ambigus que l'on ait jamais fabriqués. Le valium appartient à la catégorie de substances chimiques des benzodiazépines, qui sont utilisées comme tranquillisants et somnifères. A l'époque, on a pensé que ces substances étaient révolutionnaires. Leurs prédécesseurs, les barbituriques, comportaient de nombreux inconvénients : le risque d'accoutumance était grand, le sommeil qu'ils entraînaient était de mauvaise qualité car ils bloquaient le « REM », c'est-à-dire la phase du sommeil où se produisent les rêves ; enfin, une surdose pouvait être fatale. Le valium et ses dérivés, quant à eux, amélioraient la qualité du sommeil, réduisaient les effets secondaires et le risque de surdose et semblaient à première vue éviter l'accoutumance. Au plus fort de l'engouement populaire, le valium figurait sur le quart des ordonnances délivrées aux Etats-Unis.

On sait maintenant que le valium provoque l'accoutumance, qu'il est responsable de certains troubles du sommeil (il perturbe les troisième et quatrième phases du sommeil qui constituent le sommeil sans rêves) et que de graves symptômes de sevrage se manifestent après une utilisation prolongée. Si vous vous rappelez les récepteurs sur les parois cellulaires, rien de cela n'est surprenant dans la mesure où le valium agit en combattant les propres substances chimiques de l'organisme et en assiégeant leurs sites récepteurs. Ce genre d'ingérence pourrait être bénéfique si le valium s'attaquait uniquement aux neuropeptides responsables des états anxieux (les octadécaneuropeptides). Mais l'effet calmant n'est pas le seul effet du médicament ; le valium perturbe le système nerveux tout entier. De plus, on a récemment découvert que les monocytes du système immunitaire sont également sensibles au valium. Ainsi, lorsqu'un médecin prescrit ce qu'il croit être un somnifère ou un tranquillisant, il perturbe en même temps le système immunitaire, accentuant la confusion qui règne au niveau des récepteurs.

Nul ne peut évaluer l'étendue des dommages, compte tenu principalement de la nouveauté des découvertes relatives au système immunitaire. Selon toute vraisemblance, nous découvrirons que la nature a déjà muni l'organisme d'un analogue naturel du valium, ce qui signifie que nous ne faisons que reproduire avec maladresse ce qui existe déjà sous une forme quasi parfaite. Si je m'interroge pour savoir si j'approuve l'idée de faire ingérer jour après jour à mes cellules immunitaires la même substance chimique, de la même manière que l'on a prescrit systématiquement et sans discernement le valium à des millions d'individus, principalement des femmes, pendant trente ans, la réponse est évidente.

Les cellules immunitaires ont pour chaque récepteur un objectif spécifique ; elles les utilisent pour penser, agir, percevoir et réagir selon des normes précises. Une personne utilise les mêmes yeux pour observer le monde entier ; en revanche, une cellule dispose d'un œil différent pour chaque chose qu'elle doit voir. En d'autres termes, un récepteur qui reste constamment occupé rend la cellule aveugle à tout autre message spécifique de ce récepteur. A une époque où l'incidence de nombreux cancers, comme le cancer du sein, est en constante progression, le fait d'envoyer des messages inconnus au système immunitaire paraît très risqué.

Actuellement, on assiste à l'émergence d'une « révolution chimique » dans le traitement des maladies mentales, qui semble aussi miraculeuse que l'était le valium trente ans plus tôt. Les médecins prescrivent couramment à leurs patients des médicaments psychotropes, qui sont des stimulants de l'esprit et qui combattent les symptômes évidents de leur maladie, essentiellement la dépression, la folie et les hallucinations. Ces symptômes régressent souvent, parfois même de façon subite et radicale, même si de nombreux patients supportent très mal l'engourdissement et la fatigue mentale qui sont les effets secondaires les plus courants. (Certains antidépresseurs peuvent même provoquer dans les premières semaines une dépression encore plus grave chez le patient ou transformer cette dépression en folie furieuse.)

Les adversaires de ces traitements médicamenteux les qualifient de « lobotomies chimiques » et les accusent de priver le patient de toute dignité. Il y a sans aucun doute de nombreux abus, principalement dans les grands hôpitaux psychiatriques publics où le manque de personnel se fait cruellement sentir. Le dosage adéquat d'un médicament psychotrope exige des manipulations extrêmement délicates et les anecdotes horribles abondent sur des patients dépressifs qui, ayant eu une réaction désastreuse aux médicaments, ont préféré se suicider plutôt que d'endurer leur traitement.

Toutefois, les succès enregistrés dans ce domaine permettent d'affirmer que ces médicaments seront utilisés dans le traitement de la schizophrénie et de la dépression, sinon aujourd'hui, du moins dans l'avenir.

Cependant, un traitement chimique ne permet pas de dire qu'un schizophrène est « guéri ». Car il ne suffit pas de ne plus avoir d'hallucinations pour redevenir normal. Une fois que l'on a supprimé les visions bizarres d'un schizophrène ou les voix étranges qu'il entend dans sa tête, on n'a pas pour autant en face de soi une personne normale, mais une coquille vide. Le fait de modifier le niveau chimique de la dopamine, même si l'on arrivait à le faire mille fois mieux qu'aujourd'hui, ne permettrait pas d'obtenir la guérison. On en trouve l'explication dans la leçon que donnent les neurotransmetteurs eux-mêmes : à chaque découverte chimique se dresse une nouvelle barrière chimique.

Les neurotransmetteurs ont ceci de positif qu'ils sont matériels. Parce qu'intangible, une pensée, qu'elle soit normale ou déformée, n'est pas facilement saisissable ; ce n'est pas quelque chose qu'on peut toucher ou sentir. En revanche, les neurotransmetteurs sont certainement tangibles, bien qu'ils soient infiniment petits et que leur durée de vie soit souvent courte. Le neurotransmetteur a pour rôle de s'harmoniser avec la pensée. Pour ce faire, ses molécules doivent être aussi souples que les pensées, tout aussi flottantes, vagues, changeantes et indistinctes.

Une telle souplesse relève du miracle mais constitue également un problème, en ce sens qu'elle élève une barrière pratiquement infranchissable. Aucun médicament fabriqué par l'homme ne peut espérer reproduire cette souplesse, ni aujourd'hui ni même dans les prochaines années. Aucun médicament ne peut en effet correspondre à une pensée. Il suffit d'observer la structure du récepteur. Les récepteurs ne sont pas fixes : on les a comparés fort justement à des feuilles de nénuphars à la surface de la cellule. Comme c'est le cas pour ces feuilles, leurs racines plongent vers le bas, atteignant le noyau de la cellule qui contient l'ADN. Celui-ci intervient dans les nombreux, très nombreux messages, dont le nombre peut en fait s'étendre à l'infini. C'est ainsi qu'il fabrique de nouveaux récepteurs et les dirige en permanence vers la paroi cellulaire. Les récepteurs ne sont pas en nombre fixe, les emplacements sur la paroi cellulaire ne sont pas préalablement définis et les manières de capter ces récepteurs sont probablement infinies. Une paroi cellulaire peut être aussi dénuée de feuilles de nénuphars qu'une mare en hiver, ou crouler sous leur nombre, comme cette même mare au plus fort de leur floraison, au mois de juin.

La seule chose qui soit constante chez les récepteurs est leur imprévisibilité. Des chercheurs ont récemment découvert par exemple qu'un neurotransmetteur, l'imipramine, est produit en quantité anormale par le cerveau des personnes dépressives. En observant la répartition des récepteurs d'imipramine, ils ont été très surpris de les trouver non seulement sur les cellules cérébrales mais aussi sur les cellules de la peau. Pourquoi la peau fabriquerait-elle des récepteurs destinés à des molécules « mentales »? Quelle relation peut-il y avoir entre ces récepteurs de la peau et l'état dépressif?

Il est plausible qu'une personne dépressive exprime sa dépression par tout son corps — son cerveau, sa peau, son foie et tous ses autres organes sont alors tristes. (De même, des chercheurs ont examiné des patients qui se plaignaient d'avoir peur tout le temps et ils ont découvert que le cerveau et les glandes surrénales de ces patients produisaient en quantité anormale deux substances chimiques, l'adrénaline et la noradrénaline. Toutefois, ils ont également trouvé des concentrations anormales de ces substances dans les plaquettes sanguines, ce qui signifie que les cellules sanguines de ces patients étaient également « marquées par la peur ».)

Les médecins prennent conscience avec un sentiment de frustration que tous ces mécanismes sont en fait extrêmement complexes. L'espoir de guérir rapidement la schizophrénie, la dépression, l'alcoolisme, la toxicomanie et bien d'autres dérèglements s'est singulièrement amenuisé vers le milieu des années soixante-dix, quelques années à peine après la découverte des endorphines en 1973. Aujourd'hui, la barrière chimique est plus solide que jamais car on prend conscience de la souplesse totale des molécules messagères.

En réfléchissant au problème, une question plus fondamentale encore me vient à l'esprit: un médicament peut-il réellement exorciser le fantôme de la mémoire? Mon expérience médicale me porte à répondre non — j'ai vu trop de patients dépressifs « guéris » par des médicaments et qui continuaient néanmoins à irradier un sentiment de profond désarroi. Au lieu de faire confiance aux médicaments, il nous faut trouver avant tout comment la mémoire malade du patient s'est infiltrée dans son système chimique. Car il est absolument évident que la mémoire immatérielle se trouve là. Elle peut être véhiculée par une molécule mais sa vie ne dépend pas de celle-ci. Le cas suivant en est un exemple.

Walter a grandi dans les rues de Boston, à la fin des années soixante ; il ressentait la haine qui accueillait les Noirs s'installant dans ce quartier. Pour échapper à ce sentiment et à la pauvreté qui le poursuivaient depuis sa naissance, Walter s'engagea dans l'armée à l'âge de dix-huit ans. Au bout de six mois, il se retrouva au Vietnam. Il participa aux combats et survécut mais lorsqu'il se retrouva dans la rue, deux ans plus tard, il se droguait à l'héroïne, comme tant d'autres soldats qui tentèrent ainsi de se rendre la guerre moins cruelle. A l'inverse des autres soldats, Walter n'avait aucune raison d'arrêter à son retour. La police finit par l'appréhender et la justice l'envoya à mon service de l'hôpital, afin de soigner sa toxicomanie.

Notre souci principal était tout simplement de désintoxiquer Walter. Logiquement, il aurait dû se retrouver dans la rue à sa sortie de l'hôpital. Mais pendant son séjour, je me mis à lui rendre visite. Il était évident que Walter possédait une personnalité exceptionnelle. Malgré son désespoir, il ne semblait dévoré par aucune violence intérieure et il se battait courageusement pour vaincre sa toxicomanie. Walter se prit d'amitié pour moi. Il fit des progrès rapides et, un an après sa désintoxication, il avait toujours le même emploi et parlait avec enthousiasme de la vie normale tant désirée qu'il menait enfin.

Puis un incident étrange se produisit. Un jour, la voiture de Walter tomba en panne et l'obligea à se rendre au travail en métro, ce qu'il n'avait pas fait depuis des mois. Il prit le train pour Dorchester, sur une vieille ligne bruyante et mal entretenue. Le vacarme était effrayant et il ne parvenait pas à penser à autre chose. La ventilation ne marchait pas alors que c'était le mois de juillet. Après quelques minutes passées dans le compartiment étouffant, le train lui parut insupportable. Son malaise se transforma d'abord en agitation puis en agitation extrême et, au moment de descendre, il se trouvait dans un état de violence totalement irrationnelle. Rien ne semblait pouvoir calmer cette agitation. Lorsque je le vis, deux jours plus tard, Walter avait recommencé à prendre de l'héroïne et ne montrait plus cette fois aucune volonté de s'en sortir.

Qu'était-il arrivé à cet homme ? Expliquer l'incident du train par un simple raisonnement chimique n'est pas suffisant. Il m'arrive souvent de l'imaginer, dans son costume trois pièces, bien armé pour une nouvelle vie puis soudain obligé de sauter dans le train qu'il avait coutume de prendre alors qu'il était désemparé et sous l'emprise de la drogue. Quel mauvais tour lui avait donc joué sa mémoire pour que le passé ait ainsi resurgi et avec lui, son besoin irrésistible de prendre de la drogue ? Où ce besoin s'était-il caché pendant toute cette année avant de réapparaître ? D'une manière que la médecine commence à peine à entrevoir, la mémoire d'une cellule morte semble capable de survivre à la cellule elle-même.

A n'importe quel endroit du corps-esprit, deux éléments se rassemblent — un bit d'information et une portion de matière. De ces deux éléments, l'information dispose d'une durée de vie plus longue que la matière solide à laquelle elle est associée. Tandis que les atomes de carbone, d'oxygène, d'hydrogène et d'azote tourbillonnent dans l'ADN, semblables à des oiseaux migrateurs qui ne font que se poser avant de reprendre leur vol, la portion de matière change, bien qu'il y ait toujours une structure disponible pour accueillir de nouveaux atomes. En fait, la structure bien précise de l'ADN ne varie jamais de plus d'un millième de millimètre car les génomes, au nombre de trois milliards, qui sont les bits d'information de l'ADN, se rappellent l'emplacement prévu pour chaque élément. Cela implique que la mémoire doit être plus permanente que la matière. Dans ce cas, qu'est-ce qu'une cellule ? C'est une mémoire qui s'est entourée de matière, formant ainsi une structure spécifique. L'organisme est tout simplement l'endroit où la mémoire habite.

On ne peut guère s'opposer à cette conclusion, à la lumière de ce que l'on sait aujourd'hui sur les formes de l'intelligence chimique ; pourtant, la médecine refuse obstinément toutes ses implications. Par exemple, on croit généralement que les personnes dépendantes de l'alcool, des cigarettes ou de la drogue souffrent d'une « dépendance chimique », c'est-à-dire que leurs cellules sont elles-mêmes dépendantes de la nicotine, de l'alcool ou de l'héroïne. Mais en considérant la chimie corporelle, on découvre que l'héroïne ou la nicotine se fixent sur des récepteurs des parois cellulaires qui sont les mêmes pour tout le monde. Un drogué n'a pas de récepteurs spécifiques qui feraient preuve de besoins anormaux.

De même, la paroi de l'estomac d'un homme trop gros ne souffre pas de dépendance vis-à-vis de la nourriture — elle accepte simplement ce qu'on lui donne. Il semble en fait que ce soit la mémoire de la cellule qui soit victime du phénomène d'accoutumance : elle continue à créer des cellules déformées qui véhiculent à leur tour cette faiblesse. En d'autres termes, le phénomène de dépendance est une mémoire déformée. C'est uniquement notre foi dans la matière qui nous pousse à chercher la solution au niveau de la cellule. (Ces mémoires pernicieuses sont transmissibles puisqu'on peut retrouver un même phénomène de dépendance dans des agrégations familiales, mais même s'il existe un « gène de dépendance » spécifique, on est contraint de considérer les conditions immatérielles qui ont poussé l'ADN à exprimer ce gène. Les oreilles se développent grâce au gène qui a codifié leur forme, mais la raison pour laquelle l'oreille s'est développée en tout premier lieu, il y a des millions d'années, est certainement immatérielle — un organisme quelconque a vraisemblablement commencé à réagir à un son.)

Si l'on prend un toxicomane ou un alcoolique et que l'on désintoxique son organisme, puis qu'on l'éloigne de l'alcool ou de la drogue pendant plusieurs années, toutes les anciennes cellules qui étaient « chimiquement dépendantes » auront complètement disparu. Cependant, la mémoire persiste et si l'occasion lui est donnée, elle s'attachera de nouveau à la substance responsable de la dépendance. Un de mes bons amis, cardiologue colombien, a arrêté de fumer il y a quinze ans. Au printemps dernier, étant rentré dans son pays, il a eu l'occasion d'aller au cinéma, ce qui lui arrivait rarement. C'est un homme extraordinairement occupé, même pour un cardiologue ; il n'avait pas vu de film depuis fort longtemps. Cette séance comprenait un entracte et lorsqu'il sortit dans le hall, il fut pris d'une envie de fumer presque incontrôlable.

« Vous savez », me dit-il, « lorsque j'étais adolescent à Bogota, nous avions coutume de fumer dans le hall pendant l'entracte. Je me suis retrouvé dans la même situation et le besoin de fumer est revenu en un éclair. Je me suis surpris à chercher fébrilement de la monnaie devant un distributeur de cigarettes et je n'ai pu résister à la tentation qu'en me répétant avec force : « Mais c'est de la folie, tu es cardiologue, quand même ! » Il a dû tout de même quitter précipitamment le cinéma et aujourd'hui il se demande, navré, comment se terminait le film.

Ce qui rend l'état de dépendance si inquiétant, c'est que les récepteurs cérébraux sont toujours désireux de répondre favorablement aux instructions de l'esprit. Rappelez-vous l'anecdote de la voiture pétaradant dans la rue, déclenchant un afflux d'adrénaline dans le sang de la personne qui l'entend. Nous avons noté que la réaction comportait également l'arrêt du processus de digestion par l'estomac et l'intestin. Tant que la tension reste temporaire, cette manifestation de l'organisme est tout à fait normale et se produit automatiquement.

Cependant, si vous choisissez de rester dans un environnement où la tension est constante, le moment vient où votre organisme veut reprendre sa digestion. C'est alors qu'un conflit sérieux peut apparaître, car la réaction d'angoisse continue de dire « non » à l'estomac, tandis qu'une autre zone du cerveau (probablement l'hypothalamus) lui dit « oui ». Le tumulte qui s'ensuit provoque des nœuds dans l'estomac et met les intestins en révolution. Ces organes perdent leur rythme naturel et si on ne leur donne pas le moyen de le reprendre, ils deviennent les victimes d'une mémoire erronée, aussi sûrement que l'est une personne en état de dépendance. L'estomac se met à produire inconsidérément du suc gastrique, des spasmes contractent le colon et la bonne coordination de l'ensemble du système gastro-intestinal est compromise. D'où les ulcères douloureux et une irritation chronique du colon dont souffrent bien des personnes exposées à une trop grande tension.

Chez les toxicomanes, les drogues ont, entre autres effets, celui de bloquer leur capacité de penser rationnellement et de percevoir clairement les choses. Tant que leurs récepteurs sont occupés, les sujets ont une impression d'euphorie et ils perçoivent les choses dans une brume grisante, un état certes agréable à court terme mais qui se révèle désastreux à long terme — sans une perception claire, le cerveau ne peut envoyer les instructions les plus élémentaires destinées à assurer la pensée, la nutrition, le travail, les relations avec autrui, etc. Tous les aspects de la vie ont besoin d'une pensée claire ; toute pensée claire a besoin d'une multitude de neurotransmetteurs différents ; or le drogué ne se sert que d'un petit nombre d'entre eux et s'y accroche désespérément.

De la même manière, une explication strictement physique du cancer n'est pas convaincante. On doit absolument l'associer à une distorsion qui est, elle, plus abstraite ; il est possible qu'une mémoire déformée puisse intervenir au niveau de la cellule. Supposons qu'un médecin découvre une tumeur maligne sur la radio d'un patient et que l'année suivante, il refasse une radio et découvre la même tumeur. Il aurait tort de parler dans ce cas d'un même cancer car les cellules qui étaient en place l'année précédente ont été complètement renouvelées.

Ce qu'il voit en réalité est le résultat d'une mémoire qui a survécu, se réincarnant sans cesse dans une nouvelle tumeur. Le cancer est moins une cellule déréglée qui s'emballe qu'un négatif déformé de cette cellule, renfermant des instructions erronées qui transforment le comportement normal de la cellule en la folie suicidaire du cancer. Avec un peu de chance, le corps réagit positivement à un stade très précoce. L'ADN repère toutes les déviations de la mémoire, y compris les tumeurs naissantes, et les élimine aussitôt.

A l'heure actuelle, on ne sait pas encore comment supprimer une mémoire cancéreuse au niveau cellulaire, parce qu'on ne peut traverser la paroi cellulaire pour « parler » à l'ADN. On sait cependant qu'une étape décisive est franchie lorsque le système immunitaire sécrète certains agents anticancéreux, les interleukines, qui appartiennent à une catégorie de protéines ressemblant aux hormones. Nos cellules immunitaires produisent des interleukines dans diverses situations — coupures, hématomes, infections, lésions des tissus internes et allergies. (Le nom « interleukine » a été choisi par les chercheurs ayant découvert que ces substances chimiques envoyaient des signaux entre les leucocytes ou globules blancs.)

Du fait qu'elles sont produites naturellement, les interleukines existent en quantités infimes ; leur coût de production à une échelle commerciale est donc prohibitif. Malgré cet obstacle, des chercheurs ont récemment extrait de grandes quantités d'interleukine-2 (IL-2) et l'ont transfusée chez 450 patients souffrant d'un cancer avancé de la peau ou des reins (le coût actuel d'un seul traitement atteint 480 000 francs environ). Cinq à dix pour cent des malades ont constaté une régression radicale de leur tumeur, associée à de graves effets secondaires qui ont entraîné la mort de plusieurs d'entre eux. L'effet à long terme de l'IL-2 sur le reste de l'organisme est encore inconnu.

Malgré ces inconvénients, les interleukines sont sur le point de devenir le prochain traitement de choix du cancer, de la même manière que l'interféron, qui appartient à la même classe chimique, portait tous les espoirs des années soixante-dix. D'ores et déjà, des équipes de généticiens rivalisent pour trouver un moyen de produire les interleukines à l'échelle commerciale. On frémit à la pensée des faux espoirs en train de naître. Pourquoi tous ces traitements ne tiennent-ils jamais leurs promesses ? La médecine connaît des faits multiples sur les interleukines, par exemple que « les souches alpha et bêta de l'interleukine-1 ne sont homologues qu'à 26 % au niveau amino-acide de leurs gènes », ou que toutes deux se lient aux récepteurs avec « une grande affinité dans le domaine molaire 10^{-10} ». Lorsqu'on pénètre le sens de ce jargon scientifique, ces faits sont loin d'être insignifiants.

Cependant, ils ne nous apprennent pratiquement rien sur l'intelligence de l'interleukine qui est pourtant la vraie question. Si les interleukines « savent » quand et où combattre le cancer, ce ne sont donc pas leurs molécules qui devraient nous intéresser mais quelque chose d'invisible — la capacité de la cellule de détecter la présence d'une mémoire cancéreuse et d'éliminer celle-ci. Ce pouvoir ne peut être injecté dans l'organisme. La guerre que ce dernier mène contre le cancer fait se mesurer l'intelligence à l'intelligence elle-même. Les manifestations physiques — interféron, interleukine, hormones, peptides, etc. — peuvent être considérées comme des armes, si l'on veut, mais encore faut-il que ces armes visent bien l'ennemi.

Au fond, c'est la raison pour laquelle je ne crois guère en la théorie de l'« arme magique ». La pénicilline constituait une arme efficace car son objectif n'avait pas à être précis ; une fois que l'antibiotique se trouve dans le sang, il attaque automatiquement les parois cellulaires des bactéries et les détruit. De même, les premiers traitements de chimiothérapie représentaient une arme brutale, tout à fait semblable aux armes chimiques employées pendant la Première Guerre mondiale (en fait, les produits les plus toxiques utilisés contre le cancer, les agents alkylants, sont dérivés de l'azote moutarde, l'ypérite meurtrière que les soldats ont tant redoutée durant cette guerre). Les traitements de chimiothérapie qui ont suivi et qui utilisaient différentes hormones surrénales et l'oestrogène, produites directement par l'organisme, avaient donc un objectif mieux ciblé : actuellement, nous nous apercevons pourtant que ce progrès n'est probablement que l'ultime sursaut de cette théorie de l'arme magique.

A un certain niveau, les substances chimiques que l'on veut utiliser sont si précises que leur action ne peut être efficace que dans des limites aussi étroites que possible. Si l'on vise une hormone, il faut atteindre un récepteur bien précis et non pas les larges avenues empruntées par la pénicilline dans le flux sanguin. Si le récepteur que l'on veut atteindre participe d'un processus complexe comme celui qui caractérise les interleukines, l'objectif ne pourra alors sans doute jamais être assez précis, car la vie et la mort de la cellule impliquent un dosage minutieux de toutes les substances chimiques qu'elle contient. A titre de comparaison, si l'on désaccorde une seule corde d'un piano, tout l'ensemble joue faux ; une sonate ne sera jamais dans le ton si une seule note est fausse.

Que l'on ne prenne pas mes propos au tragique. Des millions de patients ont été guéris par des médicaments anticancéreux. La toxicité de la chimiothérapie a été considérablement réduite et, dans de nombreux cas, les effets secondaires tant redoutés et qui ont donné à cette forme de traitement sa mauvaise réputation, sont finalement assez légers, surtout en comparaison avec l'absence de traitement. Il reste néanmoins que le cancer est incurable s'il n'est pas dépisté à un stade extrêmement précoce. Si un patient vient me voir avec un cancer du poumon, même un dépistage précoce ne peut être d'aucune aide. Je peux lui prescrire des rayons et appeler cela un traitement mais, dans 95 % des cas, cela ne constitue qu'un court sursis — sans doute lui et moi ne faisons cela que pour éviter le désespoir en tentant tout de même quelque chose. D'autres cancers courants, comme les mélanomes, appartiennent aussi à cette catégorie.

Nous avons désespérément besoin d'une médecine sans armes lourdes. Si l'on observe les interleukines, sans s'obnubiler sur leur composition concrète, on s'aperçoit que leurs attributs essentiels sont invisibles. Les interleukines sont produites par l'ADN des cellules du système immunitaire selon des dosages, des combinaisons et un schéma précis, qui sont tous plus importants que la molécule elle-même.

Un globule blanc qui extermine l'envahisseur, bactérie ou cellule cancéreuse, semble au microscope d'une simplicité trompeuse, comme une goutte de miel autour d'une abeille. En réalité, il n'y a pas de processus plus complexe dans l'organisme humain. Une interleukine entre en scène à un moment minutieusement déterminé d'une manœuvre des plus rigoureuses. On peut appeler cela la « chasse au cancer » mais la majeure partie du processus immunitaire est particulièrement abstraite. Il se déroule presque entièrement par le biais d'un échange d'informations. Atteindre la cible n'est qu'une des phases les plus insignifiantes de la campagne.

Avant même qu'un macrophage, ou cellule immunitaire, sécrète un quelconque agent anticancéreux, le système immunitaire doit passer par bien d'autres étapes. Il doit d'abord prendre conscience qu'un problème existe et l'identifier avec précision ; une cellule cancéreuse n'est ni un virus ni une bactérie. En utilisant une classe de messagers, les lymphocytes auxiliaires T, le corps ordonne au système immunitaire de se mettre au travail et de fabriquer des cellules tueuses naturelles. Afin de s'assurer que ces cellules ne détruisent pas la mauvaise cible, l'organisme accroche sur les macrophages une plaque d'identité comportant la description de l'ennemi, qu'ils peuvent communiquer aux autres cellules qu'ils rencontrent. Voilà une description très sommaire de la série d'actions qu'entreprend le système immunitaire. Celle-ci comprend de multiples ramifications, enchevêtrements et circonvolutions encore inexpliqués.

Les chercheurs, qui ont tout juste commencé à saisir au cours des cinq dernières années l'extrême complexité du système immunitaire, se plaisent à le comparer au cerveau. Comme lui, le système immunitaire a l'extraordinaire capacité d'absorber de nouvelles informations, d'apprendre et de mémoriser l'identité de tout nouvel organisme porteur de maladie et de produire des milliards d'éléments d'information. On pourrait dire non pas que le cerveau et le système immunitaire sont *semblables* mais que l'un *est* l'autre et vice versa, en ce sens qu'ils opèrent à l'intérieur du même réseau chimique.

La seule différence qui existe entre une cellule cérébrale et une cellule immunitaire est que l'ADN de chacune d'elles choisit de privilégier certains aspects de son savoir et d'en supprimer d'autres. La structure d'une interleukine est très proche de celle d'un neuropeptide (la littérature scientifique la qualifie de « polypeptide ayant l'aspect d'une hormone »). Cela signifie que lorsque nos émotions s'associent à des molécules, comme des cavaliers à leurs chevaux, les montures qu'elles choisissent sont pratiquement identiques à l'interleukine. A tous égards, le fait d'être heureux et l'action de combattre le cancer représentent à peu près la même chose au niveau moléculaire. On peut dire des deux événements qu'ils sont des « messagers de guérison ». Il est même inexact de vouloir diviser les cellules selon qu'elles envoient ou qu'elles reçoivent ces messages ; car si certaines cellules immunitaires ont pour rôle spécifique de sécréter les interleukines, en pratique, toutes les cellules de l'organisme peuvent recevoir ces dernières, ce qui implique qu'elles peuvent également les produire. Peut-être est-ce cette capacité « silencieuse » qui est activée dans le cas de rémissions spontanées ?

Ou bien peut-on dire que des niveaux de pensée

combattent corps à corps les fantômes de la mémoire et que les molécules physiques que nous voyons représentent les obus éclatés qui jonchent le champ de bataille ? Pour que cette dernière hypothèse soit vérifiée, il faudrait que l'esprit se rende compte directement qu'une mémoire cancéreuse menace l'organisme. Il est probable que les toxicomanes et les anorexiques sont conscients de la présence du fantôme. J'ai déjà fait remarquer que certaines tumeurs, celle du pancréas par exemple, peuvent provoquer un état dépressif chez le patient bien avant que le médecin ne puisse reconnaître le caractère malin de ces tumeurs. Cet avertissement précoce dépend tout de même de la présence réelle d'une cellule cancéreuse. Cela n'exclut pas pour autant qu'il puisse y avoir un avertissement encore plus précoce.

Pour en découvrir la provenance, nous devrons approfondir la question de savoir comment l'intelligence et la matière sont associées. Il me semble impératif de le faire avant que la théorie de l'arme magique ne s'effondre définitivement. L'interleukine n'est pas une munition mais un atome de vie en marche, avec pour cavalier invisible l'intelligence. La vie elle-même est une intelligence qui se déplace partout en « chevauchant » les substances chimiques. Il serait faux de penser que le « cavalier » et sa « monture » ne font qu'un. L'intelligence est libre d'aller où il lui plaît, même lorsque les molécules ne peuvent pas suivre.

6

La mécanique quantique du corps humain

Quatre-vingt-dix ans après l'émergence de la physique quantique, ses principes restent toujours aussi énigmatiques pour beaucoup. Cependant, si l'on perçoit l'importance de la découverte des neuropeptides, la compréhension du quantum est alors proche. Cette découverte est capitale car elle démontre que le corps est assez fluide pour s'harmoniser avec l'esprit. Grâce à des molécules messagères, des événements paraissant totalement étrangers l'un à l'autre — une pensée et une réaction physique par exemple — deviennent cohérents. Le neuropeptide n'est pas une pensée mais il évolue avec elle, jouant le rôle de point de transformation. Le quantum agit de même, si ce n'est que le corps en question est alors l'Univers ou la nature dans son ensemble.

Il est nécessaire d'étudier le quantum pour comprendre réellement comment l'esprit fonctionne autour du point-pivot d'une molécule. Un neuropeptide naît au contact d'une pensée, mais d'où surgit-il ? La peur et l'agent neurochimique qui la matérialise sont d'une certaine manière mis en relation par un processus caché, qui donne lieu à la transformation de la non-matière en matière.

La même chose se produit partout dans la nature, à la seule différence que nous ne lui donnons pas le nom de pensée. Lorsqu'on se place au niveau de l'atome, on n'évolue pas dans un monde d'objets solides qui se déplacent tels des danseurs dans un ballet bien orchestré. Les particules subatomiques sont séparées par des vides immenses, qui font de l'atome un espace vide à 99,999 %. C'est vrai pour les atomes d'hydrogène dans l'air, pour les atomes de carbone dans le bois dont sont faites les tables, de même que pour les atomes « solides » de nos cellules. Ainsi, tout solide, y compris le corps humain, est, toutes proportions gardées, aussi vide que l'espace intergalactique.

Comment se peut-il que d'aussi vastes étendues de vide, parsemées de loin en loin d'atomes de matière, se transforment en corps humains ? Il est nécessaire, pour répondre à cette question, d'adopter une perspective quantique. En comprenant la notion de quantum, nous entrons dans une réalité plus vaste, qui s'étend des quarks aux galaxies. Dans le même temps, le comportement de la réalité quantique se révèle tout à fait familier car une ligne des plus ténues sépare le corps humain du corps cosmique.

Dans son projet monumental de faire obéir l'ensemble de la physique à quelques lois rationnelles et cohérentes, Isaac Newton a expliqué les phénomènes naturels en termes de corps solides, déplacements rectilignes et constantes fixes, régissant tout phénomène physique. On peut comparer ce modèle de la nature à une partie complexe de billard où Newton serait le maître du jeu. Puisque matière et énergie étaient ainsi maintenues à l'intérieur de règles précises, il n'y avait pas lieu d'élaborer des théories sur un monde caché ; toute chose se produisait en surface. Nous pouvons exprimer ce concept par un simple diagramme :

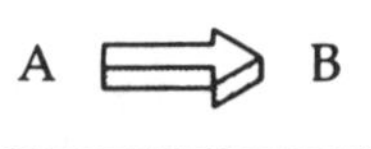

Ici, A représente la cause et B l'effet. Une ligne droite les relie, qui signifie que cause et effet sont logiquement liés dans le monde qui nous est familier, celui des sens. Si A et B représentent des boules de billard, on peut prévoir que A heurtera B. Cependant, si A représente une pensée et B un neuropeptide, ce diagramme n'est plus applicable. Il ne peut y avoir de liaison directe entre une pensée immatérielle et un objet matériel, même aussi infime que le peptide. Dans un tel cas, il faut dessiner un diagramme comportant un détour en forme de U :

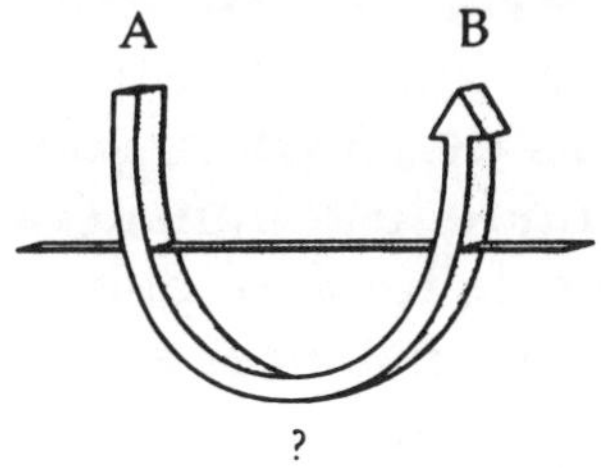

Cette forme en U montre qu'un processus doit se produire ailleurs qu'au-dessus de la ligne décrite par Newton, dans son monde rationnel et rectiligne. Une transformation cachée survient, qui change la pensée en molécule. Elle ne se produit ni dans un lieu précis ni à un moment précis. Elle est provoquée par la seule présence d'une impulsion venue du système nerveux. Lorsque vous pensez au mot « rose », une multitude de cellules cérébrales (personne ne peut dire combien, disons un million, bien que ce nombre soit certainement ridiculement petit) doivent se déclencher ; cependant, ces cellules ne communiquent pas entre elles en transmettant un message de A à B puis C, et ainsi de suite jusqu'à la millionième cellule. La pensée se contente de jaillir, soudain localisée dans le temps et l'espace, provoquant la transformation synchronisée des cellules cérébrales. La parfaite coordination entre la pensée-événement et la fabrication, par ce million de cellules, de neurotransmetteurs, a dû obligatoirement s'opérer au-dessous de la ligne.

Cette zone au-dessous de la ligne ne se situe ni dans le temps ni dans l'espace ; elle se trouve là où les pensées se transforment en molécules. On pourrait également se la représenter comme une salle de contrôle qui coordonnerait toute impulsion mentale avec le corps. A tout moment, les quelque quinze milliards de neurones du système nerveux sont coordonnés avec une parfaite précision d'un point situé au-dessous de la ligne.

C'est le même passage des lignes droites aux courbes en U qui a eu lieu lorsque la physique quantique est née. Bien qu'on ait d'abord pensé que tout dans la nature se produisait en surface, selon la théorie classique de Newton — de toute évidence, les physiciens ignorent volontairement les phénomènes mentaux — certains faits ne peuvent s'expliquer sans ce détour. La lumière en est le meilleur exemple.

Elle peut se comporter comme une onde A ou une particule B qui, d'après les lois de Newton, sont tout à fait dissemblables, puisque l'onde est immatérielle et la particule concrète. Cependant, la lumière peut agir sous une forme ou l'autre selon les circonstances et, de ce fait, il faut bien qu'elle soit passée par un détour sous la ligne :

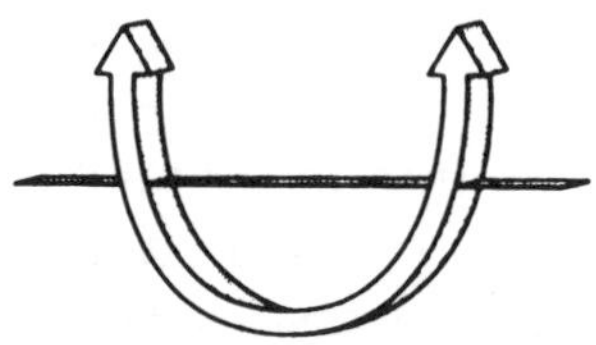

Il est aisé de matérialiser la lumière en tant qu'onde ou vibration. Par le biais d'un prisme, la lumière blanche revêt les couleurs de l'arc-en-ciel ; la raison en est qu'elle est composée d'ondes lumineuses de différentes longueurs qui apparaissent lorsqu'on les sépare sous forme de spectre. La lumière d'une ampoule possède son propre spectre de longueurs d'ondes, généré lors du passage du courant électrique dans son filament de tungstène. Mais si l'on réduit au maximum l'intensité jusqu'à obtenir le filet de lumière le plus ténu qui soit, la lumière se manifeste alors, non plus comme une onde, mais comme une particule. (Aucun rhéostat ne peut y parvenir mais les physiciens ont réussi à émettre de la lumière de telle sorte qu'elle révèle son « grain ». La nature a également pourvu nos yeux de la faculté de réagir physiquement à la lumière à un niveau quantique — si un seul photon atteint la rétine, un éclair est transmis le long du nerf optique. Notre cerveau, cependant, ne traite pas d'éclairs isolés.)

Le mot *quantum* — du latin pour « combien? » — décrit l'unité la plus infime qui puisse être assimilée à une particule. Un photon est un quantum de lumière car il ne peut être divisé en de plus infimes particules. Le photon se manifeste lorsqu'un flot d'électrons heurte un atome de tungstène ; les électrons, mobiles dans l'électricité, se heurtent aux électrons qui tourbillonnent en orbite à l'extérieur de l'atome de tungstène. De cette collision naît un photon, quantum de lumière. Ce quantum est une particule très curieuse car elle n'a pas de masse, mais pour ce qui nous concerne, l'important est qu'il faille un « détour sous la ligne » pour qu'une onde lumineuse devienne un photon. La transformation s'opère dans un domaine inconnu, dont ne rendent pas compte les lois de Newton.

Mais mon propos n'étant pas ici d'expliquer la physique, j'arrêterai là ces considérations techniques. Il suffit de savoir qu'après, lorsque Einstein, Max Planck et d'autres pionniers ont réussi à démontrer, au début du siècle, la nature quantique de la lumière, de bien curieuses conclusions en ont résulté.

Des phénomènes qui nous paraissaient évidents dans le monde des sens ont dû se plier à d'étranges distorsions du temps et de l'espace mais ils s'y sont pliés. Comme le neuropeptide, le quantum donnait à la nature assez de souplesse pour permettre la transformation inexplicable de la non-matière en matière, du temps en espace, de la masse en énergie.

Voici le schéma de base de tout phénomène quantique : il montre bien le détour qui doit nécessairement se faire hors du champ des phénomènes ordinaires :

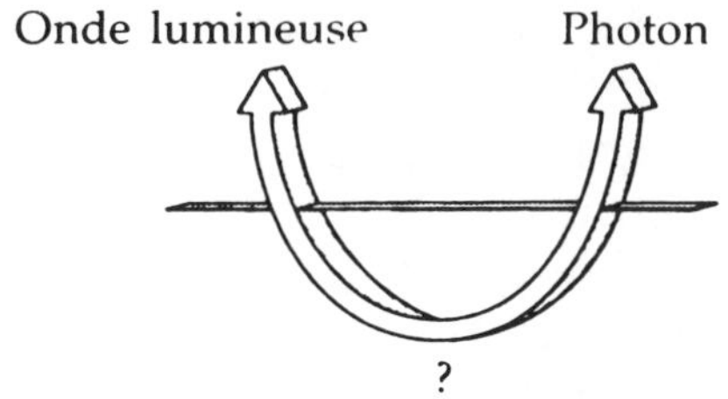

Comme la pensée et le neuropeptide, la lumière ne peut être à la fois photon et onde ; elle est soit l'un soit l'autre. Cependant, il est évident que lorsque l'on réduit son intensité lumineuse, une ampoule au tungstène n'entre pas pour autant dans un autre monde. En fait, la nature édicte ses lois de telle sorte que la lumière puisse être A ou B, ces deux composantes restant à l'intérieur des bornes d'une même réalité, grâce à la présence d'un point de transformation. (On pense généralement qu'Einstein a balayé les théories de Newton ; en fait, il les a préservées en élargissant leurs concepts.)

Selon le principe quantique, on peut avoir une représentation étonnamment claire du corps et de l'esprit, en utilisant un seul diagramme :

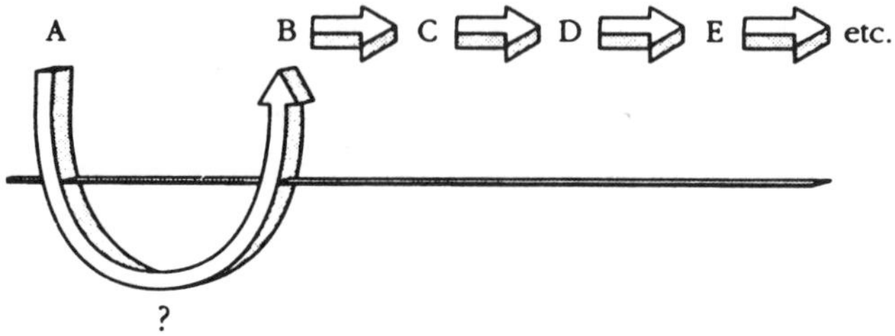

Le corps et l'esprit sont tous deux au-dessus de la ligne. A représente un phénomène mental ou une pensée ; les autres lettres représentent des processus physiques dérivés de A. Si vous êtes effrayé (A), les autres lettres (B,C,D...) sont des signaux envoyés aux glandes surrénales : production d'adrénaline, battements de cœur, tension élevée, etc. Les changements physiques qui surviennent dans le corps sont tous reliés par une chaîne logique de causes à effets, à l'exception de l'espace situé juste après A. C'est le point où la transformation de la pensée en matière se produit d'abord — et elle doit se produire car tous les autres phénomènes en dépendent. Il faut qu'il y ait un détour quelque part sur la ligne. En ce point, la trajectoire rectiligne se brise, car l'esprit ne peut rencontrer la matière en surface. Lorsque vous levez le petit doigt (A), un physiologiste peut retrouver le neurotransmetteur (B) qui, envoyant l'impulsion le long de l'axone du nerf (C), va provoquer une réaction de la cellule musculaire (D), qui se traduira par le mouvement de votre doigt (E). Toutefois, aucun schéma de physiologiste ne pourra conduire directement de A à B — il faut faire un détour. On a l'impression d'une brigade de pompiers, où chacun reçoit son seau d'eau du pompier qui le précède, à l'exception du premier qui reçoit le sien de nulle part.

Le terme « nulle part » convient assez bien ici, car on ne peut subdiviser le corps pour atteindre le point précis où la pensée se transforme en molécule, pas plus qu'on ne peut trouver le lieu où les photons se transforment en ondes lumineuses. Ce qui se passe exactement dans la zone que nous avons repérée par le point d'interrogation n'a pu être élucidé ni par la physique ni par la médecine. Des guérisons miraculeuses semblent être des plongeons dans la « zone ? », car la coopération de l'esprit avec la matière fait alors un saut quantique inexplicable ; toutefois, on peut imaginer d'autres drames du corps-esprit qui se jouent d'aussi mystérieuse façon. Il y a quelques années, un pompier quadragénaire de Boston se présenta une nuit aux urgences d'un hôpital de banlieue, se plaignant de violentes douleurs dans la poitrine. L'interne qui l'examina ne put trouver aucune défaillance du rythme cardiaque, mais le patient quitta l'hôpital sans être rassuré pour autant. Bientôt, il se présenta de nouveau avec les mêmes symptômes. Il me fut envoyé mais je ne lui trouvai rien non plus. Malgré cet examen approfondi, le pompier revint périodiquement aux urgences, généralement tard dans la nuit. Chaque fois, il me déclara, dans un état d'excitation extrême, qu'il avait quelque chose au cœur mais aucun examen, y compris les plus sophistiqués, ne put détecter la moindre défaillance. Finalement, constatant l'anxiété grandissante de cet homme, je proposai qu'il soit mis à la retraite, pour incapacité due à des raisons purement psychologiques. La commission médicale des brigades rejeta la proposition, en l'absence de preuves physiques de sa maladie. Deux mois plus tard, l'homme arrivait une dernière fois aux urgences, cette fois sur un brancard, victime d'une grave crise cardiaque. Dix minutes après un infarctus qui détruisit son muscle cardiaque à 90 %, l'homme décéda, non sans avoir eu la force de murmurer en se tournant vers moi : « Vous y croyez maintenant à mon insuffisance cardiaque ? » J'ai raconté cette histoire *in extenso* dans un livre précédent, *Return of the Rishi.*

Cette anecdote atteste de façon spectaculaire de la puissance du détour dans la « zone ? » — il peut modifier n'importe quel état physique du corps. Je pense que l'on doit appeler ce qui s'est passé là un phénomène quantique, car il n'a pas obéi aux lois de cause à effet observées jusqu'ici et considérées par la médecine comme le fonctionnement normal de l'organisme. Bien des personnes craignent d'avoir une insuffisance cardiaque mais elles n'en meurent pas ; à l'inverse, les crises cardiaques surviennent souvent sans que l'esprit ait donné le moindre signe d'alarme. Même si nous admettons, suivant ce principe corps-esprit, qu'une pensée a provoqué la crise cardiaque, comment cette pensée a-t-elle pu parvenir à ses fins ?

Si vous programmez dans un ordinateur le concept de « crise cardiaque », vous savez exactement ce que vous faites. Si vous voulez rappeler cette donnée, les circuits font apparaître l'information à l'écran ; à ce stade, vous pouvez utiliser le logiciel pour la modifier. Mais chez mon patient, la pensée « crise cardiaque » n'a pas du tout fonctionné de cette façon. Il ignorait d'où provenait cette pensée mais une fois qu'elle fut apparue, il fut impuissant à la combattre et, loin de rester cantonnée à un lieu précis, cette pensée envahit alors son corps, provoquant des phénomènes désastreux.

Cet exemple n'est que la moitié négative d'un phénomène quantique ; le voyage dans la « zone ? » peut aussi avoir des résultats étonnamment positifs. Il y a une dizaine d'années, un autre de mes patients, une femme tranquille d'une cinquantaine d'années, vint me voir, souffrant de violentes douleurs abdominales et de jaunisse. Pensant qu'elle avait des calculs biliaires, je la fis opérer immédiatement mais sur la table d'opération, on découvrit une grosse tumeur maligne qui avait déjà envahi le foie et des métastases couvrant pratiquement toute la paroi abdominale. Jugeant le cas désespéré, les chirurgiens décidèrent de refermer sans rien tenter. Sur les instances de sa fille qui me supplia de ne rien révéler à ma patiente, je lui dis simplement que ses calculs avaient été enlevés avec succès. J'apaisai ma conscience en me disant que sa famille se chargerait de lui dire la vérité le moment venu et que de toute manière, ses jours étant comptés, elle pourrait ainsi les vivre en toute sérénité, entourée des siens.

Huit mois plus tard, quelle ne fut pas ma surprise de voir cette femme revenir à mon cabinet. Elle venait passer une visite de routine et l'examen ne révéla ni jaunisse ni douleurs ni aucun signe de cancer. Une autre année s'écoula avant qu'elle ne me fît cette confidence surprenante : « Docteur », dit-elle, « j'étais certaine, il y a deux ans, d'avoir un cancer, aussi lorsque j'ai appris que j'avais seulement des calculs biliaires, je me suis promis de ne plus jamais être malade de ma vie. » Son cancer ne s'est jamais plus manifesté.

Aucune technique n'est intervenue dans ce cas précis. Cette femme s'est rétablie, semble-t-il, grâce à sa seule détermination, venue du plus profond de son être. Ce cas relève également d'un phénomène quantique car cette transformation fondamentale s'est produite dans une sphère plus profonde que celle des organes, des tissus, des cellules ou même de l'ADN, directement à la source de l'existence du corps, dans le temps et dans l'espace. Mes deux patients, l'un pour le meilleur et l'autre pour le pire, ont réussi à passer dans la « zone ? » de notre diagramme et ont ainsi dicté leur propre réalité.

Pour mystérieux qu'ils soient, ces deux cas sont-ils réellement des exemples de phénomènes quantiques ? Un physicien pourrait objecter que nous ne faisons là que des métaphores et que le monde caché des particules élémentaires et des forces fondamentales, exploré par la physique quantique, est très différent de l'univers caché de l'esprit. Cependant, on peut arguer que la région inconcevable d'où l'on tire la pensée d'une rose est la même que celle d'où émerge un photon — autrement dit le cosmos. L'intelligence, nous allons le découvrir, possède de nombreuses propriétés quantiques. Dans un souci de clarté, considérons au départ le schéma familier qui organise le corps verticalement, dans une hiérarchie d'organes, de tissus et de cellules :

Système
Organe
Tissus
Cellule
ADN

?

Dans ce schéma, chaque niveau de l'organisme est lié logiquement au suivant — aussi longtemps que l'on reste au-dessus de la ligne, les processus de la vie surviennent dans un ordre défini. Le foetus dans l'utérus en est un exemple : un bébé commence par un grain d'ADN qui se trouve au centre d'une cellule d'œuf fécondé ; avec le temps, cette cellule se multiplie pour former un groupe, assez grand pour commencer à s'organiser en tissus puis en organes comme le cœur, l'estomac, la moelle épinière, etc. ; puis l'ensemble des systèmes nerveux, digestif, respiratoire apparaît ; enfin, au moment de la naissance, les billions de cellules du nouveau-né sont coordonnées avec une précision qui permet de maintenir la vie de tout l'organisme sans l'aide de la mère.

Mais si l'ADN est le premier barreau de cette échelle bien ordonnée, quelle est l'origine de l'ADN ? Pourquoi se divise-t-il au deuxième jour suivant la conception et pourquoi commence-t-il à former le système nerveux dès le dix-huitième jour ? Comme pour tous les événements quantiques, quelque chose d'inexplicable se produit au-dessous de la surface pour former l'intelligence universelle de l'ADN. Le problème n'est pas que l'ADN soit trop complexe pour être compris, à cause de la nature géniale de sa molécule ; ce qui fait le mystère de l'ADN, c'est qu'il se trouve, comme le quantum, exactement au point de transformation. Sa vie entière se passe à créer la vie, ce que nous avons défini par « l'intelligence contenue dans les substances chimiques ». L'ADN transfère en permanence des messages provenant du monde quantique vers le nôtre, associant de nouveaux éléments d'intelligence à de nouvelles quantités de matière.

Siégeant au milieu de chaque cellule et opérant en coulisse, l'ADN réussit à organiser la chorégraphie de tout ce qui se passe sur scène. Il peut se projeter dans le sang sous la forme de neuropeptides, d'hormones et d'enzymes. Dans le même temps, d'autres de ses parties s'attachent aux parois cellulaires sous forme de récepteurs, sortant leurs antennes à l'écoute des réponses correspondant à une multitude de questions. Comment l'ADN peut-il être à la fois la question, la réponse et l'observateur silencieux du processus tout entier ?

La réponse ne se situe pas au niveau de la matière. Les

chercheurs en biologie moléculaire ont depuis longtemps décrit la structure interne de l'ADN mais cela reste encore au-dessus de la ligne définie par l'univers newtonien :

ADN
Sous-molécules organiques
Atomes
Particules subatomiques

?

Comme nous l'avons vu, la composition de l'ADN n'a rien de particulier. Son brin composé de matériel génétique peut être subdivisé en molécules plus simples comme les sucres et les amines, qui sont elles-mêmes divisées en atomes de carbone, d'hydrogène, d'oxygène et ainsi de suite. Lorsqu'il n'est pas contenu dans l'ADN, un atome d'hydrogène ou de carbone ne possède en lui aucune notion du temps. Dans les milliards d'autres combinaisons, l'hydrogène et le carbone se contentent d'exister : en revanche, dans l'ADN, ils contribuent à dominer le temps, par leur pouvoir de produire chaque jour quelque chose de nouveau qui dure, chez l'être humain, plus de soixante-dix ans — chaque période de la vie se déroule suivant le planning défini par l'ADN (pour certains conifères, l'ADN est programmé pour plus de deux mille ans).

Même en y regardant de très près, on constate que l'échelle ne repose pas sur un terrain très ferme. Lorsqu'on dépasse le niveau des atomes et que l'on commence à subdiviser l'ADN en électrons, protons et particules plus petites encore, un événement quantique doit se produire. Dans le cas contraire, on se trouverait contraint à affirmer que la vie jaillit de nulle part — d'un espace vide dépouillé de matière et d'énergie — car c'est tout ce que l'on obtient en divisant des particules solides au-delà d'un certain point.

Au niveau quantique, il s'avère que matière et énergie proviennent de quelque chose qui n'est ni la matière ni l'énergie. Les physiciens qualifient parfois cet état originel de « singularité », c'est-à-dire une construction abstraite qui n'est limitée ni dans le temps ni dans l'espace mais qui est une compression de toutes les dimensions contenues dans l'expansion de l'Univers. Lors du *Big Bang,* tout l'Univers a jailli d'une singularité — telle est la théorie — que l'on peut imaginer plus petite que l'élément le plus petit qui soit. Ce prodigieux phénomène de création survient à une autre échelle, chaque fois que vous pensez au mot *rose*.

Aucune portion de matière existant dans un lieu défini ne tient ce mot à votre disposition — il surgit d'une région qui sait simplement comment organiser la matière et l'intelligence, l'esprit et la forme. Les atomes du cerveau vont et viennent mais le mot *rose* ne disparaît pas. Nous voilà maintenant parvenus à un stade passionnant. Aujourd'hui, on peut tout à fait explorer la singularité : elle n'existait pas *avant* le Big Bang puisqu'elle se trouve en dehors du temps et de l'espace ; par conséquent, elle doit se trouver ici maintenant — en fait, elle est partout et n'a de limites ni dans le passé, ni dans le présent ni dans le futur. La physique quantique utilise des accélérateurs de particules gigantesques et d'autres équipements mystérieux dans le but d'arracher à la « zone ? » ne serait-ce qu'un aperçu fugitif de ce monde caché. La trace d'une nouvelle particule élémentaire apparue pendant un millionième de seconde constitue une découverte essentielle, car elle signifie que la zone inconnue a été atteinte et qu'un peu de sa réalité nous a été donnée. Se peut-il vraiment que nous fassions la même chose, par le simple fait de rêver, de penser et d'éprouver des sentiments ou des désirs ?

A quoi pourrait ressembler le niveau quantique qui se trouve en nous ? Il serait simplement l'extension de quelque chose qui nous est maintenant très familier, le neuropeptide. Le grand avantage de celui-ci est de pouvoir réagir à la vitesse de l'éclair aux injonctions de l'esprit. Il y parvient, je pense, parce qu'il se trouve à la frontière de la zone quantique. La science a déjà découvert qu'il existe des centaines de neuropeptides, fabriqués dans l'organisme tout entier. Il suffit désormais de découvrir que chacune de nos cellules est à même de fabriquer toutes ces substances. Si cela est démontré, on pourra dire que tout le corps est un « corps pensant », la création et l'expression de l'intelligence. Voici un autre schéma simplifié de ce qui se passe :

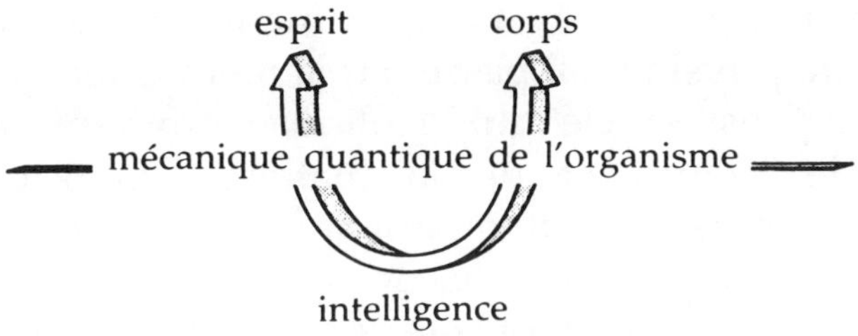

Nous savons déjà que l'intelligence peut prendre la forme d'une pensée ou d'une molécule ; le diagramme nous le montre en faisant de l'esprit et du corps les deux choix offerts à l'intelligence. Ces deux choix sont toujours en harmonie, même lorsqu'ils semblent séparés. Pour les coordonner, j'ai inséré un niveau quantique que j'ai nommé « la mécanique quantique de l'organisme ». Ce n'est pas un artéfact physique mais une strate de l'intelligence, celle où le corps tout entier est organisé et coordonné. C'est le lieu d'où vient le savoir-faire qui rend les molécules « intelligentes » et non inertes.

On doit se garder de supposer que les pensées se transforment une par une en substances chimiques messagères. On sait parfaitement que dans bien des cas, les milliards de bits d'ADN de nos divers organes agissent comme une seule grande molécule d'ADN, comme dans le cas du développement incroyablement complexe du foetus, dans le ventre de sa mère — du premier jour au neuvième mois, tout l'ADN du bébé qui va naître agit comme une seule molécule. C'est vrai également pour nous aujourd'hui.

Peut-être les événements quantiques ne surviennent-ils pas uniquement « à l'extérieur » dans l'espace mais également « à l'intérieur ». Possédons-nous des « trous noirs » dans lesquels la matière et l'énergie disparaissent à jamais ? Oui — et nous appelons cela l'oubli. Pouvons-nous accélérer ou ralentir le temps, comme le fait le cosmonaute en augmentant la vitesse de sa fusée pour approcher celle de la lumière ? Oui encore, car un écrivain peut imaginer en un instant une histoire qui lui prendra des heures à coucher sur le papier ; à l'inverse, vous pouvez passer une demi-heure à essayer de vous rappeler le nom d'une personne, qui vous reviendra instantanément lorsque vous aurez trouvé la zone intemporelle, appellée mémoire, d'où doit venir l'information.

Chaque fois qu'un événement mental a besoin d'une contrepartie physique, il passe par la mécanique quantique du corps. C'est la clé qui explique comment les deux univers de l'esprit et de la matière s'associent sans commettre d'erreurs. Bien qu'apparemment très différents, l'esprit et le corps sont tous deux imprégnés par l'intelligence. La science se montre sceptique lorsqu'on affirme que l'intelligence joue un rôle dans la nature. (Historiquement parlant, c'est une bien étrange anomalie, car toutes les générations qui nous ont précédés ont accepté sans problème l'idée d'un ordre universel.) Cependant, s'il n'y a rien en dehors de la bande réalité pour lier les choses et les événements, on est alors confronté à un réseau d'impossibilités.

On peut le voir dans la loi de la gravitation. Le bon sens veut que deux objets séparés par un espace vide ne doivent avoir aucune relation. Dans le jargon de la physique, ils occupent leur propre « réalité locale ». Mais la Terre tourne autour du Soleil, maintenue dans son orbite par la gravité. Pourtant, les deux corps sont séparés par un vide de 148 millions de kilomètres. Quand il s'aperçut de cette violation de la loi de réalité locale, Newton en fut très troublé mais refusa de réfléchir au problème. Depuis, la réalité locale n'a cessé d'essuyer des revers. La lumière, les ondes hertziennes, les lasers et toutes les autres forces électromagnétiques voyagent à travers l'espace vide ; la matière et l'antimatière semblent exister dans des univers coordonnés qui n'ont aucun contact physique ; les particules subatomiques ont des spins qui sont associés les uns aux autres ; quelle que soit la distance dans le temps et dans l'espace séparant ces particules, leurs spins peuvent être associés même aux endroits les plus éloignés de l'Univers.

Cela implique que l'idée dictée par le bon sens d'une réalité locale n'est vraie qu'à un certain niveau. La réalité dans son ensemble, telle que la physique quantique l'explique, se situe à un niveau plus profond. Une formule mathématique célèbre, le théorème de Bell (d'après le nom de son auteur, le physicien irlandais John Bell), affirme que la réalité de l'Univers ne peut être que non locale ; en d'autres termes, tous les objets et tous les événements du cosmos sont interconnectés et réagissent aux changements d'état des uns et des autres. Le théorème de Bell a été formulé en 1964, mais des dizaines d'années auparavant, le célèbre astronome anglais Sir Arthur Eddington avait pressenti cette interconnexion en déclarant : « Lorsque l'électron vibre, l'Univers tremble. » Les physiciens admettent aujourd'hui le caractère essentiel de ce principe d'interconnexion, ainsi que l'idée que de multiples formes de symétrie s'étendent à travers l'Univers — par exemple, on émet la théorie que n'importe quel trou noir pourrait être associé quelque part à un « trou blanc », bien que rien n'ait encore été observé dans ce sens.

Quel type d'explication pourrait satisfaire à l'exigence de Bell d'une réalité non locale et totalement interconnectée ? Il faudrait que ce soit une explication quantique, car si la gravité est présente partout au même moment, si les trous noirs savent ce que les trous blancs sont en train de faire et si un changement survenant au niveau d'un spin d'une seule particule provoque instantanément un changement inverse chez son partenaire, quelque part dans l'espace, il est alors évident que l'information circulant d'un endroit à l'autre voyage plus vite que la lumière. Cela n'est pas possible dans une réalité ordinaire, que ce soit celle de Newton ou celle d'Einstein.

Les théoriciens contemporains, comme le physicien britannique David Bohm qui a beaucoup travaillé sur les implications du théorème de Bell, ont été amenés à supposer qu'il existe un « champ invisible » contenant la réalité dans sa totalité, un champ qui possède la propriété de savoir immédiatement ce qui se passe n'importe où. (Ici, le mot *invisible* ne signifie pas simplement invisible à l'œil mais indétectable, quel que soit l'instrument de mesure utilisé.) Sans pousser plus loin ces réflexions, on peut voir que le champ invisible ressemble beaucoup à l'intelligence sous-jacente de l'ADN et que leur comportement à tous deux ressemble étrangement à celui de l'esprit. L'esprit a la propriété de maintenir toutes nos idées en place, dans un réservoir silencieux, si l'on peut dire, où elles sont organisées très précisément en concepts et en catégories.

Sans que nous appelions cela « penser », il se peut que nous observions en quelque sorte la nature en train de penser par le biais de différents circuits, parmi lesquels notre esprit fait figure de privilégié, par sa capacité de créer et d'expérimenter en même temps sa réalité quantique. L'observation d'un événement quantique dans le domaine des ondes lumineuses peut sembler tout à fait objective, mais pourquoi la réalité quantique ne serait-elle pas tout aussi présente dans nos propres pensées, nos émotions et nos désirs? Eddington a un jour clairement affirmé sa conviction, en tant que physicien, que « le monde est fait de matière grise ». Ainsi, la mécanique quantique de l'organisme, définie comme un produit de l'intelligence, semble avoir sa place dans la réalité non locale.

La beauté d'une image aussi simple vient de ce que l'intelligence *est* simple; les complications surgissent lorsqu'on essaie de suivre le fonctionnement incroyablement complexe du système corps-esprit. Le tracé d'un électroencéphalogramme, pratiqué sur un psychotique et sur un poète a le même aspect, quelle que soit la précision de l'analyse. En réfléchissant aux milliers d'heures qu'il faudrait consacrer à la description scientifique des conséquences chimiques de la vie quotidienne d'une seule cellule, un de mes amis, spécialiste du cerveau, a fait la remarque suivante: « Il faut bien reconnaître que la nature est intelligente, car elle est bien trop compliquée pour que l'on puisse la qualifier autrement. »

Il aurait aussi bien pu dire « trop simple ». Après tout, un cerveau humain qui change, à chaque seconde, ses pensées en milliers de substances chimiques est moins compliqué qu'inconcevable. Dans l'Inde ancienne, on supposait que l'intelligence était omniprésente; on l'avait nommée Brahman, du mot sanskrit qui signifie « grand »; elle ressemblait justement à un champ invisible. Un proverbe vieux de milliers d'années affirme qu'un homme qui n'a pas trouvé Brahman ressemble à un poisson assoiffé qui n'a pas trouvé d'eau.

Tout notre organisme peut être transformé aussi rapidement qu'un neuropeptide, qui fait partie intégrante de la mécanique quantique de l'organisme. Parce qu'il nous est possible de changer comme le vif-argent, la fluidité de la vie nous paraît naturelle. Le corps matériel est une rivière d'atomes, l'esprit une rivière de pensées, et ce qui les maintient ensemble est une rivière d'intelligence.

On peut penser que la mécanique quantique du corps n'entre en jeu que dans des cas de vie ou de mort, mais il n'en va pas ainsi. Nous vivons en elle, sans y prendre garde, tout comme nous vivons à l'intérieur de notre corps. J'ai connu une malade qui a ressenti ce phénomène tandis qu'elle était assise dans l'herbe, en train de manger un morceau de pain en écoutant du Mozart. Elle était depuis plus de deux ans un cas déconcertant. Elle était harcelée de nombreux symptômes : intestins irrités, maux de tête, fatigue, insomnie, dépression, qui rendaient vain tout effort de guérir. Aucun de ces troubles n'était mortel mais ils rendaient néanmoins son existence pitoyable. Le traitement classique, antidépresseurs et tranquillisants, ne lui avait fait aucun bien et mon traitement fondé sur l'Ayur-Véda avait également échoué.

Puis un jour, elle se rendit à Tanglewood, la résidence d'été de l'orchestre symphonique de Boston qui constitue un lieu idyllique pour un pique-nique. Elle étala une nappe à carreaux, s'allongea au soleil et mangea tranquillement son repas en écoutant de la musique. Ces occupations la contentèrent pleinement et cette nuit-là, elle dormit paisiblement pour la première fois depuis bien des années. Cependant, elle était tellement habituée à être malade qu'elle ne prêta pas attention à ce fait nouveau. Une autre année de souffrances s'écoula avant que le moment de retourner à Tanglewood se représente et là, le même phénomène se produisit — tous ses symptômes disparurent pendant la journée et elle dormit merveilleusement bien cette nuit-là.

Cette fois, elle fit le rapprochement. Elle vint me trouver triomphante, en brandissant une liasse d'articles tirés de diverses revues médicales qui traitaient du syndrome SAD, les « troubles affectifs saisonniers », décrivant l'état de patients qui connaissent chaque hiver une grave dépression, sans aucune cause apparente. Nous savons maintenant que la cause est liée à l'organe pinéal qui est enfoui à l'intérieur du cerveau. Bien qu'elle soit entourée de matière cérébrale, cette petite glande endocrine, plate et ovale, est sensible aux changements de lumière provenant du Soleil et est à l'origine du « troisième œil » dont le mouvement « New Age » s'efforce de percer le mystère (certains animaux inférieurs comme la lamproie possèdent vraiment ce troisième œil). Chez certaines personnes, une exposition insuffisante à la lumière du jour en hiver déséquilibre les sécrétions pinéales : la glande commence à produire en trop grande quantité une hormone, la mélatonine, provoquant ainsi un état dépressif.

« Vous voyez », me dit-elle, « j'étais atteinte du syndrome SAD pendant toutes ces années et en m'asseyant au soleil, ma glande pinéale est redevenue normale. »

« Je suis désolé », dis-je, « mais ces troubles ne surviennent qu'en hiver. » Voyant son visage s'allonger, je m'empressai d'ajouter : « Vous avez quand même mis le doigt sur quelque chose d'important. Maintenant, nous savons que nous avons affaire à une déficience que nous pouvons traiter. »

« De quoi parlez-vous ? » demanda-t-elle.

« De la déficience du pique-nique » dis-je. Pour la première fois depuis que nous nous connaissions, elle m'adressa un véritable sourire.

Son « traitement » continue d'opérer. Elle s'échappe régulièrement de l'atmosphère confinée de son bureau pour s'asseoir au soleil à l'heure du déjeuner, bavarder avec des amis et écouter de la musique de Mozart. Ce traitement ne peut guère être qualifié de moderne, en un certain sens il ne l'est d'ailleurs pas, mais la raison pour laquelle il réussit est qu'il fait intervenir la nature au sens large pour libérer sa propre nature. Nous sommes entourés des meilleurs éléments de guérison — air frais, lumière du Soleil et beauté de la nature. En Inde, l'Hippocrate de l'Ayur-Véda, un grand médecin doublé d'un sage nommé Charaka, prescrivait un peu de lumière solaire associée à une promenade à l'aube pour toutes sortes de maladies. Ses conseils ne sont pas près d'être démodés.

Si je rencontre un pré verdoyant couvert de pâquerettes et que je m'assois près d'un ruisseau à l'onde claire, je peux dire que j'ai trouvé la médecine. Cette rencontre apaise mes blessures aussi sûrement que ma mère le faisait lorsque je me blottissais sur ses genoux, parce que la Terre est réellement ma mère et le pré verdoyant ses genoux. Vous et moi sommes des étrangers l'un pour l'autre mais le rythme interne de notre corps est à l'écoute des mêmes marées océanes qui nous ont bercés à une époque qui dépasse les limites de la mémoire.

La nature est le guérisseur de l'homme car elle est l'homme. Lorsque l'Ayur-Véda dit que la Lune est notre œil droit et le Soleil notre œil gauche, nous devons nous garder de ricaner. En nous imprégnant de lune, de soleil et de mer, la nature a façonné le corps que nous habitons. Ce sont les ingrédients qui ont offert à chacun de nous sa part de nature — un abri, un moyen de subsistance, un compagnon intime et un foyer, pour soixante-dix ans ou plus.

La découverte du royaume quantique a ouvert la voie à l'observation de l'influence du Soleil, de la Lune et de la mer au plus profond de nous. Je vous amène dans cette région avec le seul espoir qu'on puisse y trouver une capacité de guérison plus grande encore. Nous savons déjà qu'un foetus humain se développe en se rappelant et en imitant le comportement des poissons, des amphibiens et des premiers mammifères. Les découvertes quantiques nous permettent de pénétrer nos propres atomes et de nous rappeler l'Univers originel. Il y a une éternité, la lumière et la chaleur sont apparues dans l'Univers, et doivent durer vingt milliards d'années ; pourtant, chaque être humain fait jaillir de nouveau l'étincelle, allumant le feu qui embrase la vie. Dans l'Inde védique, le même *Agni* se retrouvait dans le feu sacré qui brûlait dans l'âtre, dans le feu de la digestion de l'estomac et dans le feu solaire du ciel.

Sir Arthur Eddington a affirmé qu'il existait deux réalités que l'on devait reconnaître dans leurs limites respectives, l'une secondaire, l'autre d'une importance capitale. La réalité secondaire était la réalité mécanistique étudiée par la science ; l'autre était la réalité humaine, faite d'expériences quotidiennes. Dans la réalité scientifique, disait Eddington, la Terre est un grain de matière tournant autour d'une étoile de taille moyenne et toutes deux sont jetées à la dérive parmi des milliards d'objets stellaires plus importants. Mais dans la réalité humaine, la Terre demeure le centre de l'Univers, car la vie qu'elle abrite est la seule chose importante qui existe, du moins pour nous. L'expression la plus poignante de cette idée m'a été donnée par une patiente qui avait de mombreux ennuis de santé, notamment un cancer. Pour retrouver son équilibre, elle avait relaté par écrit certaines expériences importantes de son passé. L'une d'elles datait de ses 16 ans ; elle lui avait donné pour titre « Mais comment puis-je être la Lune ? »

> Etendue seule dans le pré, tout est noir, à l'exception de la pleine Lune magnétique. J'éprouve un sentiment de sérénité irrésistible. Mon être appartient à la fois à la Terre et à la lumière blanche et pure de la Lune. Rien d'autre n'est important. L'espace d'une seconde, je m'interroge : « Suis-je morte ? » Cela n'a aucune importance. Je passe une heure entre les mains de Dieu et cela deviendra partie intégrante de mon être.

Il est surprenant de constater que de nombreuses personnes ont connu de telles expériences, qualifiées par Eddington de « contacts mystiques avec la Terre ». Plus tard, ma patiente s'était éloignée de cette expérience, en s'accoutumant peu à peu à la monotonie du travail quotidien et aux soucis familiaux qui déconnectent chacun de nous de la nature ; dans son cas, l'accumulation de stress entraînait de fréquentes maladies. (Elle avait par dérision intitulé les périodes ultérieures de sa vie : « Aller contre la nature. Est-cela l'âge adulte ? »)

Le plus étrange, c'est que lorsqu'elle a cessé d'aller contre la nature, l'ancienne impression de contact est revenue avec une fraîcheur intacte. A l'approche de la trentaine, elle s'est rendue sur les rivages du Pacifique et a écrit ceci :

> Pendant près de deux heures, seule sur la plage, j'ai retrouvé Dieu. J'étais le ressac, son grondement et sa force. J'étais le sable, chaud, vibrant, vivant. J'étais la brise, douce et libre. J'étais le ciel, infini et pur... Je ne ressentais qu'un amour immense. J'étais plus que mon

corps et j'en avais conscience. Ce fut un moment absolument purificateur et beau.

Ce qu'elle exprime, j'y crois aussi en tant que médecin. Le mécanisme de guérison qui est en nous s'harmonise parfaitement avec celui de l'extérieur. Le corps humain ne ressemble pas au pré verdoyant mais sa brise, son cours d'eau riant, sa lumière et sa terre ont été non pas oubliés mais simplement modifiés en nous. (Ce n'est pas pour rien que les médecines anciennes affirmaient que l'homme était fait de terre, d'air, de feu et d'eau.) Parce que le corps est intelligent, il sait cela et lorsqu'il retourne vers la nature, son foyer, il se sent libre. Avec une joie ineffable, il reconnaît sa mère. Ce sentiment de joie et de liberté est vital — il permet à la nature intérieure de se fondre avec la nature extérieure. Il en est de même pour la mécanique quantique du corps ; c'est la porte qui permet le retour à la nature. On n'éprouve même pas le besoin d'expliquer ce fait, si ce n'est pour regretter que l'intellect, œuvrant contre la nature, ait si bien réussi à bloquer la porte.

Il y a encore beaucoup à dire sur la mécanique quantique du corps. Nul autre sujet ne me paraît aussi important à explorer. Aujourd'hui, la médecine souhaite aller au-delà de ses dilemmes actuels, mais cette volonté s'est transformée en attente. Un camarade qui a étudié comme moi la médecine à New Delhi a fait une carrière fulgurante aux Etats-Unis, en tant que médecin-chercheur. Il s'est retrouvé, avant même d'avoir atteint 45 ans, professeur à la faculté de médecine de Harvard. Alors que nous bavardions récemment, après dîner, dans un restaurant de Boston, il m'a confié ses prédictions pour l'avenir. « Les chercheurs les plus renommés se sont réunis discrètement à Washington », dit-il d'un air maussade, « et nous sommes tous tombés d'accord sur le fait qu'en l'an 2010, nous ne saurions toujours pas guérir les cancers les plus importants et qu'aucune découverte permettant une meilleure compréhension du SIDA n'aurait été faite. »

Ce genre de prédiction sinistre doit être évité à tout prix. Ce jugement scientifique peut sembler inattaquable mais il n'a aucun sens dans la perspective quantique. Nous sommes tous des navigateurs chevronnés au royaume de la « zone ? », là où la science n'avance qu'à tâtons, s'éclairant d'une faible lueur. Cela ne suggère-t-il pas une solution? Les mystérieuses défaillances de l'intelligence de l'organisme lors d'un cancer ou du SIDA peuvent toutes s'expliquer par une simple distorsion — un détour erroné dans les régions cachées de l'intelligence de l'ADN. Afin de voir comment le problème corps-esprit peut être résolu, il nous faut étudier plus attentivement ces détours et leur origine invisible.

7

Nulle part et partout

Personne ne verra jamais la mécanique quantique du corps. Cela pose un problème pour beaucoup. Non seulement les scientifiques mais nous tous sommes rassurés par les choses que nous pouvons voir et toucher. L'histoire de la médecine moderne consiste essentiellement à rechercher les éléments solides responsables des maladies, bien que la plupart d'entre eux résident dans le royaume de l'invisible, au-delà de tout ce qui peut être perçu à l'œil nu.

Dans l'Europe du XIVe siècle, un observateur avisé aurait pu deviner qu'un rat dans la maison risquait de propager la peste bubonique (en fait, des rats dans la maison étaient une chose si banale que personne n'a jamais fait la relation) ; certes, repérer une puce sur la peau du rat permet de mieux appréhender la cause réelle de la maladie mais c'est seulement en observant le sang du rat au microscope et en identifiant la bactérie *Pasteurella pestis*, que l'on peut résoudre l'énigme de la Mort Noire. L'origine de ce châtiment remonte à des temps très anciens, puisqu'on lui attribue la destruction de l'armée perse, lors de sa campagne contre la Grèce, au Ve siècle av. J.-C.

Sans microscope, que serait une bactérie ? Quelque chose d'invisible à l'œil nu et pourtant aussi énorme que le monde, puisqu'elle atteint tous les points du globe, jusqu'aux pôles. Comme la fumée, elle passerait sous les portes et les fenêtres les plus hermétiquement fermées — et si nos sens étaient la seule manière d'appréhender le monde, la capacité d'un tel organisme d'être partout et nulle part à la fois paraîtrait fantastique. En fait, le monde quantique n'est qu'à un niveau en dessous sur l'échelle de l'invisibilité. A l'inverse des plus minuscules bactéries ou des virus, un seul photon, électron ou autre élément du monde quantique ne pourra jamais être observé par un quelconque instrument de mesure. Ils sont véritablement partout et nulle part en même temps.

Jusqu'à présent, ce fait n'avait pratiquement pas concerné la médecine, parce que le plus petit des virus est des millions de fois plus gros qu'une particule élémentaire. De plus, les germes sont relativement stables dans le temps et dans l'espace, tandis que les éléments quantiques surgissent et disparaissent de manière imprévisible. Si la bactérie *Pasteurella pestis* se trouve dans le sang, elle est vraiment là physiquement. Tel n'est pas le cas des mésons fantomatiques qui ne laissent, l'espace de quelques millionièmes de seconde, qu'une faible lueur sur une plaque photographique, pour disparaître ensuite de toute réalité matérielle, et encore moins du neutrino, qui peut traverser la Terre inaperçu, comme si rien ne lui barrait la route.

L'importante différence d'échelle qui sépare la médecine de la physique quantique a maintenu les deux sciences à distance jusqu'en 1987, date à laquelle un immunologiste français, Jacques Benveniste, a mené une expérience qui constitue un véritable affront pour toutes les théories non quantiques de l'Univers. A première vue, l'expérience était banale. Le Dr Benveniste prit un anticorps courant, l'IgE (immunoglobuline de type E) et le mit en contact avec certains globules blancs du sang, les basophiles. Ce qui se passe lors de l'interaction de ces deux éléments est bien connu — l'anticorps IgE s'accroche fermement à des sites récepteurs spécifiques et attend. Il attend l'invasion d'une molécule circulant dans le sang, contre laquelle il faut se défendre. Dans ce cas, l'envahisseur n'est pas un germe mais un antigène, une substance qui provoque des allergies.

Si l'on est allergique aux piqûres d'abeille, les molécules de venin, quelques secondes à peine après avoir pénétré dans l'organisme, déclenchent l'action de l'anticorps IgE. Celui-ci provoque alors une réaction en chaîne complexe dans la cellule, qui stimule le processus de réaction allergique ; le basophile libère à son tour une substance chimique, l'histamine, responsable des symptômes caractéristiques d'une crise d'allergie : œdème, rougeurs, démangeaisons et difficultés respiratoires. Ce qui reste incompréhensible dans les allergies est le fait que les antigènes, substances étrangères qui pénètrent dans le corps, sont en général inoffensifs — laine, pollen, poussière — et pourtant, le système immunitaire les considère comme ses plus farouches ennemis. Pour trouver la cause de ces allergies, on les a étudiées en détail au niveau moléculaire, acquérant par la même occasion une connaissance approfondie de l'IgE.

Voilà donc défini le cadre de l'expérience décisive du Dr Benveniste. Il prit du sérum humain riche en globules blancs et en anticorps IgE et le mélangea à une solution préparée à partir de sang de chèvre qui devait provoquer la libération de l'histamine. Cette seconde solution contenait un anticorps anti-IgE, qui représente le venin d'abeille, le pollen ou tout autre antigène. Lorsque l'IgE et l'anti-IgE se trouvèrent en contact, la réaction qui se produisit dans l'éprouvette fut exactement la même que celle qui se serait produite chez une personne souffrant d'une forte allergie ; de grandes quantités d'histamine furent ainsi produites.

Benveniste dilua alors dix fois la solution contenant l'anti-IgE et l'introduisit de nouveau, obtenant la même réaction. Il procéda à de nombreuses dilutions et chaque fois, environ la moitié de l'IgE (40 à 60 %) continuait de réagir. Cela était plus que surprenant dans la mesure où la solution aurait dû ne plus être chimiquement active depuis longtemps. Il décida de poursuivre la dilution de l'IgE, et prépara des dilutions au 1/100, jusqu'à ce qu'il soit sûr qu'il n'y ait plus aucun anti-IgE. Sa dernière solution contenait 1 part d'anticorps pour 10^{120} parts d'eau, soit un 10 suivi de cent vingt zéros. En utilisant une constante appelée nombre d'Avogadro, il confirma mathématiquement qu'il était impossible que l'eau contienne une seule molécule d'anticorps. Lorsqu'il utilisa cette « solution », qui n'était plus que de l'eau distillée, la réaction d'histamine se produisit avec autant de force que précédemment. (Dans le film bien connu « Le Port de l'angoisse » avec Humphrey Bogart, on trouve cette réplique bizarre : « Avez-vous jamais été piqué par une abeille morte? » Dans le cas présent, l'abeille est également invisible.)

Bien que son résultat fût absurde, Benveniste recommença l'expérience 70 fois et demanda à d'autres équipes de chercheurs de la reproduire en Israël, au Canada et en Italie — toutes aboutirent au même résultat. Les chercheurs découvrirent tous qu'on pouvait activer le système immunitaire avec un anticorps pourtant absent. Dans notre langage, Benveniste avait débusqué les fantômes de la mémoire — lui-même se demande si l'eau conserve bel et bien l'empreinte fantôme des molécules qui étaient présentes à un moment donné. Ses résultats furent publiés avec quelque réticence dans le numéro de juin 1988 de la prestigieuse revue anglaise *Nature*. Ses éditeurs ne cachèrent pas leur indignation, faisant observer, fort justement, qu'il n'y avait « aucune explication physique » à ce phénomène. Les globules blancs humains se comportaient exactement comme si l'anti-IgE les attaquait de toutes parts alors qu'il n'était nulle part.

La médecine se refuse à franchir le seuil quantique, même si cette expérience l'y invite clairement*. On a soutenu avec force que Benveniste donnait ainsi trop de crédit aux méthodes homéopathiques, traitement thérapeutique inventé 200 ans plus tôt par un médecin allemand, Samuel Hahnemann, et qui connaît toujours un grand succès dans toute l'Europe. Le terme *homéopathie* vient de deux racines grecques qui signifient « affection similaire » ; c'est le prin-

* En juillet 1988, un mois après la publication de ces découvertes, la revue *Nature* envoya en France une équipe d'expérimentateurs assister au déroulement de l'expérience de Benveniste et vaincre leurs doutes. Malheureusement, celui-ci fut incapable de reproduire devant eux ses résultats ; certains essais réussirent, d'autres pas. Par la suite, la revue rejeta son travail en qualifiant ses conclusions d'« illusoires ». Une controverse passionnée s'engagea, qui n'est toujours pas close. Benveniste continue de défendre ses travaux (son article était signé par douze autres chercheurs appartenant à quatre pays différents). Puisque la capacité de l'eau de posséder une mémoire semble inexplicable, on peut difficilement lui reprocher sa capacité d'oubli ! Il se peut qu'on ait affaire aux deux facettes du même phénomène.

cipe même de l'homéopathie : « traiter la maladie par la maladie. » L'homéopathie utilise la méthode de Benveniste pour soigner toutes les maladies : de minuscules quantités de substances antagonistes sont administrées au patient afin d'augmenter ses défenses immunitaires ou d'éliminer la maladie si celle-ci s'est déjà développée.

Lorsque la médecine conventionnelle administre un vaccin antivariolique, elle applique en réalité la logique homéopathique — le virus mort contenu dans le vaccin stimule les anticorps antivarioliques de l'organisme. (Cette façon de combattre la variole remonte à la Chine ancienne où les médecins savaient prélever des croûtes sur les plaies des victimes de la variole pour les frotter sur les petites écorchures aux bras des personnes qu'ils voulaient protéger de la maladie.) Toutefois, contrairement à la vaccination, l'homéopathie se fonde sur les symptômes plutôt que sur les véritables organismes responsables de la maladie.

En utilisant un système complexe de poisons et d'herbes toxiques qui imite les symptômes de la véritable maladie, l'homéopathe donne au corps une « idée » de ce qu'il désire guérir. Par exemple, les graines pilées de *Nux vomica* contenant de la strychnine peuvent servir à combattre la fatigue chronique et l'irritabilité, puisqu'elles produisent elles-mêmes ces symptômes. En fait, l'expérience de Benveniste n'a pas utilisé la logique homéopathique dans son intégralité mais seulement l'un de ses aspects, en montrant que le corps peut réagir à une dose infime d'une substance étrangère. Le reste de l'homéopathie reste ambigu. (Son principe de base est admis par l'Ayur-Véda, et même élargi dans la mesure où il est dit qu'à chaque partie du corps correspondent une herbe, un minéral, et même une couleur et un son que l'on peut utiliser à des fins curatives. Cependant, l'Ayur-Véda n'admet pas la logique homéopathique qui consiste à dire qu'il faut rendre l'organisme malade pour qu'il guérisse.)

Pour ma part, je crois que l'implication la plus profonde de l'expérience de Benveniste est parfaitement décrite par l'un des diagrammes quantiques exposés au chapitre précédent :

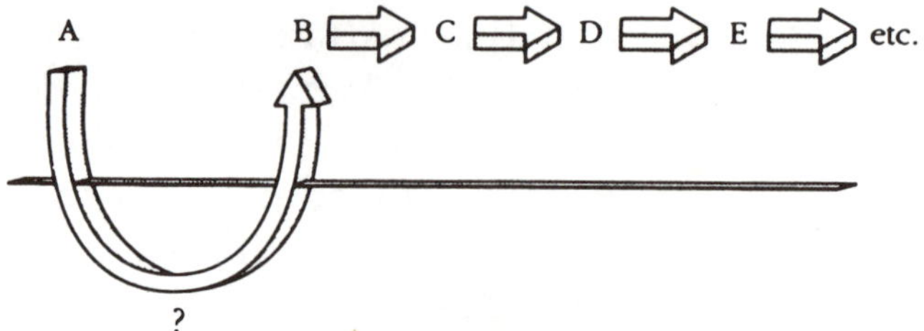

Un processus physique, nous l'avons dit, ressemble à une brigade de pompiers faisant la chaîne, c'est-à-dire une chaîne d'événements qui se succèdent, à l'exception du premier « seau d'eau » (B). Ce seau semble surgir de nulle part, même si l'on peut bien sûr imaginer qu'il provient d'une impulsion initiale (A). Ce que Benveniste a si magistralement réussi à faire, c'est de réduire à l'essentiel la représentation de ce modèle :

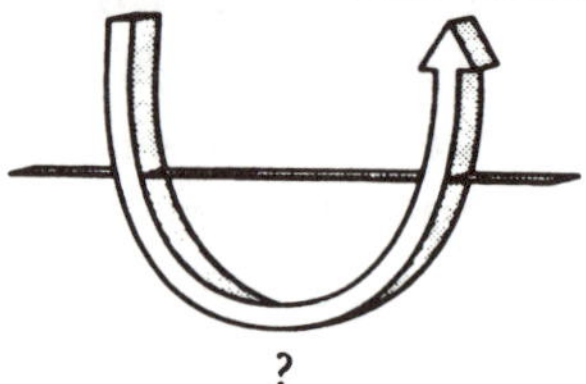

Nous passons constamment d'un état à l'autre. Si nous essayons de nous rappeler la première fois que nous avons conduit une voiture, les substances chimiques cérébrales qui étaient alors présentes ont maintenant disparu. (La plupart avaient déjà disparu avant la fin de ce premier essai.) Lorsque nous recréons ce souvenir aujourd'hui en nous imaginant la voiture et le volant entre nos mains, nous déclenchons des réactions cellulaires qui proviennent de « nulle part », puisque nos cellules cérébrales sont autant privées des anciennes molécules que l'eau de Benveniste.

Si l'on arrive à expliquer comment le corps-esprit passe du stade sans molécules à celui où la molécule apparaît, on aura alors éclairci la plupart des énigmes du cerveau. Après cette infime partie de matière, le reste du processus suit des lois de la nature qui sont bien connues. A part l'homéopathie, un exemple bien plus révélateur me vient à l'esprit, celui des cas psychiatriques connus sous le nom de « personnalités multiples ». Rien de ce qui touche au corps-esprit ne semble plus inexplicable que cela, car lorsqu'une personne souffre d'un dédoublement de la personnalité et passe de l'une à l'autre, son corps subit les mêmes transformations.

Si une personnalité est par exemple diabétique, la personne souffre d'une déficience en insuline aussi longtemps qu'elle accepte cette personnalité. En revanche, les autres personnalités ne présentent aucun symptôme de diabète ; elles ont un taux de sucre normal dans le sang. Daniel Goleman, un psychologue qui s'exprime fréquemment sur le sujet corps-esprit, décrit un enfant, Timmy, qui peut prendre une douzaine de personnalités différentes.

L'une d'elles lui donne de l'urticaire s'il boit du jus d'orange. « L'urticaire survient », écrit Goleman, « à chaque apparition de cette personnalité ; il suffit que Timmy ait du jus d'orange dans son estomac, même s'il l'a bu alors qu'il assumait une autre personnalité. De plus, si Timmy redevient lui-même pendant qu'il a cette crise d'allergie, les démangeaisons provoquées par l'urticaire cessent instantanément et les cloques commencent à disparaître. »

Quelle ne fut pas ma joie en découvrant cette histoire ! Les manuels de médecine ne disent pas que des réactions allergiques peuvent apparaître et disparaître à volonté. Comment le pourraient-elles ? Les globules blancs du système immunitaire, renforcés par des anticorps tels que l'IgE, attendent simplement d'être en contact avec un antigène. Lorsque le contact se fait, ils entrent automatiquement en action. Pourtant, dans le corps de Timmy, on doit imaginer les molécules de jus d'orange s'approchant du globule blanc et déclenchant à ce moment-là seulement la *décision* de réagir ou pas. Cela implique que la cellule elle-même est intelligente, comme je l'ai déjà dit plus haut. De plus, son intelligence est contenue dans chaque molécule et non pas confinée à une molécule particulière comme l'ADN ; en effet, l'anticorps et le jus d'orange interagissent au moyen d'atomes tout à fait ordinaires de carbone, d'hydrogène et d'oxygène.

Affirmer que des molécules peuvent prendre des décisions défie la physique actuelle — c'est comme si le sel décidait parfois d'être salé et parfois pas. Mais passer d'un événement à un autre dans le corps-esprit est toujours une projection de l'intelligence ; ce qui est stupéfiant, c'est la rapidité et l'intensité avec lesquelles Timmy passe d'un état à un autre. A partir du moment où l'on admet qu'il choisit d'être allergique — car comment pourrait-il autrement faire apparaître et disparaître son urticaire — il est possible que, nous aussi, nous choisissions nos propres maladies. Nous ne sommes pas conscients de ce choix parce qu'il se situe au-dessous du niveau de nos pensées conscientes. Mais s'il existe, nous devrions être capables de le modifier.

Chacun de nous peut modifier la biologie de son organisme d'un extrême à l'autre. On n'est pas le même, physiologiquement parlant, lorsqu'on est particulièrement heureux ou profondément déprimé. Les personnalités multiples prouvent que cette capacité de changer de l'intérieur est contrôlée de manière très précise. J'aimerais à ce sujet vous rapporter une anecdote ayant cours dans la famille Chopra et qui concerne, d'une façon assez curieuse, l'anticorps IgE.

Mon père est cardiologue en Inde. Il a été médecin dans l'armée pendant de nombreuses années, ce qui nous a obligés à le suivre à travers tout le pays à chaque nouvelle mutation. Alors que j'étais encore tout petit, il fut envoyé à Jammu, très loin dans le nord, dans la province du Cachemire. Je ne me rappelle pas du tout notre séjour mais pendant des années, j'ai entendu parler des allergies redoutables dont ma mère a souffert là-bas. La cause de son mal était le pollen d'une fleur locale qui envahissait les champs au printemps et lui causait de terribles crises d'asthme : son corps enflait et sur sa peau apparaissaient de grandes plaques rouges et des cloques (ce mal est connu sous le nom d'oedème angioneurotique).

Très attaché à ma mère et plein de compassion, mon père la conduisait tous les printemps à Srinagar, la capitale du Cachemire. Loin de son redoutable ennemi, elle était ravie de se trouver au creux d'une vallée montagneuse qui compte parmi les plus beaux endroits de la Terre.

Un printemps, les pluies torrentielles ayant rendu les routes impraticables, mon père avait décidé qu'ils rentreraient à la maison par avion, plus tôt que prévu. Ils prirent l'avion, qui atterrit après une heure de vol. Mon père posa sa main sur le bras de ma mère pour la réconforter mais il voyait déjà les taches rouges sur sa peau et l'effort qu'elle faisait pour respirer. L'allergie semblait si sérieuse que le steward accourut et demanda ce qui se passait.

« Vous ne pouvez rien faire », dit mon père. « C'est le pollen de Jammu.

— Jammu ? » Le steward semblait perplexe. « Nous n'y sommes pas encore — nous sommes à Udhampur, notre première escale. On ne vous l'a pas dit ? »

Mon père fut complètement abasourdi. Lorsqu'il regarda ma mère, le sifflement causé par l'asthme avait cessé et les taches avaient instantanément disparu. Bien des années plus tard, il hochait encore la tête en murmurant : « Il suffit de prononcer le nom de Jammu pour que votre mère fasse une crise d'allergie. » Quand je lui parlai de l'expérience concernant l'IgE, il en fut très soulagé — désormais, il possédait un semblant d'explication scientifique au mystère familial. Ma mère n'a qu'une personnalité mais cette transformation fut à la fois extrême et très rapide.

De nombreux cas de personnalités multiples ont été étudiés et contrôlés, en particulier par le Dr Bennet Braun, chercheur en psychiatrie et spécialiste du sujet. Lorsque la personnalité du patient se modifie, on a constaté que des verrues, des cicatrices et des éruptions cutanées apparaissent et disparaissent, tout comme l'hypertension et l'épilepsie. Une personnalité particulière peut rendre quelqu'un daltonien, celui-ci retrouvant une vue normale lorsqu'il change de personnalité. En règle générale, de tels malades ont au moins une personnalité enfantine et, lorsqu'elle surgit, leur organisme réagit à des doses de médicaments bien plus faibles. Chez l'un d'eux, cinq milligrammes d'un tranquillisant étaient suffisants pour le calmer et l'assoupir, à l'état d'enfant, tandis qu'une dose vingt fois supérieure n'avait aucun effet à l'état d'adulte.

Intrigués, certains scientifiques recherchent un mécanisme susceptible d'expliquer ces phénomènes apparemment impossibles ; je pense qu'on ne pourra en trouver l'explication qu'en admettant qu'un changement quantique s'est produit. Une personnalité ne possède pas de molécules puisqu'elle est uniquement faite de mémoire et de tendances psychologiques ; cependant, ces dernières sont plus permanentes que les cellules. Cela n'a rien de bien mystérieux — chaque molécule de l'organisme est, nous l'avons vu, dotée d'une part d'intelligence invisible.

Le terme *mémoire* n'appartient pas au langage des physiciens et pourtant, il est facile de retrouver cette dernière dans le monde quantique — des particules, séparées par des distances énormes de l'espace-temps, savent chacune ce que l'autre est en train de faire. Quand un électron change d'orbite dans une couche externe d'un atome, l'antiélectron (ou positron) qui lui est associé doit obligatoirement réagir, quelle que soit sa position dans le cosmos. En fait, l'Univers tout entier se tisse à l'intérieur de ce réseau de mémoire.

Pour un physicien, le seul fait étrange dans l'expérience de Benveniste est que personne n'a jamais voulu croire que des événements quantiques se produisent au niveau des molécules. Un photon se tient sur le seuil quantique, là où de faibles vibrations aléatoires sont la règle. Certaines de ces vibrations disparaissent dans le néant ; d'autres s'éveillent et entrent dans la réalité matérielle sous forme de matière ou d'énergie. Parce que le photon n'est pratiquement rien au départ, il a la faculté de surgir et de disparaître. Toutefois, une molécule comme l'IgE est infiniment plus substantielle que ces vibrations fluctuantes. Si tel n'était pas le cas, les molécules pourraient jaillir ou disparaître sans prévenir — et avec elles, les choses composées de ces molécules, comme les baleines bleues ou les gratte-ciel. Dans la mesure où cela ne se produit pas, on n'a pas jugé utile d'attribuer une mémoire aux molécules.

Pour comprendre comment fonctionne cette mémoire, on doit s'efforcer de mieux connaître le niveau quantique de la nature. Sa particularité, qui la différencie de toutes les autres formes de matière et d'énergie, est le vide. Nous avons déjà vu que le cœur d'un atome était pratiquement vide ; il est, toutes proportions gardées, aussi vide que l'espace intergalactique. Il en va de même pour nous, puisque nous sommes de toute évidence composés d'atomes. Cela signifie que nous sommes fabriqués à partir d'un vide ; avant toute autre chose, c'est là notre matière première.

Au lieu de considérer l'espace qui sépare les étoiles comme morne, froid et sans vie, nous devrions le regarder avec les yeux d'un physicien. Nous verrions alors qu'il est rempli d'une énergie invisible attendant de fusionner pour créer des atomes. Chaque cm^3 de l'espace fourmille d'énergie, en quantité presque infinie bien que principalement sous forme « virtuelle », c'est-à-dire qu'elle est enfermée et qu'elle ne joue aucun rôle actif dans la réalité matérielle. (On trouve dans un ancien *Upanishad* indien cette phrase merveilleuse : « La puissance qui pénètre l'Univers est bien supérieure à celle qui transparaît. » Pour les objets quantiques, dont la plupart sont enfermés dans une forme virtuelle, c'est tout à fait vrai.)

Nos sens ne sont pas prêts à considérer le vide comme la matrice de la réalité car ils ne perçoivent la nature qu'à un niveau plus grossier, peuplé de fleurs, de rochers, d'arbres et de personnes. On dit que l'œil peut distinguer deux millions de nuances de couleurs, chacune d'elles occupant une étroite bande d'énergie lumineuse ; notre mécanisme optique n'enregistre cependant pas ces vibrations d'énergie comme des vibrations. Nous n'assimilons pas non plus un bloc de marbre à des vibrations bien qu'à la base c'est bien ce qu'il est, comme le sont les couleurs.

Lorsque la lumière passe d'une couleur à l'autre, chaque petite gradation exerce une influence énorme. La lumière visible, par exemple, donne au monde la forme et la définition que nos yeux perçoivent. Si l'on dévie, même légèrement, vers l'infrarouge, l'œil sent la chaleur de la lumière mais il ne voit rien ; si l'on remonte vers les rayons X, l'œil est détruit. Chaque gradation quantique est minime mais elle implique une réalité totalement nouvelle au niveau plus large des molécules et des organismes vivants. Le spectre de la lumière ressemble à un long fil continu qui vibre plus lentement à un endroit et plus vite à un autre. Nous occupons une partie infime de ce spectre mais nous avons besoin de toute la longueur du fil pour exister. Débutant au point de vibration zéro, les tremblements du fil sont responsables de la lumière, de la chaleur, du magnétisme et de bien d'autres formes d'énergie différentes qui peuplent l'Univers. Il suffit de quelques barreaux sur l'échelle de la création pour passer de l'espace vide à la poussière intergalactique, au Soleil et enfin, à la Terre vivante. Ainsi, le vide, le point de vibration zéro, n'est pas un vide mais le point de départ de tout ce qui existe. Et ce point de départ est en contact permanent avec tous les autres points — il n'y a aucune rupture dans cette continuité.

Il nous faut considérer le vide subatomique dans la mesure où nous ressentons le vide chaque fois que nous pensons. Comme pour l'Univers dans son ensemble, un élément matériel — le neuropeptide — jaillit de nulle part. Dans ce cas, ce ne sont pas les atomes du neuropeptide qui sont créés car les molécules nécessaires, l'hydrogène, le carbone, l'oxygène, etc., sont déjà présentes dans le glucose utilisé comme carburant par le cerveau. C'est la configuration du neuropeptide qui jaillit de nulle part : ce phénomène à lui seul est magique.

Au moment précis où nous pensons « Je suis heureux », un messager chimique traduit notre émotion, qui n'a absolument pas d'existence concrète dans le monde matériel, en une portion de matière. Cette dernière est en si parfaite harmonie avec notre désir que chaque cellule de notre corps est informée et participe à ce bonheur. Le fait que nous puissions communiquer instantanément avec cinquante billions de cellules dans leur propre langage est tout aussi inexplicable que le moment où la nature a créé le premier photon à partir de l'espace vide.

Ces substances chimiques cérébrales sont si petites qu'il a fallu plusieurs siècles à la science pour les identifier. Cependant, si nous considérons que ces molécules messagères sont l'expression matérielle la plus subtile de l'intelligence que le cerveau puisse produire, nous devons admettre qu'elles ne sont toutefois pas encore assez subtiles pour construire un pont solide entre l'esprit et le corps. En fait, rien ne pourrait être assez subtil car l'une des deux rives, en l'occurrence l'esprit, n'est en aucun cas petite dans le sens physique du terme — croire qu'une pensée a une taille définie est absurde. L'esprit n'est pas « suspendu » dans l'espace où il occuperait une certaine place, même pas l'espace infinitésimal qu'il faut à un électron. L'idée d'enfermer l'esprit dans une boîte n'avait évidemment aucun sens et la science a dès le départ séparé l'esprit de la matière, dans la mesure où cette dernière peut, elle, s'insérer dans une boîte. Heureusement, la physique quantique vient à la rescousse pour nous permettre de bâtir le pont. Elle est née pour explorer ces régions défiant le bon sens qui se trouvent aux confins de l'espace-temps.

La physique quantique s'est chargée de mesurer les choses les plus petites possible. On a découvert au début du siècle que l'atome, pourtant très petit, avait un noyau. Lorsqu'on a fractionné ce noyau, on a pensé que l'unité la plus petite qui le composait était le proton, jusqu'à ce que d'autres découvertes stupéfiantes révèlent la présence, aux limites de l'existence matérielle, de particules plus subtiles encore, les quarks. Au-delà du quark cependant, il semble qu'il ne faille plus attendre de découvertes sensationnelles.

On pourrait penser qu'il doit y avoir quelque chose de matériel dont puisse dériver le quark. Assez curieusement, il semble que ce ne soit pas le cas. Le philosophe grec Démocrite a été le premier à suggérer que le monde matériel était composé de particules minuscules et invisibles, auxquelles il donna le nom d'atomes, d'après le mot grec pour « indivisible ». Lorsque Platon entendit parler de cette théorie (qui ne pouvait bien sûr être vérifiée expérimentalement), il souleva une objection qui annonce étrangement la physique quantique. Si l'on considère que l'atome est une chose, affirmait Platon, on doit dans ce cas lui attribuer un certain espace ; en conséquence, on peut le couper en deux afin qu'il occupe moins de place. Si un élément peut être coupé en deux, il ne peut prétendre être le plus petit élément du monde matériel.

Par ce raisonnement infaillible, Platon déniait à toutes les particules solides le droit d'être les éléments de base de la nature, qu'ils soient atomes, protons, électrons ou quarks. Ils peuvent tous être divisés à l'infini, même si nous n'avons pas les moyens de le faire réellement. Quel que soit l'élément qui construise l'Univers, il doit être suffisamment petit pour n'occuper aucun espace. Platon soutenait que le monde était né de formes parfaites et invisibles, semblables à des formes géométriques. La physique moderne, quant à elle, s'est tournée vers des solutions un peu plus tangibles, comme la matière invisible que nous appelons particules « virtuelles » ou encore les champs d'énergie. La célèbre équation d'Einstein $E=mc^2$ a montré que l'énergie pouvait se transformer en matière, ce constat a permis à la physique de franchir la limite de ce qui est « plus petit que petit ».

Personne ne peut être certain de la composition d'un quark mais ce n'est assurément pas un morceau de matière sous une forme solide — le quark se trouve déjà en dehors de la limite où l'on peut « voir » ou « toucher » les choses, même en utilisant des moyens d'observation sophistiqués. Il se peut que son élément de base soit simplement une vibration qui possède la faculté de se transformer en matière. Ainsi, il est plus petit que petit. Pour un physicien, la notion de taille cesse d'exister à partir d'un nombre précis : 10^{-33} cm^3, une fraction inconcevable pouvant s'écrire 1/10 précédé de 32 zéros. C'est la limite de Planck, qui constitue une sorte de zéro absolu pour l'espace, à l'image du zéro absolu adopté pour la température.

Cependant, que se passe-t-il au-delà de cette limite ? A ce point, la physique reste muette. Mais il est passionnant de constater que les pères fondateurs de la physique quantique étaient tous au départ des disciples de Platon, c'est-à-dire qu'ils pensaient que le monde des choses n'est que l'ombre projetée d'une réalité plus vaste, invisible et immatérielle. Certains, comme Einstein, restèrent perplexes devant la perfection de la nature sans pour autant lui attribuer une intelligence. D'autres, comme Eddington, déclarèrent simplement que la matière première de l'Univers tout entier était « la matière grise ». Eddington défendit sa position par un raisonnement logique aussi imparable que celui de Platon. Notre vision du monde, fit-il remarquer, est à la base un ensemble d'impulsions cérébrales. Ce dernier provient d'impulsions qui voyagent le long des nerfs. Celles-ci, à leur tour, proviennent de vibrations d'énergie aux extrémités des nerfs. A la base de l'énergie se trouve le vide, le vide quantique. Quelle partie est-elle réelle ? Aucune, car chaque étape du processus, des vibrations d'énergie aux impulsions des nerfs et jusqu'à la formation du cerveau, n'est qu'un code.

Où que l'on regarde, l'Univers visible est fondamentalement un réseau de signaux. Toutefois, tous ces signaux fonctionnent en harmonie, transformant des vibrations sans aucune signification en expériences qui ont une signification humaine. L'amour qui lie un homme à sa femme peut être décomposé en données physiques brutes mais ce faisant, il perd sa réalité. En conséquence, affirmait Eddington, tous ces codes doivent correspondre à quelque chose de plus réel qui se situe au-delà de nos sens. En même temps, ce quelque chose nous est très familier, car nous sommes tous capables de déchiffrer le code pour transformer des vibrations quantiques chaotiques en une réalité bien ordonnée.

L'image d'un pianiste jouant une étude de Chopin en est un bon exemple. Où est la musique ? Elle est partout à la fois — dans les cordes qui vibrent, le mouvement des marteaux, les doigts qui frappent les touches, les notes sur la partition ou les impulsions nerveuses dans le cerveau du pianiste. Mais toutes ces représentations ne sont que des codes ; la réalité de la musique se trouve dans la forme éclatante, magnifique et invisible qui hante notre mémoire sans jamais avoir été présente dans le monde physique.

Pour ressembler au quantum, le corps n'a pas besoin d'exiler ses molécules dans une autre dimension ; il lui suffit d'apprendre à les recréer sous des formes chimiques nouvelles. Ce sont ces formes qui apparaissent et disparaissent, comme dans les éprouvettes de Benveniste. Si l'on imagine que l'on tombe d'une falaise et que notre cœur se met à battre violemment, on a produit de l'adrénaline en utilisant un stimulus aussi invisible que l'anti-IgE de l'expérience. De même, l'une des personnalités de Timmy se rappelle comment être allergique au jus d'orange, même si cette personnalité peut rester cachée pendant des jours et des jours dans un royaume invisible. Dès qu'elle surgit, le corps doit obéir à ses ordres.

J'ai tenté de donner un aspect rationnel à tout cela, contrairement à l'un des critiques de la revue *Nature* ayant déclaré que l'expérience réalisée avec l'IgE, si elle est vraie, détruit deux cents ans de pensée rationnelle en biologie. Désormais, la biologie doit changer, ainsi que la médecine. Contrairement à ce que les médecins supposent aujourd'hui, le pancréas anormal d'un diabétique n'est pas aussi réel que la mémoire déformée qui s'est infiltrée à l'intérieur des cellules pancréatiques.

Cette prise de conscience ouvre la voie de la guérison quantique. Les techniques mentales de l'Ayur-Véda impliquent le contrôle des structures invisibles qui régissent l'organisme. J'ai vu récemment une patiente, une femme âgée qui souffrait de douleurs sourdes dans la poitrine ; on avait déjà diagnostiqué une angine de poitrine, l'un des symptômes les plus courants d'une insuffisance cardiaque avancée. En cinq mois, elle avait eu 60 crises, qu'elle soulageait en prenant des comprimés de trinitrine. Je lui parlai des « techniques du son primordial » adaptées aux maladies cardiaques et elle quitta mon cabinet décidée à les mettre en pratique. (Le principe du son primordial a été brièvement évoqué dans l'introduction ; il sera décrit en détail ultérieurement.)

En juillet, environ deux mois plus tard, ma patiente m'écrivit pour me signaler que ses attaques avaient cessé le jour même où elle avait utilisé cette technique et qu'elles ne s'étaient jamais plus produites. Elle n'appréhende plus l'activité — la plupart des gens souffrant d'angine ont très peur de l'activité physique, même limitée. Elle a cessé d'elle-même tout traitement et s'est inscrite à l'université à plein temps, ce dont elle est particulièrement fière, étant âgée de 88 ans.

A mon avis, on peut expliquer cette guérison en disant que la relation corps-esprit a été maîtrisée. Je dirais également que la technique ayur-védique n'a rien de magique ; elle se contente d'imiter la nature. Y a-t-il une différence entre ma patiente faisant disparaître son angine et une personnalité multiple faisant la même chose ?

Un médecin sceptique pourrait objecter que l'angine de poitrine a généralement deux causes possibles. L'une est provoquée par des spasmes des artères coronaires, les vaisseaux sanguins qui nourrissent le cœur. S'ils se contractent et se sclérosent, le muscle cardiaque, alors privé d'oxygène, souffre. Le même médecin affirmerait que ma patiente souffrait de ce type d'angine. L'autre type d'angine est causé par des dépôts graisseux dans les artères coronaires ; cela ne peut pas se guérir par des techniques mentales. Je dirais que ces deux exemples font appel à la mémoire. Les amas graisseux ne sont pas aussi réels qu'ils le paraissent. Si l'on réalise un pontage coronaire et que l'on remplace les vieilles artères bouchées par d'autres, bien ouvertes, celles-ci se bouchent souvent au bout de quelques mois. Cela peut s'expliquer par le fait que les vaisseaux changent mais que le fantôme de la mémoire reste — il persiste à vouloir déposer des plaques de graisse dans l'artère.

A l'inverse, la plupart des patients ayant subi un pontage ne ressentent plus cette douleur atroce et angoissante dans la poitrine, même si leurs artères sont à nouveau bouchées, car ils sont certains que la chirurgie les a guéris. Les chirurgiens ont même tenté des interventions fictives, se contentant d'ouvrir puis de refermer — un nombre non négligeable de patients ont déclaré que leur état s'était amélioré. En fait, ma patiente n'avait pas d'artères coronaires bouchées mais le mécanisme qui se cachait derrière son angine n'en était pas moins physiquement réel ; son cerveau ne radiographiait pas ses vaisseaux sanguins avant de réagir douloureusement.

Si l'un de mes patients a peur, je peux lui prendre la main pour le rassurer et il se sentira mieux ; cela se produit même sous anesthésie. Si l'on prend la main d'un patient, à un moment crucial d'une intervention chirurgicale, on constate que les appareils de contrôle de la tension artérielle et du rythme cardiaque enregistrent un effet d'apaisement. Le cœur et le cerveau, semble-t-il, sont liés à un niveau bien plus profond que celui des molécules. On peut vérifier cela chaque fois qu'une mère berce son bébé. En quelques minutes, tous deux respirent en harmonie, même si le bébé est endormi, et leurs battements de cœur se synchronisent (ils ne battent cependant pas exactement en même temps dans la mesure où le rythme cardiaque de l'enfant est plus rapide que celui de la mère). Cette relation corps-esprit est invisible mais qui pourrait dire qu'elle est irréelle ? Elle a été transmise en silence de génération en génération. Peut-être nous enveloppe-t-elle encore dans un réseau de sympathie ? Malgré la diversité des êtres, absorbés par leurs propres soucis, elle aide à façonner une seule race humaine.

Dès que la science se sera remise du choc causé par l'expérience réalisée avec l'IgE, il faudra qu'elle explore un nouveau domaine, celui du vide. La physique quantique a mis à jour, avec l'espace vide, un domaine d'une richesse insondable. Nous sommes aujourd'hui sur le point d'étendre cette richesse à la dimension humaine.

L'Univers, dans son état originel, a été assimilé à un magma d'énergie qui se serait transformé en particules de matière. De même, je nous assimilerais volontiers à un magma d'intelligence, à ceci près que nous ne sommes pas nous-mêmes ce magma mais l'intelligence qui a appris à se cristalliser sous la forme de particules organiques, précises, merveilleuses et puissantes que nous appelons pensées. Cela fait du vide à l'intérieur de nous un élément bien plus passionnant que celui qui a donné naissance à l'Univers.

8

Le témoin silencieux

Le cas suivant illustre parfaitement, je crois, l'urgente nécessité d'une médecine quantique.

Aaron, jeune Israélien de 24 ans, m'appela à mon cabinet et me dit : « Je me sens parfaitement bien mais mon médecin ne me donne que 90 jours à vivre. Certaines analyses ont montré que j'étais atteint d'hémopathie incurable — tout cela s'est passé il y a 23 jours. »

Parvenant avec peine à surmonter son émotion, il me raconta une histoire bien étrange. On avait découvert sa maladie complètement par hasard. A cause d'une ancienne blessure de football, il avait une déviation du septum nasal qui rendait sa respiration difficile. Il avait consulté un chirurgien de Chicago susceptible de lui redresser le nez — Aaron était venu aux Etats-Unis quelques années plus tôt pour suivre des études commerciales — et le chirurgien lui avait prescrit des analyses de sang préliminaires.

Lorsque les résultats revinrent, le médecin fut très préoccupé. Ils indiquaient qu'Aaron souffrait d'une très grave anémie : son taux d'hémoglobine, le composant chimique du sang qui véhicule l'oxygène à travers l'organisme, était tombé de 14 (le taux normal) à 6 (un taux de 12 est déjà à la limite de l'anémie). Son hématocrite s'était effondré à 16, ce qui signifie que lorsqu'on avait placé son sang dans une centrifugeuse pour séparer le plasma des globules rouges, ceux-ci n'occupaient que 16 % du volume total. Or, en temps normal, ce taux devrait atteindre 40 %.

Aaron fut immédiatement envoyé à un hématologue, qui lui posa les questions habituelles.

« Avez-vous remarqué que vous aviez le souffle court, ces derniers temps ?

— Non.

— Vous réveillez-vous la nuit en ayant l'impression d'étouffer ?

— Non.

— Vos chevilles ont-elles enflé dernièrement ?

— Non. »

L'hématologue le regarda droit dans les yeux. « Ecoutez », dit-il, « vous vous sentez constamment fatigué, n'est-ce pas ? » Aaron fit non de la tête. « Incroyable ! », s'exclama le docteur. « Avec votre taux d'hémoglobine, vous devriez être atteint maintenant d'insuffisance cardiaque congestive. »

Aaron resta interloqué. Pourtant, à en croire les analyses de sang, son médecin avait quelque raison d'être stupéfait. Dans le cas d'une anémie grave, le cœur doit pomper beaucoup plus pour distribuer l'oxygène nécessaire au reste de l'organisme. Cela, outre son propre manque d'oxygène, entraîne le gonflement du muscle cardiaque, ce qui mène à l'insuffisance cardiaque congestive. Le patient commence à se réveiller la nuit en ayant l'impression qu'il ne peut absolument plus respirer, et c'est en fin de compte ce qui se produit.

Eberlué, l'hématologue fit un prélèvement de moelle osseuse. En règle générale, le corps ne contient que 250 g de moelle osseuse, ce qui suffit à assurer la fabrication de tous les globules rouges, à raison de 200 milliards de nouvelles cellules par jour. A l'examen, la moelle osseuse d'Aaron ne contenait pas la moindre trace des précurseurs de globules rouges qui auraient dû s'y trouver. L'hématologue savait désormais que l'origine de la maladie était une déficience de la moelle osseuse (qu'on appelle anémie aplasique), mais il ne pouvait en déterminer la cause. Même s'il ne présentait aucun symptôme, Aaron était gravement malade.

« Personne ne connaît exactement la durée de vie d'un globule rouge », déclara le médecin. « Le chiffre avancé est de 120 jours, mais elle pourrait ne pas dépasser un mois. Puisque vous ne remplacez plus vos globules rouges, je crains que votre espérance de vie ne dépasse pas 90 jours. »

Le médecin annonça à Aaron que la médecine ne pouvait pas grand-chose pour lui — le seul traitement existant était une greffe de moelle osseuse, opération très délicate qui pouvait lui être fatale et qui ne le sauverait probablement pas. On pouvait lui faire une transfusion sanguine pour augmenter le taux de globules rouges, mais l'introduction brutale d'un sang étranger endommagerait encore plus le fonctionnement de la moelle osseuse ; de plus, une fois que la moelle aurait détecté l'augmentation du taux de globules rouges, elle risquait de l'interpréter comme le signal qu'il fallait ralentir plus encore.

Comme il ne ressentait aucun symptôme, Aaron hésitait à subir l'opération. L'hématologue lui donna deux semaines de réflexion. Il lui dit également qu'il était de son devoir de lui conseiller de mettre de l'ordre dans ses affaires le plus rapidement possible. (A aucun moment, Aaron n'eut droit à la compassion des médecins. Un jour, il confia à son docteur que sa sœur aînée était morte subitement et dans des conditions tragiques alors qu'elle suivait des études de droit. On avait attribué la cause du décès, sans certitude, à un type d'hémopathie très rare, sans doute héréditaire. Ravi d'apprendre cela, l'hématologue demanda à Aaron d'essayer de découvrir la cause exacte de la mort de sa sœur car tous deux pouvaient faire l'objet d'un excellent article pour une revue médicale. Lorsque Aaron me rapporta l'incident, j'eus du mal à réprimer ma colère.)

Le lendemain du diagnostic, Aaron commença à se sentir essoufflé et ne trouva plus le sommeil. Il cherchait désespérément un moyen de guérir. Ce fut presque par hasard qu'il se mit à la méditation et qu'il entendit parler de notre clinique ayur-védique. Un mois plus tard, il faisait partie de mes patients à Lancaster.

« Le plus encourageant », dis-je, « c'est que vous vous sentiez en parfaite santé avant qu'on ne découvre votre maladie. Nous allons partir du principe que vous êtes capable de contrôler votre maladie et nous ferons tout ce qui est en notre pouvoir pour permettre à votre organisme de se guérir lui-même. »

Sans connaître la cause de sa maladie, je découvris, en interrogeant Aaron, qu'il y avait de nombreux motifs d'inquiétude. Le premier était le diagnostic lui-même dont la brutalité avait provoqué sa panique actuelle. Dans de telles conditions, il est difficile de voir comment le corps-esprit peut trouver la voie de la guérison. De plus, Aaron semblait être une personne tendue et surmenée. Tout en suivant ses cours, il occupait quatre emplois différents et faisait des pieds et des mains pour pouvoir s'acheter une voiture et rembourser ses dettes. La pression de l'école elle-même était très grande. Il prenait quotidiennement des doses énormes de vitamines et un traitement anti-ulcère pour calmer ses douleurs d'estomac. Quelques mois plus tôt, il s'était fait une tendinite en jouant au tennis et avait pris un anti-inflammatoire pour réduire son œdème. On sait que ce type de médicament perturbe la fonction de la moelle osseuse. Je lui demandai d'arrêter tout traitement.

Il resta deux semaines à la clinique et, pour la première fois, se retrouva loin de toute source de stress « normal ». Il poursuivit la méditation, adopta un régime végétarien très simple, adapté à sa morphologie, et subit une série de massages, que l'Ayur-Véda conseille pour purifier le corps. Je lui enseignai également la technique du son primordial, en l'appliquant à son cas. Une nuit, une infirmière le surprit dans le hall, les cheveux mouillés. Il lui avoua, tout penaud, qu'il s'était faufilé hors de la propriété pour aller se baigner. Quand j'appris cela, j'en fus heureux — on imagine plus facilement un malade avec la numération sanguine d'Aaron placé sous perfusion et ventilation artificielle. Tout cela était plus qu'encourageant.

Le jour de son départ, je demandai à Aaron de ne plus faire d'analyses de sang pendant au moins deux semaines. Un prélèvement de sang réalisé à Lancaster avait montré que sa production de globules rouges immatures, les réticulocytes, était quatre fois plus grande qu'à son arrivée. Comme ces cellules se transforment plus tard en globules rouges, j'avais l'impression que son état avait pris un tour favorable. A l'heure où j'écris ces lignes, Aaron vient d'infirmer le pronostic des médecins. Il souffre encore d'une grave anémie mais d'un autre côté, son état ne s'est pas dégradé tel qu'on pouvait s'y attendre chez un homme dont la numération sanguine tendait vers zéro. En fait, son anémie a légèrement reculé.

Pour ma part, je pense qu'Aaron se situe à la frontière de deux types de médecine. La première est la médecine scientifique traditionnelle dont je suis imprégné, mais en laquelle je ne peux plus avoir une confiance absolue. Ce n'est pas que cette médecine traditionnelle ait échoué. Les médecins d'Aaron ont parfaitement identifié la maladie aux divers niveaux de l'organisme, des tissus aux molécules en passant par les cellules. Dans son cas, le tissu était la moelle osseuse, les cellules les globules rouges et la molécule l'hémoglobine. Pour un médecin formé à la médecine traditionnelle, le constat représente la fin du chemin, un chemin qui n'a été trouvé qu'après deux siècles de recherche rationnelle. A partir du moment où l'on sait ce qui ne va pas chez quelqu'un au niveau de ses molécules, que reste-t-il d'autre à apprendre ?

Cette logique constitue un raisonnement scientifique irréprochable mais elle ne tient absolument pas compte des données ordinaires de la vie. J'entends par « données ordinaires » ce qu'une personne mange, comment elle dort, les pensées qui traversent son esprit et tous les sons, les odeurs, les images et les textures qui parviennent à ses sens. On peut affirmer que le corps est fait de molécules mais il est tout aussi juste de dire qu'il est fait d'expériences. Cette définition s'harmonise avec l'image que nous avons de nous-mêmes, qui n'est pas scientifique mais fluide, changeante et vivante. Le second type de médecine, la médecine quantique, tire son origine de ces expériences ordinaires.

On pourrait croire que la vie quotidienne est bien trop banale et bien trop simple pour que la science s'en préoccupe. En réalité, elle est beaucoup trop complexe. Bien que la structure d'une molécule d'hémoglobine se compose de 10 000 atomes distincts, on peut isoler et dessiner cette molécule — tour de force qui a valu à quelques-uns le prix Nobel. Cependant, il serait impossible de décrire l'activité de l'hémoglobine lors d'une simple inspiration, parce que chaque globule rouge contient 280 millions de molécules d'hémoglobine, recevant chacune huit atomes d'oxygène. En considérant qu'à chaque inspiration, les poumons ventilent près d'un litre de sang, contenant cinq billions de globules rouges, le nombre total d'échanges chimiques est astronomique. Le processus se désintègre rapidement dans un chaos d'activité frénétique.

Lorsqu'il pratique une opération, ce qui s'offre aux yeux du chirurgien n'est pas la planche bien dessinée des manuels d'anatomie, avec les nerfs en bleu, les vaisseaux sanguins en rouge et un foie vert bien séparé d'une vésicule biliaire jaune. Au contraire, l'œil non averti aperçoit un amalgame de tissus pratiquement indifférenciés qui, dans leur grande majorité, sont roses et humides ; les organes glissent imperceptiblement les uns sur les autres. Il est extraordinaire de penser que la médecine scientifique ait pu en apprendre autant sur ce chaos palpitant. Mais la science a payé très cher ce savoir, en devant ignorer l'expérience quotidienne. Après tout, pour tout autre que le biologiste moléculaire, la respiration n'est pas un chaos. Elle constitue le rythme fondamental de la vie, duquel dépendent tous les autres rythmes.

Eric Cassell, professeur de physiologie à Cornell, a fait astucieusement remarquer que lorsqu'un médecin interroge son patient, ce n'est pas tant pour trouver ce qui ne va pas chez lui que pour essayer de découvrir, parmi les symptômes qu'il pourrait présenter, ceux qui correspondent à une maladie connue et répertoriée. La distinction est subtile mais néanmoins importante. Cela nous rappelle que le système dans son ensemble, fait d'organes, de tissus, etc., a été organisé intellectuellement pour permettre une classification plus simple de l'organisme. Il doit exister d'autres approches plus fidèles à la nature fondées sur l'expérience quotidienne, bravant l'apparence désordonnée de la nature afin de comprendre sa signification réelle.

Le chaos n'est qu'une apparence, un masque qui se métamorphose en un ordre rigoureux si on le regarde avec des yeux différents. Jusqu'à ce que l'on ait décodé le ballet de l'abeille, celui-ci ressemblait à un chaos, une série désordonnée de torsions et de convulsions. Aujourd'hui, nous le voyons comme un ensemble de directives précises qui guide les autres abeilles de la ruche vers une source de nectar. Cela ne signifie pas que la danse soit passée du chaos à l'ordre mais seulement que son apparence a changé à nos yeux. De même, si l'on observe au hasard quelques mesures de la tension artérielle d'un cardiaque, on n'y comprend pas grand-chose. En revanche, si l'on enregistre sa tension de façon constante, on voit émerger des régularités, avec des hauts et des bas se succédant sur un ou deux jours. Cette constatation, toute récente, a permis aux cardiologues de détecter l'hypertension chez des malades ayant une tension apparemment normale pendant la consultation parce que les pics se produisaient uniquement durant la nuit. Il est évident qu'une oscillation régulière est à l'œuvre mais personne ne connaît encore sa signification. Il y a trop peu de temps que le masque du chaos est tombé.

Les deux médecines ne sont pas nécessairement antagonistes mais, pour l'instant, elles se tournent nettement vers des directions opposées. Pour un hématologue, le fait qu'Aaron soit tendu, surmené, qu'il ait absorbé des substances équivoques et qu'il panique à l'idée de mourir est tout à fait hors de propos. Pour un médecin ayur-védique, ce sont là les causes principales de sa maladie — elles portent atteinte au niveau quantique, celui où se forge la personnalité. L'hématologue n'est pas un être insensible ; il peut se sentir concerné par l'état d'Aaron mais il ne peut établir la relation entre le dysfonctionnement de sa moelle osseuse et le fait d'avoir quatre emplois en même temps. C'est à ce point précis que la notion newtonienne de cause à effet, la base de la médecine scientifique conventionnelle, s'effondre.

On ne pourra jamais poser assez de questions pour comprendre ce qui rend réellement quelqu'un malade. Dans le cas d'Aaron, je chercherais à savoir ce qu'il avait ressenti à la mort de sa sœur, ce qu'il mangeait au petit déjeuner, quel genre d'amis il avait, ce qu'il ressentait lorsqu'il perdait au tennis — en fait, je voudrais connaître toutes les expériences qui pourraient expliquer son problème. C'est pratiquement impossible. Tant de pressions s'exercent sur nous chaque jour que la notion de causalité nous échappe. Je trouverais absurde de disséquer le cerveau d'un poète pour découvrir l'origine de ses sonnets ;

son cortex a bien dû produire un réseau particulier d'ondes cérébrales pour créer un sonnet, mais ce réseau s'est évanoui dans un royaume dissimulé par le temps. Il est tout aussi absurde d'affirmer que seul un problème physique isolé se trouve derrière le dysfonctionnement de la moelle osseuse d'Aaron. Mais sa vie est également balayée par le temps et ce que l'on cherche à découvrir s'est évaporé.

Je sais que cela peut paraître choquant, car comment peut-on trouver un traitement s'il n'existe pas de cause? Mais une cause physique est tout au plus partielle. Si l'on tente par exemple d'inoculer un rhume à quelqu'un, le virus ne suffit pas. Après avoir incubé des virus du rhume en les plaçant directement sur la muqueuse nasale de différents sujets, des chercheurs ont constaté que seuls 12 % d'entre eux avaient contracté un rhume. On n'a pas fait augmenter le pourcentage en exposant les sujets à des courants d'air, en leur faisant mettre les pieds dans de l'eau glacée ni en tentant autre chose de purement physique. La vie quotidienne, qui est un jeu complexe de forces intérieures et extérieures, défie les règles de causalité s'appliquant aux boules de billard.

La médecine traditionnelle admet déjà que la vie quotidienne puisse jouer un rôle complexe dans la maladie. Par exemple, les statistiques montrent que les célibataires et les personnes qui ont perdu leur conjoint sont plus exposés au cancer que les gens mariés. Leur solitude est considérée comme un facteur de risque — on pourrait aussi bien dire qu'elle est carcinogène. Dans ce cas, pourquoi ne suffit-il pas de guérir la solitude pour guérir le cancer? C'est sans doute possible mais en adoptant une médecine différente de celle que nous pratiquons actuellement. Le médecin ayur-védique s'intéresse plus au patient qu'il a en face de lui qu'à sa maladie. Il admet que c'est l'expérience qui façonne l'être — les peines, les joies, les quelques secondes d'un traumatisme, les longues heures où rien ne se passe. Les moments de la vie s'accumulent en silence et, comme les alluvions dans le lit d'une rivière, ils peuvent s'agglomérer pour former un bloc caché qui surgit à la surface sous la forme d'une maladie.

Il est impossible de voir ou d'arrêter ce processus d'accumulation. Je peux me trouver dans un embouteillage et penser : « Bon, il ne m'arrive rien en ce moment », mais en fait, je suis en train d'absorber, ou d'ingérer, le monde qui m'entoure. Mon corps modifie tout ce que je vois, entends, respire et touche et le transforme en *moi*, aussi sûrement qu'il ingère mon jus d'orange.

Les données qui se transforment en ce que je suis sont constantes et c'est moi qui leur donne leur forme définitive. La science ne sera jamais en mesure de mesurer ce processus car elle ne peut placer mes sens ou mes émotions sur une échelle. Combien faut-il de solitude pour déclencher le cancer ? Cette question n'a pas de sens. Le facteur carcinogène est invisible. Je me souviens d'une nuit passée aux urgences d'un hôpital de banlieue pendant laquelle j'avais dû m'occuper d'un afflux soudain de patients. Tard dans la nuit, un train de banlieue avait déraillé et, aidé d'un autre médecin, j'avais dû travailler dans un état proche de la frénésie, soignant des dizaines de passagers en état de choc, pansant leurs blessures, calmant leurs nerfs, réduisant les fractures et réalisant des opérations chirurgicales légères. Notre travail semblait ne jamais devoir finir mais, après cinq heures d'efforts, nous en arrivâmes à bout et nous nous sentîmes des héros.

C'est alors que l'appel radio d'une ambulance nous parvint : « Nous arrivons avec une petite fille de deux mois qui a perdu connaissance. Elle ne respire pas, son pouls ne bat plus et elle devient bleue. » Je sentis mon sang se figer et je lus le désespoir sur le visage de mon confrère. Nous savions ce qui nous attendait. L'ambulance déchargea le brancard portant un bébé minuscule et qui semblait perdu sur le grand drap blanc. Ce fut une horrible parodie que de faire passer un tube dans la trachée et d'entreprendre un massage cardiaque mais nous le fîmes malgré tout. Nous savions depuis le début que nous avions affaire à une « mort subite du nourrisson ». Elle frappe des bébés apparemment en bonne santé ; sa cause reste inconnue et même une intervention extrêmement rapide se révèle inutile.

Après un temps qui nous parut suffisant, nous retirâmes

les appareils et fermâmes les yeux du bébé. Je sortis parler aux parents, jeunes et apparemment aisés, qui furent anéantis. Je ne pus que leur signaler l'existence d'un groupe de soutien formé par des parents ayant perdu leur enfant de la même façon. Ils partirent en état de choc et je ne les revis jamais. Qui peut mesurer ce qui s'est passé en moi ? Je n'arrive pas à me rappeler les visages des victimes de l'accident ferroviaire, des gens dont je me suis pourtant occupé pendant des heures. Mais les cheveux blonds et les yeux bleus de ce bébé sont présents dans mon esprit comme au premier instant. Elle a pénétré en moi. Je ne sais pas où elle vit — est-ce réellement une portion de matière grise dans mon cortex? Il semblerait ridicule de chercher à la localiser. L'important, c'est que mon être tout entier est fait de telles expériences. Chaque jour, j'assimile ainsi des centaines de milliers de choses et, si l'on veut savoir lesquelles, il suffit de me regarder. Tant que nous sommes entourés des données de la vie, il n'y a aucun moyen d'arrêter le flot d'événements qui fait de nous ce que nous sommes. D'un autre côté, il se peut que notre nature aille plus profond que les choses que nous voyons et entendons. Il peut exister un point zéro en nous, comme le point de vibration zéro qui donne naissance à tout le spectre de la lumière.

Si l'on fait abstraction des pensées, des sens et des émotions, on se retrouve face à quelque chose qui ressemble à un espace vide. Mais, comme l'espace vide de la physique quantique, il se peut que cet « espace intérieur » ne soit pas vide du tout. J'ajouterai que notre espace intérieur est un monde très riche fait d'intelligence silencieuse et qu'il exerce sur nous une énorme influence.

On a beau savoir où se loge l'intelligence, on ne parvient pas à la trouver. Le savoir-faire de l'organisme semble être le résultat d'un ensemble complexe de sous-parties, définies selon leur fonction — digestion, respiration, métabolisme, etc. Bien que cette division des tâches ait une réalité certaine, l'intelligence demeure partout la même, comme la goutte d'eau de mer partage le sel de l'océan tout entier. En fait, l'eau de mer constitue un exemple parfait. Le liquide qui irrigue le corps est aussi salé que l'océan et il contient autant de magnésium, d'or et d'autres oligo-éléments. La vie a commencé dans la mer et nous ne vivons en dehors d'elle que parce que nous portons en nous un océan intérieur. Lorsque nous avons soif et que nous buvons un verre d'eau, nous rééquilibrons en réalité notre chimie liquide, partout dans cet océan intérieur.

La sensation de soif est stimulée par l'hypothalamus, partie du cerveau qui a la taille d'une phalange et qui est elle-même reliée aux reins par les nerfs et les messagers chimiques. Les reins surveillent en permanence les besoins du corps en eau en étant « à l'écoute » des signaux provenant du sang. Les signaux sont chimiques, comme pour les neuropeptides, mais dans ce cas, les molécules sont des sels, des protéines et du glucose, de même que des messagers spécifiques. A son tour, le sang recueille les signaux de chaque cellule, chacune d'elles surveillant constamment ses propres besoins en eau. En d'autres termes, lorsque nous avons soif, nous n'obéissons pas simplement à une impulsion du cerveau — nous écoutons la requête de toutes les cellules de notre corps.

Si nous buvons un petit verre d'eau, nous remplaçons seulement 1/400 du volume total de liquide présent dans l'organisme, mais cela suffit pour satisfaire les besoins précis de cinquante billions de cellules différentes. Une surveillance aussi précise est souvent attribuée aux seuls reins mais, comme nous venons de le voir, les reins ne prennent aucune décision tout seuls ; ils travaillent en étroite collaboration avec la mécanique quantique du corps — le champ entier de l'intelligence. L'aspect physique des cellules ne rend pas compte de la répartition uniforme de l'intelligence ; celle-ci coexiste avec l'extrême spécialisation du corps. Le neurone, dont la paroi cellulaire est munie d'un million de pompes à sodium et à potassium, ne ressemble pas du tout à une cellule cardiaque ou abdominale. Toutefois, l'intégrité du message « Il est temps de boire » est préservée partout.

En physique, on appelle champ ce qui exerce une influence sur une étendue d'espace vaste, voire infinie. Un aimant crée autour de lui un champ magnétique ; de petits aimants ont un faible champ qui s'étend sur quelques centimètres, tandis que les pôles magnétiques de la Terre sont assez puissants pour couvrir de leur champ le globe tout entier. Tout ce qui se trouve à l'intérieur d'un champ en subit les effets ; c'est pourquoi l'aiguille magnétique d'une boussole s'aligne automatiquement sur la polarité magnétique de la Terre. Située dans le champ d'intelligence du cerveau, chaque cellule s'aligne sur le cerveau qui fait figure de pôle magnétique nord.

Une cellule n'est qu'une petite aspérité du champ, comparée au cerveau qui, lui, est énorme. Mais la cellule, lorsqu'elle « parle » au reste du corps, n'est pas inférieure au cerveau quant à la qualité de son message. Comme lui, elle doit cordonner son message avec des billions d'autres ; elle doit participer à chaque seconde à des milliers d'échanges chimiques et, ce qui est le plus important, son ADN est comparable à celui de n'importe quel neurone. Par conséquent, l'impulsion d'intelligence la plus petite est aussi intelligente que la plus grande. En fait, il est absurde de parler de larges parts d'intelligence ou de parts insignifiantes. Il nous suffit de nous rappeler la chaîne qui construit la dopamine ; l'incapacité de transformer la sérine, modeste protéine, en un métabolite tout aussi modeste, la glycine, conduit à la très légère augmentation du taux de dopamine, provoquant le déclenchement désastreux d'une schizophrénie qui bouleverse l'esprit tout entier.

Chaque cellule est un petit être sensible. Située dans le foie, le cœur ou le rein, elle « sait » tout ce que nous savons, mais à sa manière. Nous pensons bien sûr être plus intelligents que nos reins. Le concept même de « bloc de construction » implique que la brique est plus simple que la construction elle-même. C'est vrai pour une structure inerte mais pas pour nous. Par exemple, l'impulsion nerveuse relative à l'angoisse peut se manifester dans l'estomac sous forme d'ulcère, dans le côlon sous forme de spasme ou encore dans l'esprit sous forme d'obsession. Cependant, toutes ces manifestations proviennent de la même impulsion. L'angoisse se transforme elle-même d'organe en organe mais chaque point du corps sait que cette angoisse circule et chaque cellule s'en souvient. Nous pouvons oublier consciemment nos angoisses mais aussitôt, la sensation est là pour nous les rappeler et cette sensation semble omniprésente.

Nous avons dit plus haut que si nous pouvions voir le corps tel qu'il est réellement, nous verrions alors qu'un changement constant se mêle à un non-changement total. On peut comparer cela à une maison dont les briques sont constamment remplacées ou à une sculpture qui serait en même temps une rivière. L'obstacle auquel s'est heurtée jusqu'à présent la médecine est que l'un des aspects de notre nature, flottant et changeant, a été sacrifié au profit de l'autre, stable et immuable. Maintenant que nous avons pris conscience du niveau quantique, nous pouvons peut-être réunir les deux aspects dans une même entité qui engloberait notre double essence — l'impulsion d'intelligence. Cette impulsion est la plus petite unité qui puisse rester intacte (non-changement) tout en subissant des transformations (changement). Si ces impulsions n'avaient pas cette double propriété, elles ne pourraient représenter l'élément de base de l'organisme ; ni une impulsion purement mentale ni une particule purement physique ne pourraient prétendre à cela.

Mais aucune d'elles ne peut survivre au changement. Les molécules présentes dans le cerveau au moment où nous avons pensé pour la première fois au mot *rose* ne sont plus là aujourd'hui et pourtant, le concept demeure. Dans le même temps, nous n'avons pas besoin de penser constamment au mot *rose* pour le retenir ; nous pouvons penser à des milliers d'autres choses sans jamais avoir à nous référer à ce mot. Mais dès que nous en avons besoin, il est là, sans confusion possible. Contre vents et marées, il a gardé son intégrité parce que l'impulsion d'intelligence contient l'esprit, la matière et le silence qui les maintient étroitement liés.

La structure physique du corps reflète l'intelligence ; elle en est une projection. Toutefois, l'intelligence n'est pas confinée à ce réseau de chair et d'os. Une confirmation saisissante nous en est donnée par le cerveau. Karl Lashley, pionnier de la neurophysiologie, tenta de découvrir l'emplacement de la mémoire dans le cerveau en réalisant une expérience très simple avec des rats de laboratoire. Il leur apprit à sortir d'un labyrinthe, apprentissage que leur cerveau enregistra et mémorisa, comme nous le faisons nous-mêmes pour apprendre. Puis il préleva systématiquement une petite portion du tissu cérébral. Lashley supposait que si les rats se rappelaient encore comment sortir du labyrinthe (compétence mesurée par leur vitesse et leur précision), cela voudrait dire que le centre de la mémoire cérébrale était intact.

Peu à peu, il préleva d'autres morceaux de matière grise mais curieusement, les rats continuaient à se rappeler le parcours. Finalement, plus de 90 % du cortex fut enlevé, laissant à peine une parcelle de tissu cérébral, mais les rats se rappelaient toujours le parcours du labyrinthe, malgré un léger fléchissement de la vitesse et de la précision. Cette expérience, parmi d'autres, suggérait l'idée révolutionnaire que chaque cellule du cerveau doit avoir en mémoire le cerveau tout entier, tout en mémorisant sa fonction particulière. C'est exactement ce que nous avons découvert : chaque impulsion d'intelligence est également intelligente, permettant une infinité de projections de l'esprit sur le corps.

John Lorber, neurologue britannique, s'est spécialisé dans l'observation de patients hydrocéphales (dont la cavité cérébrale est remplie de liquide). En général, cette maladie peut être très dangereuse et conduire à des lésions cérébrales importantes.

Cependant, l'un des patients de Lorber était un étudiant brillant, sorti major de sa promotion en mathématiques et dont le quotient intellectuel était de 130. Envoyé à Lorber par son médecin de famille, qui pensait qu'il avait une tête plus grosse que la moyenne, le jeune homme subit un examen au scanner qui révéla que son cortex n'avait qu'un millimètre d'épaisseur, au lieu des 4,5 millimètres normaux. En d'autres termes, le liquide avait remplacé 98 % des neurones nécessaires à la pensée, à la mémoire et à toutes les autres fonctions essentielles réunies dans le cortex cérébral. Avec 2 % de cortex normal, cet homme se trouvait dans la même position que les rats de Lashley, physiologiquement parlant. Il était pourtant infiniment plus brillant ; en fait, il était à tous égards normal ou au-dessus de la moyenne.

Nous sommes amenés de plus en plus à considérer le champ d'intelligence silencieuse comme notre réalité fondamentale. Mais une fois encore, nous nous heurtons au problème qu'un esprit silencieux semble ne rien contenir du tout. En revenant une centaine d'années en arrière, nous trouverons un paradoxe semblable qui occupait alors les esprits. Une nouvelle science, appelée psychologie, s'efforçait de naître, non sans difficulté car, pour qu'elle mérite le nom de science, il fallait à la psychologie un objet d'étude. Il était évident que nous possédions tous une psyché mais personne n'avait jamais pu la voir ou la toucher. Les questions les plus fondamentales concernant cette psyché étaient restées sans réponse pendant des siècles. Était-ce l'âme, l'esprit, la personnalité ou les trois réunis ? Personne ne pourrait réaliser la moindre expérience en psychologie avant d'avoir élucidé ces problèmes.

Le tournant se produisit lorsque William James, brillant philosophe d'Harvard et diplômé de médecine, affirma que la psychologie avait effectivement un objet d'étude. Ou plutôt, des milliers de sujets — pensées, émotions, désirs et impressions qui tourbillonnent dans l'esprit. James les appelait le « courant de la conscience ». S'il existait une essence mentale ou une âme, comme les précurseurs de la psychologie le prétendaient depuis Platon, alors la science ne pouvait la trouver. James ne disait pas qu'une telle essence invisible n'existait pas mais il ne voyait aucun moyen scientifique permettant de l'explorer.

James défendit le concept de courant de la conscience de manière purement pragmatique, en arguant que rien dans l'esprit ne peut être considéré comme tangible à l'exception des objets (pensées) qui le traversent. Si l'on ne cesse de penser ou de rêver — personne ne sait ce qui se passe dans l'esprit pendant le sommeil profond sans rêve — la réalité de l'esprit doit être un flot continu de pensées et de rêves.

James était un observateur perspicace. Cela n'est guère étonnant, quand on pense qu'il a fondé la psychologie sur des données tirées de sa propre expérience (comme l'a fait plus tard Freud, en élargissant ces données au domaine des rêves et des désirs inconscients). Toutefois, James est passé à côté d'un aspect de l'esprit qui a pu lui sembler totalement insignifiant. Le courant de la conscience n'est pas qu'un flux d'objets. Chaque pensée est suivie d'un très court silence.

Le silence peut être bref et imperceptible mais il est toujours là et son rôle est primordial. Sans lui, nos pensées ressembleraient à ceci : « J'aimeceplatetcedessertmaissijemangetropjevaisgrossiroùestmonportefeuille... » Le silence qui ponctue chaque pensée, étant intangible, ne tient toujours aucune place dans la psychologie moderne. Celle-ci ne s'intéresse qu'au contenu de l'esprit et à la mécanique du cerveau. Cependant, ce silence est bel et bien l'acteur principal, si l'on s'intéresse à ce qui se passe au-delà des pensées. A chaque fraction de seconde, nous pouvons entrevoir un autre monde, qui se trouve à l'intérieur de nous et qui pourtant nous paraît totalement hors de portée. Un vers d'un ancien Upanishad indien en fait une admirable description : « Un homme ressemble à deux colombes perchées sur un cerisier. L'une picore les fruits tandis que l'autre regarde en silence. » L'oiseau qui est le témoin silencieux représente le profond silence qui est en chacun de nous. Ce silence, bien qu'apparemment insignifiant, est en réalité à l'origine de l'intelligence.

L'intelligence a cela de fascinant qu'elle ressemble à une flèche pointant dans une seule direction : on peut utiliser l'intelligence pour former une molécule, mais il est impossible d'extraire l'intelligence d'une molécule. Lorsque Keats écrivit son sonnet « A une étoile du soir », il commença par ce vers envoûtant : « O doux embaumeur de la nuit immobile ». Si, pendant qu'il écrivait, on l'avait soumis à un électro-encéphalogramme, le tracé des ondes cérébrales aurait formé un dessin unique. Cependant, même un examen minutieux de ce tracé n'aurait pu restituer un seul vers.

De même, toutes nos molécules sont dotées d'une parcelle d'intelligence. Celle-ci influence leur activité, bien qu'on ne puisse rien voir du phénomène. L'ADN en est un bon exemple. Siégeant au cœur de la cellule, l'ADN est en permanence plongé dans un tourbillon de molécules organiques totalement libres. Ce sont les éléments de base du corps. Chaque fois qu'il veut entrer en action, l'ADN attire ces substances chimiques et les utilise pour former de nouvelles molécules d'ADN. C'est une étape essentielle de la division cellulaire — la double hélice de l'ADN se divise en deux, s'ouvrant en son milieu comme une fermeture éclair. Puis chaque moitié reforme une nouvelle molécule d'ADN en attirant à elle les composants dont elle a besoin. Le flot de molécules qui tourbillonnent sans but apparent autour de l'ADN lui fournit les « lettres » nécessaires pour former diverses combinaisons. Ces lettres sont au nombre de quatre, A, T, C et G (adénine, thymine, cytosine et guanine). L'ADN organise ces quatre lettres en une variété infinie de combinaisons, certaines très courtes (trois lettres suffisent pour coder un acide aminé élémentaire), d'autres très longues, comme les chaînes de polypeptides. On peut les voir sortir de la matrice d'ADN comme des vrilles.

L'ADN sait exactement quelle information utiliser et quel procédé adopter pour « s'exprimer » chimiquement. Il sait non seulement se construire lui-même mais aussi former l'ARN, l'acide ribonucléique. Ce dernier, tout en étant presque identique à l'ADN, en est la contrepartie active. La mission de l'ARN est de s'éloigner de l'ADN pour produire les protéines, au nombre de deux millions au moins, qui sont les véritables bâtisseurs et réparateurs de l'organisme. L'ARN est un savoir actif, alors que l'ADN possède l'intelligence silencieuse.

L'ADN ne se contente pas de faire du « par cœur ». Il peut inventer à volonté de nouvelles substances chimiques (par exemple, un nouvel anticorps lorsque l'organisme est attaqué par un virus grippal qu'il ne connaît pas). On ne connaît pas exactement la nature du processus, bien que les biologistes moléculaires aient découvert les intervalles séparant les différents « mots » génétiques, ou génomes. On sait également que seul 1 % du matériel génétique de l'ADN est utilisé dans les processus de codage, de réparation et de fabrication de l'ARN ; la science ne peut rendre compte de l'activité des 99 % restants.

Ce silence étonnant a suscité une grande curiosité, surtout chez ceux qui pensent que l'homme n'utilise pas toute son intelligence. William James a avancé l'hypothèse que nous n'utilisons que 5 % de notre intelligence — il entendait par là notre capacité mentale — avec des exceptions comme Einstein qui en utilisa 15 à 20 %. On ignore comment ce pourcentage se traduit au niveau de l'ADN, mais on peut se risquer à affirmer que l'ADN garde silencieusement en mémoire un énorme vocabulaire. Un généticien a calculé que les « mots » moléculaires produits dans une seule cellule, s'ils étaient traduits en langage humain, occuperaient dans une bibliothèque la place de mille volumes. Or cela ne représente que le produit du 1 % actif que nous avons réussi à comprendre. Compte tenu du génie génétique (la possibilité d'introduire ou de supprimer du matériel génétique dans les séquences des hélices de l'ADN), on peut penser que le vocabulaire potentiel est infiniment plus important que nous ne le supposons ; d'ores et déjà, les combinaisons de lettres « codées » sur l'ADN permettent de créer toutes les formes de vie sur Terre, des bactéries et moisissures aux plantes, insectes, mammifères et êtres humains.

On pourrait croire que plus un organisme est complexe, plus son ADN est abondant. En fait, un lis contient environ cent fois plus d'ADN qu'un être humain. Compter les gènes ne sert pas à grand-chose : la différence entre l'ADN humain et celui du chimpanzé n'est que de 1,1 %. L'écart paraît bien faible, voire suspect. Est-il possible que les différences entre un primate de la jungle et *l'Homo sapiens*, avec son intelligence supérieure, tiennent à une si petite différence ? Les évolutionnistes, qui ont hérité la foi matérialiste de Darwin, affirment que oui. Le problème se complique lorsqu'on prend conscience, une fois encore, que le nombre de gènes n'a aucune importance — deux sortes de mouches du vinaigre (les drosophiles) sont beaucoup plus proches que ne le sont l'homme et le chimpanzé. Pourtant, leurs ADN diffèrent plus entre eux que ceux de l'homme et du chimpanzé.

On peut aussi montrer que notre silence intérieur est à la fois vivant et intelligent en le comparant à celui d'une machine. Lorsqu'un ordinateur traite un problème, il utilise des impulsions électriques séparées. Celles-ci sont séparées les unes des autres par des intervalles, et forment des séries complexes de données, codées à l'aide des deux chiffres 1 et 0. Cela permet à l'ordinateur de traiter n'importe quel problème, décomposé en données. Toute donnée peut être codée sous forme d'une série de 1 et de 0, de même qu'un message peut être représenté par des traits et des points en morse. Le cerveau utilise également des informations codées mécaniquement, mais les intervalles ne sont pas seulement des vides ; ils sont les pivots qui permettent à l'esprit de voyager à son gré. En d'autres termes, un ordinateur contient des intervalles bien délimités faits de vide ; les intervalles du cerveau sont infinis et remplis d'intelligence.

Ce silence peut tout exprimer. Mozart a eu l'intuition de symphonies entières en un seul instant. Il ne les a pas créées note après note mais — comme il le racontait — elles lui ont été inspirées déjà composées dans les moindres détails et parfaitement orchestrées. Les mathématiques, comme la musique, comportent également bien des mystères. En Inde, une femme nommée Shakuntala Devi multipliait mentalement deux nombres de 13 chiffres chacun en 26 secondes (il faut bien plus longtemps rien que pour lire ces nombres à voix haute: 7.686.369.774.870 x 2.465.099.745.779 = 18.947.668.177.995.426.773.730).

Si l'on demande à un ordinateur d'additionner 2 et 2, il donnera une bonne ou une mauvaise réponse. Si l'on demande la même chose à un garçon de cinq ans, il se peut qu'il fasse le calcul mais il peut tout aussi bien dire: « Je veux une glace à la vanille. » Peut-être la question l'ennuie-t-elle ; peut-être est-il trop fatigué pour une leçon d'arithmétique. Il serait incorrect de dire que sa réponse est une erreur de calcul ; tout simplement, son esprit ne se soumet pas à celui de l'interrogateur. Il n'existe pas de programme capable d'intégrer toutes les réactions possibles d'un être humain face au monde.

Tout cela, pour moi, le ramène à ceci: l'existence quotidienne est en fait très complexe et, lorsqu'un modèle scientifique tente de la décrire, il ne fait que s'en éloigner. Comparer, comme on l'a fait longtemps, le cerveau à un ordinateur, stable dans le temps et dans l'espace, défini par diverses fonctions et manquant de souplesse, est une idée fausse. Un spécialiste du cerveau, le prix Nobel Gerald Edelman, a fait remarquer que le cerveau est plus un processus qu'un objet et que ce processus est en constante évolution. Par exemple, il est vrai que la mémoire dépend de deux portions de « matière grise » situées de chaque côté du cerveau, que l'on appelle l'hippocampe ; si ces deux parties sont endommagées (suite à une maladie ou une hémorragie), la mémoire est détruite.

Cependant, dans le cadre de ces limites physiques, le cerveau de chaque être humain est unique, à la fois dans sa structure et dans son contenu. Il n'existe pas deux personnes ayant les mêmes connexions neuronales et, depuis la naissance, nous ne cessons d'en créer de nouvelles, construisant ainsi tous les souvenirs qui font que deux personnes sont totalement différentes. (Une connexion n'est pas obligatoirement physique ; les signaux qui circulent dans le cerveau fabriquent constamment des structures et les remodèlent en de nouvelles structures.)

Edelman soutient qu'on ne se rappelle jamais exactement le même souvenir. Lorsqu'on se rappelle un visage familier, il y a toujours quelque chose de différent ; même si le visage est le même, les circonstances qui ont fait renaître ce souvenir peuvent être tristes alors qu'elles étaient gaies auparavant. La mémoire est donc un acte créatif. Elle crée en même temps de nouvelles images et un nouveau cerveau. Edelman émet la théorie que *toute* expérience modifie l'anatomie du cerveau. Ainsi, dire que l'hippocampe est le siège de la mémoire n'est pas tout à fait vrai. Chaque souvenir — la première fois que l'on voit un champ de jonquilles, par exemple — se diffuse dans le cortex, touchant çà et là d'autres souvenirs, revêtant d'autres interprétations et devant être recréé chaque fois qu'il faut se le rappeler. Contrairement à un ordinateur, nous nous rappelons, nous remettons en question et nous modifions notre pensée. Alors que l'Univers a été créé une fois pour toutes, nous nous recréons à chacune de nos pensées.

En un mot, tout dépend de la manière dont nous pouvons construire au sein du silence intérieur. Tout ce que nous ressentons à la surface de la vie — l'amour ou la haine, la maladie ou la santé — s'est accumulé à un niveau plus profond avant de remonter à la surface, sous la forme d'une simple petite bulle. Il est vain d'essayer de percer ces bulles une par une car elles remontent des profondeurs en un flot incessant. Si nous voulons explorer l'intelligence, nous devons apprendre à la connaître profondément, là où attend le témoin silencieux qui est en nous. Il nous faut maintenant explorer plus avant le silence intérieur, en essayant d'identifier ses recoins secrets.

9

Le mystère du fossé quantique

Récemment, j'ai vu une patiente à qui on avait diagnostiqué en 1983 une tumeur maligne au sein droit. Pour des raisons personnelles, elle avait refusé tout traitement traditionnel tel que les rayons, la chimiothérapie ou les hormones. Elle m'annonça que sa tumeur était très grosse, mais qu'elle n'avait pas de ganglions lymphatiques sous le bras.

« Je crois qu'il est préférable que je vous examine, dis-je, et elle eut un moment d'hésitation.

— Je dois vous avertir, me dit-elle, que la plupart des médecins sont horrifiés lorsqu'ils voient ma tumeur, à cause de sa taille. En général, je ne les laisse pas m'examiner car la peur que je lis dans leurs yeux m'effraie. Toute seule, je n'ai pas peur. Vous ne me croirez pas, mais je n'ai jamais pensé que j'étais en danger. Or le doute me prend lorsque je vois qu'un médecin a peur. Certains me disent même : « Comment osez-vous être aussi cruelle envers votre mari en refusant l'opération ? »

J'ai pensé qu'une femme médecin se montrerait plus compréhensive mais, lorsque je suis allée en voir une, elle a été encore plus horrifiée. Elle m'a demandé : « Pourquoi êtes-vous venue me voir si vous n'avez pas l'intention de me laisser enlever cette chose ? » Et j'ai répondu : « Parce que je veux simplement que vous la surveilliez. Elle a légèrement grossi au cours des cinq dernières années et je veux être suivie. » Elle s'est levée et m'a dit : « Ne revenez pas me voir à moins que vous ne décidiez de vous faire enlever cette chose. Je ne supporte pas de la regarder. »

Je ne savais pas du tout comment je réagirais. A peu près la moitié des femmes qui ont un cancer du sein ont des tumeurs localisées, limitées au sein. Le traitement normal consiste soit à procéder à l'ablation du sein, soit à enlever la tumeur et irradier le site afin de tuer toutes les cellules cancéreuses qui pourraient subsister. Dans les deux cas, quand il n'y a pas de traitement ultérieur, 70 % des patientes ne rechutent pas dans les trois ans qui suivent. Avec une chimiothérapie qui peut être soit légère soit beaucoup plus contraignante, le nombre de patientes qui survivent à long terme peut atteindre 90 %. Cette femme avait décidé de défier les statistiques, pourtant en sa faveur. Elle ne serait pas la première à refuser les conseils des médecins et à survivre.

Lorsqu'elle s'installa sur la table d'examen et que je vis la tumeur, je compris pourquoi les autres médecins avaient été stupéfaits — elle déformait une grande partie de son sein. Je contrôlai ma première réaction en espérant n'avoir rien laissé paraître de mon effroi. Je m'assis et lui tins la main tout en réfléchissant. « Ecoutez », dis-je doucement, « je ne crois pas que vous soyez en danger. Vous me l'avez dit et cela me suffit. Mais cette tumeur est très inconfortable. Vous auriez une vie bien plus agréable si vous ne deviez pas toujours la surveiller. Pourquoi ne pas aller voir un chirurgien pour qu'il vous en débarrasse? »

Apparemment, je lui avais présenté le problème sous un angle tout à fait nouveau. Elle m'accorda volontiers qu'il n'y avait aucun avantage à garder la tumeur et je l'envoyai à un chirurgien compréhensif.

Je pense toujours à ce qu'elle m'a dit avec sérénité en partant : « Je ne m'identifie pas à cette tumeur, je sais que je suis beaucoup plus que cela. Elle disparaîtra comme tout ce qui fait partie de moi et, au fond de moi, elle n'a aucune importance. » Lorsqu'elle quitta mon cabinet, elle paraissait extrêmement heureuse.

Je sentais que cette femme n'avait pas tout à fait tort. La peur qui se lit dans les yeux d'un médecin est une terrible condamnation et, à sa place, je n'aurais guère cru à mes chances de guérison. Les impulsions de mon cerveau n'auraient pas transmis le message : « Je vais sûrement guérir », mais plutôt : « On me dit que j'ai des chances de guérir », ce qui est totalement différent.

Lorsqu'un médecin regarde une malade et lui dit : « Vous avez un cancer du sein mais vous allez vous en sortir », que dit-il en réalité ? Personne ne le sait vraiment. Au mieux, ses paroles rassurantes, si elles sont crédibles, peuvent suffire pour conduire la malade vers la guérison. Au pire, s'il pense en réalité que sa patiente est condamnée, quelque chose dans sa voix le trahit, ce qui entraîne une confusion dévastatrice.

On a récemment inventé, à partir du mot *placebo,* le terme *nocebo* qui décrit l'impact négatif que le médecin peut avoir sur son malade. Avec le placebo, on administre une substance neutre. Le malade y réagit parce que le médecin lui affirme que le médicament est efficace. Avec le nocebo, on administre un médicament actif, mais le malade ne réagit pas : le médecin l'a prévenu que ce médicament était inefficace.

Si l'on considère le problème d'un point de vue purement matérialiste, il ne semble pas y avoir de différence entre l'opération que cette femme a refusée dans un premier temps et celle qu'elle a acceptée ensuite. Toutefois, elle identifie maintenant l'acte chirurgical à la guérison tandis qu'auparavant, elle l'identifiait à la violence. Si un patient ressent un traitement comme une violence, son corps est submergé par des émotions négatives et les substances chimiques qui leur sont associées. On sait parfaitement que dans un climat négatif, la capacité de guérison est nettement compromise — par exemple, les personnes dépressives diminuent non seulement leur réponse immunitaire mais affaiblissent la capacité de leur ADN de se réparer. Aussi, je pense que ma patiente avait raison d'attendre que ses émotions lui dictent sa décision.

Ce cas me rappelle qu'il y a toujours deux centres moteurs chez une personne, la tête et le cœur. Les statistiques médicales font appel à la tête mais le cœur garde ses droits. Ces dernières années, les médecines douces ont connu un grand succès, en partie parce qu'elles ont redonné au cœur sa vraie place, en utilisant l'amour et l'affection à des fins thérapeutiques. Sans cela, l'effet nocebo prend le dessus, ne serait-ce qu'en raison de l'influence négative de l'environnement hospitalier. Les manifestations psychotiques, qui surgissent parfois dans les unités de soins intensifs, montrent combien il est malsain de maintenir des personnes dans une atmosphère stérile et confinée. (Lorsqu'il était petit, mon fils se montrait tout aussi fasciné par les hôpitaux que par les prisons, ce que j'explique par une angoisse qu'il ne pouvait exprimer. Si nous passions en voiture devant l'un de ces établissements, il demandait invariablement : « Papa, est-ce qu'il y a des gens qui meurent à l'intérieur ? »)

Le grand défaut de cette théorie (selon laquelle le cœur a un rôle à jouer dans la pratique de la médecine) est qu'elle pénalise la fragilité émotionnelle. Le cœur peut être très fragile ; la souffrance ou tout simplement la vie peuvent l'endurcir. Les ouvrages traitant de la « guérison holistique » se plaisent à dire que les personnes malades « ont besoin » de leur maladie. Les grands courants de la psychiatrie vont dans le même sens, affirmant que les maladies chroniques sont l'expression symbolique d'une autopunition, d'une vengeance ou d'une autodépréciation. Je ne discuterai pas ces convictions, si ce n'est pour suggérer qu'elles peuvent nuire au processus de guérison au lieu d'y concourir. Il est assez difficile pour chacun d'entre nous d'affronter notre fragilité émotionnelle, même lorsque tout va bien. Comment pourrions-nous faire mieux lorsque nous sommes malades ?

La question cruciale est que *toute chose* peut avoir aussi bien un effet nocebo qu'un effet placebo. Ce n'est ni la substance inactive, ni le comportement du médecin au chevet du malade, ni l'odeur d'antiseptique qui règne dans un hôpital qui est en soi bénéfique ou nocif ; c'est l'interprétation qu'en fait le malade. En conséquence, la véritable guerre n'a pas lieu entre le cœur et la tête. Quelque chose de plus profond, dans le royaume du silence, crée notre vision de la réalité.

La compréhension que, pour la plupart, nous avons de nous-mêmes, se fonde sur la pensée et le sentiment, ce qui paraît tout naturel. Mais nous en savons très peu sur le monde du silence et sur la manière dont il exerce son influence. La tête et le cœur, semble-t-il, ne constituent pas l'être tout entier. Le courant de la conscience, qui est constamment rempli de pensées, agit comme un écran derrière lequel le silence serait caché. Le corps fonctionne également comme un écran, puisque nous ne pouvons suivre les constants déplacements des molécules à l'intérieur de nous-mêmes, et encore moins leur schéma directeur, qui est précisément ce que nous souhaiterions modifier.

Le schéma directeur de la réalité est un concept important. Chaque impulsion d'intelligence donne naissance à une pensée ou à une molécule, qui demeure un certain temps dans le monde relatif — le monde des sens — avant que ne lui succède une nouvelle impulsion. Ainsi, chaque pensée appartient au futur au moment de sa création, au présent au moment de son expression et au passé après sa disparition. Tant que chaque impulsion est saine, le futur n'est pas inconnu — il découle naturellement du présent, instant après instant. (Cela explique pourquoi les gens qui ont une vie très active conservent toutes leurs facultés mentales en vieillissant ; le courant de l'intelligence ne se tarit jamais.)

On peut utiliser un diagramme pour illustrer cette idée :

Pensée A ⇨ B ⇨ C ⇨ D ⇨ etc.

———— Mécanique quantique du corps ————

Intelligence

Au-dessus de la ligne se trouve le flux intarissable des pensées, du moins lorsque nous sommes éveillés. Les pensées se lient l'une à l'autre, à l'infini. Notre expérience normale se trouve tout entière dans ces événements successifs, qui peuvent s'étendre à l'infini sur l'axe horizontal mais qui ne descendent jamais très loin sur l'axe vertical. On peut passer sa vie à laisser s'écouler ce flux de l'esprit sans jamais remonter à sa source. Cependant, remonter aux sources revient à savoir comment l'esprit crée ses structures d'intelligence. Au départ, ces structures ne sont que des schémas directeurs mais tout ce qu'elles contiennent ne disparaîtra jamais — elles forgent les idées et les convictions que nous inspire la réalité.

Toutefois, le monde de l'intelligence est extrêmement sensible au changement, pour le meilleur comme pour le pire. Il y a deux ans, j'ai vu une femme d'une trentaine d'années, venue à Lancaster pour soigner un cancer du sein. Son état était très grave car elle avait des métastases dans toute la moelle osseuse. Elle avait d'abord suivi les traitements habituels, très éprouvants, que sont la radiothérapie et la chimiothérapie. Puis elle était venue à Boston pour suivre le traitement ayur-védique. Le traitement se montra efficace. Après une semaine de séjour, sa douleur dans les os avait disparu. On ne lui fit aucune promesse quant à l'évolution de son cancer mais elle rentra chez elle avec un regain d'espoir et d'optimisme. Malheureusement, lorsqu'elle en fit part à son médecin, celui-ci affirma que cette amélioration n'existait que dans sa tête, puisqu'elle n'avait reçu aucun traitement orthodoxe, susceptible de supprimer ses symptômes. En l'espace d'une journée, ses douleurs réapparurent. Elle m'appela, complètement paniquée, et je lui demandai de revenir immédiatement à Boston. Ce qu'elle fit et, fort heureusement, au bout d'une semaine, la douleur dans les os disparut de nouveau.

Sans avoir l'intention de nuire à sa patiente — je suis sûr qu'il voulait seulement se montrer réaliste dans son appréciation — ce médecin a commis une grave erreur. Il a supposé que ce qui se passait « dans sa tête » n'était pas réel ou, du moins, était moins réel que le cancer lui-même. Formé aux méthodes scientifiques, il connaissait l'évolution prévisible de diverses formes de cancer et, face à un résultat imprévisible, il avait tenté de le ramener dans le domaine du prévisible. Les médecins préparent toujours leurs patients à l'annonce de résultats prévisibles car leur formation médicale les pousse à considérer uniquement l'axe horizontal de notre schéma.

Resserrer les liens de cause à effet est aujourd'hui l'unique préoccupation de la recherche médicale. Nos arrière-grands-parents connaissaient vaguement l'existence des germes ; aujourd'hui, on peut disséquer des milliers de virus et de bactéries, jusqu'aux plus petits groupes d'acides aminés et au-delà. Malheureusement, on ne peut guère explorer l'axe vertical, qui pourrait pourtant faire découvrir une réalité plus profonde.

Dernièrement, un patient mentionna dans un questionnaire médical qu'il avait « eu un jour une tumeur au cerveau ». Je lui demandai ce qu'il entendait par là et il me raconta son histoire: cinq ans plus tôt, alors qu'il vivait dans le Michigan, il s'était subitement mis à avoir des vertiges. Son état s'était rapidement aggravé et,au bout de quelques semaines, il était sujet à des vomissements, voyait double et souffrait d'une perte de coordination motrice et d'une perte d'équilibre. Il alla à l'hôpital où il subit un examen du cerveau au scanner CAT. Les médecins lui annoncèrent que l'examen avait révélé la présence d'une masse sombre, de la taille d'un citron, sur la face antérieure de son cerveau. Une biopsie montra qu'il s'agissait d'un cancer incurable, à évolution très rapide.

La grosseur et l'emplacement de la tumeur interdisaient toute opération. Les médecins prescrivirent donc des rayons et une chimiothérapie, sans lesquels son espérance de vie ne dépassait pas six mois. On lui annonça que le traitement aurait des effets secondaires très graves, presque aussi graves que ses symptômes actuels. Certains, comme les nausées, les maux de tête et les irritations cutanées, seraient simplement gênants ; d'autres, comme l'affaiblissement de son système immunitaire, pourraient lui être fatals dans la mesure où il deviendrait un terrain favorable pour d'autres formes de cancer. Il risquait également de devenir angoissé et dépressif. Même avec un traitement intensif pour réduire la tumeur, la probabilité d'une guérison totale était faible, mais pas nulle.

Le patient ne pouvait accepter ce raisonnement (bien que statistiquement, il soit tout à fait justifié). Il se rendit en Californie où il pratiqua la méditation ; il suivit toute une série de régimes,s'initia à des techniques mentales, se livra à des exercices de visualisation. Il pratiqua l'autosuggestion pour acquérir une attitude positive face à sa maladie. Des milliers de malades atteints du cancer, plus particulièrement dans les milieux aisés, se tournent vers ces méthodes. Aux yeux de la médecine traditionnelle, ces dernières ne peuvent que donner de faux espoirs. Dans ce cas précis, cependant, le malade commença à se sentir mieux et, en l'espace de six mois, ses symptômes avaient presque complètement disparu. Rempli d'espoir mais également anxieux, il retourna dans le Michigan et passa un nouvel examen au scanner CAT. Celui-ci ne montra aucune trace de cancer ni aucune preuve qu'il y en ait jamais eu un.

Les médecins déclarèrent alors qu'il n'avait pas guéri du cancer car ils n'avaient jamais entendu parler d'une telle possibilité. Ils affirmèrent que le premier scanner n'était pas le sien mais celui d'un autre patient. Ils étaient désolés de cette erreur, mais à partir de cet instant, ils nièrent avoir jamais traité ce malade. Le patient était immensément soulagé d'être débarrassé de ses symptômes. Il restait persuadé que le premier scanner le concernait bien car le dossier portait son nom et son numéro de sécurité sociale. Lorsque je contactai l'hôpital pour obtenir ce dossier, on me répondit qu'il n'avait jamais été traité dans cet hôpital pour un cancer et qu'on l'avait simplement confondu avec un autre malade atteint d'une tumeur au cerveau.

Je ne peux qu'en déduire que, malgré les radios et la biopsie, ces médecins ne pouvaient accepter le fait qu'une rémission s'était opérée, pour la simple raison que leur expérience leur affirmait que cela était impossible. Le pouvoir de l'endoctrinement est immense. L'enseignement médical est hautement technique, spécialisé et rigoureux, mais il est le fruit d'expériences, comme toute autre activité humaine, ces expériences servant à forger des explications et des structures. Ces structures, à leur tour, servent à endoctriner les bâtisseurs de structures et, en très peu de temps, l'endoctrinement acquiert force de loi.

Une étude passionnante, portant sur 400 guérisons spontanées du cancer, a été analysée par Elmer et Alyce Green, de la clinique Menninger. Cette étude montrait que le seul point commun des patients concernés était qu'ils avaient tous modifié leur comportement avant que ne survienne la guérison. Ils s'étaient montrés courageux, positifs et pleins d'espoir. En d'autres termes, ils s'étaient libérés de leur endoctrinement (même si les médecins n'avaient pas fait de même). Le résultat est clair, mais un mystère subsiste : existe-t-il une relation de cause à effet entre les nouvelles attitudes et la rémission, ou ont-elles simplement eu lieu en même temps ? Dans ce cas précis, la causalité est sans doute trop difficile à définir. Nous sommes en présence d'un processus holistique, général, qui conduit dans le même temps à la guérison de l'esprit et du corps. Le système corps-esprit, sur le point de vaincre le cancer, doit savoir que le processus est amorcé et qu'il peut désormais laisser libre cours à des pensées plus positives.

Quelle que soit l'explication, la clé semble être la spontanéité. Il ne suffit pas de canaliser des énergies positives à force de volonté. On n'obtient rien de valable de cette façon. Les énergies positives ne semblent pas aller en profondeur. La conscience est plus subtile que la médecine ne veut bien le dire. Même lorsqu'on l'ignore, le champ silencieux de l'intelligence sait ce qui se passe. Après tout, il est intelligent. Son savoir va au-delà des garde-fous et des écrans, bien plus loin que nous ne le supposons.

Un exemple : pendant des décennies, les chirurgiens étaient convaincus que les patients sous anesthésie étaient inconscients et donc insensibles à ce qui se passait dans la salle d'opération. Puis on a découvert (en hypnotisant des malades qui venaient d'être opérés) qu'en fait, leur esprit « inconscient » enregistrait chacune des paroles prononcées pendant l'intervention. Lorsque les chirurgiens déclaraient tout haut que le cas était plus grave que prévu ou que la guérison était très improbable, les patients avaient tendance à confirmer ces prévisions pessimistes en ne guérissant pas. Suite à ces découvertes, qui confirment la notion de nocebo, on a pris l'habitude de ne faire aucune remarque négative durant une opération. En fait, plus le chirurgien se montre positif, plus le malade a des chances de guérir.

Ce serait encore mieux si l'on utilisait cette intelligence, extrêmement sensible et très puissante, pour la guérison du malade. Plonger dans le corps quantique permet de changer le schéma directeur lui-même, au lieu d'attendre l'apparition des symptômes et l'intervention de la médecine. Le cas de cette femme souffrant des os nous rappelle que nous fabriquons perpétuellement les garde-fous qui nous maintiennent en toute quiétude au-dessus de la ligne, loin de notre être plus profond. De ce fait, ils sont perpétuellement à remettre en cause. Nous bâtissons en permanence des structures d'intelligence à travers lesquelles nous appréhendons la réalité. Nous ressentons la douleur lorsqu'elle nous semble réelle ; sinon, elle n'existe pas.

La nature ne nous a pas éloignés de notre être profond. Les malades sous anesthésie ont toujours entendu ce qui se disait autour d'eux, probablement dès les débuts de la chirurgie moderne dans les années cinquante. Le champ silencieux de l'intelligence se trouve hors de notre portée parce que nous l'avons voulu, sous la pression de notre culture. Parfois, une réalité nouvelle s'impose à nous, qui peut changer le cours des choses. De nouvelles formes d'intelligence apparaissent ; une transformation profonde peut alors s'opérer mais elle n'est pas fondamentalement différente des modifications du corps-esprit dont nous avons déjà parlé.

La vie quotidienne nous tient sous son empire. Cela est nécessaire car il nous faut bien vivre selon des habitudes, une routine et des codes qui nous semblent tout naturels. Le problème surgit lorsqu'on ne peut se libérer de sa tutelle. Si l'on pouvait plonger comme par enchantement hors de sa propre personnalité et en atteindre la source, on ferait certainement une expérience remarquable. Le psychologue Abraham Maslow, qui a été un pionnier dans l'étude des aspects positifs de la personnalité, a donné une description typique de l'expérience de l'être profond : « Ces moments étaient des moments de pur bonheur, quand tous les doutes, toutes les peurs, les inhibitions, les tensions, les faiblesses étaient oubliés. La conscience de soi n'existait plus. Tout ce qui séparait ou éloignait de l'Univers avait disparu... »

Bien que de telles expériences soient rares — c'est pourquoi Maslow les a appelées « expériences extrêmes », et très brèves (elles ne durent que quelques jours, voire quelques heures), elles ont un pouvoir de guérison durable. Maslow raconte que deux de ses patients, un éternel dépressif qui avait souvent envisagé le suicide et une personne qui souffrait de graves crises d'angoisse, guérirent immédiatement et de manière durable après avoir vécu une telle expérience. (Dans les deux cas, cela ne leur arriva qu'une seule fois.)

Maslow explique également comment ces personnes se sont réconciliées avec la vie en vivant de tels moments : « Ils ont senti qu'ils ne faisaient qu'un avec l'Univers, qu'ils se fondaient en lui, qu'ils lui appartenaient entièrement au lieu d'en être les simples spectateurs. (Par exemple, l'un des patients a dit : « Je sentis que je faisais partie d'une grande famille, que je n'étais plus orphelin. »)

Toute révélation soudaine d'une réalité plus profonde porte en elle une puissance formidable — une seule de ces expériences peut rendre la vie indéniablement plus intéressante. Les patients de Maslow ont senti que ce pouvoir sortait vraiment de l'ordinaire. Ce n'est ni de l'énergie ni de la force ni du génie ni de la connaissance ; c'est plus profond que tout cela. C'est le pouvoir de la vie dans sa forme la plus pure. La prescience de Maslow est morte dans l'œuf au moment crucial — il n'a jamais pu faire vivre cette expérience à quiconque — mais il était fasciné par ces événements qui transcendent la vie normale. En 1961, après avoir réfléchi et écrit sur le sujet pendant des dizaines d'années, il parvint à la conclusion que ce qu'il avait observé n'avait rien de mystique :

> Le peu que j'ai lu sur les expériences mystiques était toujours lié à la religion ou au surnaturel. Or, comme la plupart des scientifiques, je n'avais que dédain pour ce genre d'expériences, considérant qu'elles étaient absurdes et relevaient probablement de phénomènes hallucinatoires, peut-être hystériques, en tout cas pathologiques. Mais les personnes qui m'ont raconté leurs expériences n'étaient pas malades — c'étaient les êtres les plus sains qui soient !

Comme il avait constaté de telles expériences chez moins de 1 % des personnes, Maslow croyait qu'il s'agissait là d'accidents ou de moments de grâce. Je crois plutôt que ces expériences étaient une brève irruption dans un monde qui, bien que présent en chacun de nous, nous échappe. Cela implique qu'il nous faut plonger très profond si nous voulons transcender la réalité. Nous sommes à la recherche d'une expérience qui refaçonnera l'Univers.

Même si nous arrivons à prendre conscience de l'intervalle de silence qui surgit entre nos pensées, sa fugacité nous empêche de nous y engouffrer. Le corps quantique n'est pas séparé de nous — il *est* nous — mais nous n'en sommes simplement pas conscients à l'heure actuelle. Là où nous sommes, nous pensons, lisons, parlons, respirons, digérons, etc., et tout cela se produit au-dessus de la ligne.

Voici une analogie qui met en lumière la mécanique quantique du corps : prenons un aimant et recouvrons-le d'une feuille de papier sur laquelle nous jetons ensuite de la limaille de fer. Lorsque nous agitons la feuille, nous voyons se dessiner un ensemble de lignes courbes, concentriques, du pôle nord vers le pôle sud et vice versa. Le dessin d'ensemble représente une carte des forces magnétiques, qui resteraient invisibles si les particules de fer ne s'alignaient automatiquement pour former ce dessin.

Dans cet exemple, nous voyons toute l'activité du corps-esprit au-dessus du papier et le champ caché de l'intelligence au-dessous. La limaille de fer qui se déplace représente l'activité du corps-esprit, s'alignant automatiquement sur le champ magnétique qui n'est autre que l'intelligence. Ce champ est complètement invisible et insoupçonnable jusqu'à ce qu'il se manifeste en déplaçant quelques éléments matériels. Et le morceau de papier ? C'est la mécanique quantique du corps, un mince écran qui montre exactement quelles structures d'intelligence se manifestent à ce moment précis.

Cette comparaison est bien plus importante qu'il n'y paraît. Sans ce papier qui sépare les deux éléments, le fer et l'aimant ne pourraient réagir l'un à l'autre d'une manière ordonnée. Si nous mettions la limaille de fer directement en contact avec l'aimant, la limaille s'agglutinerait simplement à sa surface, au lieu de former des lignes régulièrement espacées. Grâce au papier, non seulement nous obtenons une image du champ magnétique mais, en faisant pivoter l'aimant, nous voyons la limaille se déplacer, reflétant le nouveau champ qui vient de se créer. Si nous ignorions la présence de l'aimant, nous jurerions que le fer est vivant, car il semble se mouvoir de manière autonome. En réalité, c'est le champ caché qui engendre ce semblant de vie.

Telle est la description exacte de la manière dont le corps-esprit est lié au champ de l'intelligence. Ils restent séparés mais la ligne de démarcation est invisible et n'a aucune épaisseur. C'est simplement un fossé. La seule manière de se rendre compte que le niveau quantique existe est de constater que des images et des structures surgissent en permanence dans l'organisme tout entier. De mystérieux sillons parcourent la surface du cerveau ; de magnifiques volutes, comme celles que l'on voit au centre d'un tournesol, apparaissent dans les molécules d'ADN ; l'intérieur du fémur contient des réseaux fabuleux de tissus osseux, qui peuvent être comparés aux structures compliquées d'un pont en encorbellement.

Il n'y a jamais aucun chaos et c'est la meilleure preuve qu'il existe une organisation cachée. L'intelligence transforme le chaos en structures bien définies. On pourrait penser que le traitement incessant de milliards de messages chimiques engendre un chaos indescriptible. En réalité, la complexité du système corps-esprit est trompeuse : ce sont des images cohérentes qui surgissent de notre cerveau, de même que dans un journal, c'est une photographie cohérente qui se forme à partir de milliers de points disséminés. La matière qui compose notre organisme ne se désintègre jamais en une masse informe et inintelligente — jusqu'à la mort. A la question trop facile : « Où se trouve alors la mécanique quantique du corps? », on peut répondre avec assurance qu'elle se situe dans un fossé qui, malheureusement, est indescriptible, en ce sens qu'il est silencieux, qu'il n'a aucune épaisseur et qu'il existe partout.

Pour plonger dans le champ de l'intelligence, il suffit de franchir un fossé. Mais, bien que ce fossé n'ait aucune épaisseur, il constitue une barrière redoutable. Simplifions notre diagramme pour montrer pourquoi le voyage se révèle aussi difficile :

Intelligence active
Fossé
Intelligence silencieuse

Tout est dans la différence entre l'intelligence active et l'intelligence silencieuse. Nous avons apporté la preuve que cette différence est bien réelle. L'ADN peut être actif ou silencieux ; nos pensées peuvent être exprimées ou emmagasinées dans des compartiments de silence ; nous pouvons être éveillé ou endormi. Tous ces changements nécessitent un voyage au-delà du fossé mais il ne s'agit pas d'un voyage conscient. Pour étudier le sommeil, il faudrait rester éveillé, ce qui est impossible. Si l'on veut voir la différence entre l'ADN actif et l'ADN inactif, on ne peut la trouver dans aucune liaison chimique, puisque les deux ADN sont physiquement identiques. Il en va de même pour toutes les transformations du corps et de l'esprit.

Le même problème se pose en physique — un photon est une forme de lumière, comme l'est une onde lumineuse, mais tous deux surgissent d'un champ caché. A la surface de la réalité, on ne voit ni les photons ni les ondes lumineuses. Ils existent tous deux dans une même réalité parce qu'ils préexistent sous la forme de simples possibilités dans le champ quantique. Qui a jamais photographié une possibilité ? C'est pourtant de cela que l'Univers quantique est composé. Si l'on dit un mot ou si l'on fabrique une molécule, on choisit d'agir. Une petite onde se forme à la surface de l'océan ; c'est un incident dans l'espace-temps. L'océan tout entier demeure en retrait, vaste et silencieux réservoir de possibilités, d'ondes qui ne sont pas encore nées.

Tout en dansant sur la surface du papier, la limaille de fer pourrait se regarder et dire : « Bon, c'est ça la vie, essayons de comprendre ses mystères. » En prenant cette décision, elle amorcerait une sorte d'aventure de la pensée que nous appelons science. Aussi audacieuses soient-elles, ses pensées ne franchiront cependant jamais le fossé. La pensée ne peut traverser ce fossé que dans un seul sens. C'est là le vrai mystère.

D'une certaine façon, l'idée que nous soyons des aspérités, surgies d'un champ infini et invisible, semble ridicule.

Le corps est une masse de chair et d'os occupant quelques m^3 dans l'espace ; l'esprit est un mécanisme fini, bien qu'incroyablement complexe, composé d'un nombre de conceptions bien défini. La société est une organisation foncièrement imparfaite, liée à un passé fait d'ignorance et de conflits.

Toutefois, il est assez étrange de constater que ces évidences n'ont jamais réglé le problème. Nous faisons confiance à nos expériences quotidiennes limitées, qui sont bien suffisantes lorsqu'il s'agit de conduire une voiture, de gagner sa vie ou d'aller à la plage. En revanche, elles ne sont pas tout à fait convaincantes face à l'expérience prodigieuse de l'infini. Cette expérience, répétée au travers des siècles, en a amené certains à soupçonner que la réalité est très différente et beaucoup plus vaste que ne l'imaginent l'esprit, le corps et la société.

Einstein lui-même a vécu cette réalité. Il a décrit des moments où « l'on se sent libéré des limites inhérentes à l'humanité » :

« En de tels moments, l'on s'imagine quelque part sur une petite planète, contemplant avec stupéfaction la beauté froide et pourtant profondément émouvante de l'intemporel, de l'incommensurable. La vie et la mort se fondent l'une en l'autre et il n'y a plus ni évolution, ni destinée, seulement l'Etre. »

Bien que cela ressemble à une intuition spirituelle (et Einstein se disait lui-même profondément spirituel), c'est en fait une incursion dans une région de notre propre conscience, que l'on peut reconnaître et explorer. Sans pouvoir contrôler le moins du monde cette prise de conscience ni fournir une explication convaincante du phénomène, certains pressentent que le silence insondable n'est pas seulement fait de vide. Les grands principes philosophiques ont été pour la plupart fondés par un ou plusieurs individus qui ont compris l'Univers à travers leur propre conscience. Pour résoudre le mystère du fossé quantique, nous devons consulter ceux qui l'ont franchi ; s'ils ont trouvé un monde réel, ils seront alors les nouveaux maîtres à penser, les Einstein de la conscience.

DEUXIÈME PARTIE

Un corps fait de félicité

Dans chaque atome, il y a des mondes à l'intérieur d'autres mondes.
YOGA VASISHTHA

10

Dans le monde du Rishi

En Inde, un garçon n'a aucune raison de désirer une machine à remonter le temps. Lorsque j'avais sept ans, je pouvais me rendre à pied au grand bazar de Poona, qui se trouvait à deux minutes de l'hôpital militaire où travaillait mon père. Là, des odeurs familières flottaient dans l'air — safran, poussière, bois de santal et feux de bois. (Je ne les remarquais pas alors, fasciné que j'étais par les charmeurs de serpents.) A l'hôpital, la seule odeur qui régnait était celle du Dettol, désinfectant à tout faire qui agressait le nez autant que le formol. Les physiciens comparent le temps à une flèche ; en Inde, la flèche s'est recourbée jusqu'à former une boucle. Nous y sommes habitués. Si un soldat se présentait avec une blessure ouverte au pied, mon père lui faisait une piqûre antitétanique mais si l'homme préférait s'en aller en boitillant pour faire une offrande à Shiva, mon père le comprenait.

Aujourd'hui, lorsque je retourne chez moi, je peux voir par le hublot de l'avion les bœufs labourer les champs non loin de la piste d'atterrissage. Dans les villes, il n'est pas rare que des hommes d'affaires, vêtus de copies parfaites de costumes de laine anglais, contournent les corps des sadhus, les hommes saints, assis tranquillement au milieu des trottoirs, vêtus de simples pagnes ou de robes oranges. L'activité quotidienne ressemble à un site archéologique dont les couches seraient irrémédiablement mêlées, ou mieux encore, auraient surgi du sol pour prendre vie.

Chaque site archéologique doit pourtant présenter une couche profonde. Dans ce cas précis, elle correspond aux sadhus. Ces hommes saints de l'Inde existent depuis au moins 3000 ans avant J.-C. Leurs paroles ont été rapportées et transmises en sanskrit, qui a de bonnes raisons de prétendre être la langue originelle. Leur demeure traditionnelle se trouve toujours dans l'Himalaya, où ils se livrent pendant des jours, voire des semaines, à la méditation profonde, ou *samadhi*. Leur vie est entièrement consacrée au silence intérieur. Parfois, ils décident de partir en pèlerinage. Ramassant leur sébile, ils se dirigent alors vers le sud, s'en remettant à la nature pour leur assurer le gîte et le couvert. Aujourd'hui, ils empruntent habituellement trains ou autocars sans billet.

Enfant, ce que je savais des sadhus m'était raconté par l'un de mes oncles, le frère aîné de mon père qui voyageait à travers le pays pour vendre des articles de sport. Nous l'appelions oncle Bara, ce qui veut dire « grand-oncle ». Ce nom le distinguait de nos parents moins proches. Il arrivait toujours avec des crosses de hockey (l'Inde ayant pour habitude de battre le reste du monde à ce sport mineur), des ballons de football ou des volants de badminton qu'il nous offrait. Naturellement, nous étions toujours impatients de le voir.

Oncle Bara avait un tempérament particulièrement affable et grégaire. Il nous contait des histoires fabuleuses sur les merveilles qu'il rencontrait en chemin. La plus étonnante s'était produite à Calcutta. Oncle Bara se frayait un chemin dans la foule, lorsqu'il avait failli trébucher sur un vieux sadhu, assis sur le bord du trottoir. Distraitement, mon oncle avait fouillé ses poches et en avait sorti deux *annas* (environ cinq centimes) qu'il avait posés dans la sébile du sadhu. Celui-ci lui avait jeté un regard et avait dit : « Faites un vœu, celui que vous voulez. »

Surpris, mon oncle avait répondu sans réfléchir : « Je veux du *burfi*. » Le burfi est une sucrerie indienne qui ressemble à du caramel. Elle est généralement à base d'amandes ou de noix de coco. Très calmement, le sadhu avait brandi sa main droite dans l'air et avait fait apparaître deux morceaux de burfi tout frais qu'il avait tendus à l'oncle Bara. Ebahi, celui-ci était resté figé quelques secondes, juste assez pour que le sadhu se lève et se mêle comme une ombre à la foule. Mon oncle ne le revit jamais. En un sens, l'échange avait été honnête puisque ses deux annas lui auraient permis d'acheter deux morceaux de burfi dans la rue. Mais, chaque fois qu'il racontait cette histoire, mon oncle secouait la tête et se lamentait : « Quand je pense à toutes les choses que j'aurais pu lui demander ! »

Enfant, je croyais fermement à l'histoire de l'oncle Bara mais dans l'Inde contemporaine, les gens ont tendance, lorsqu'ils voient un sadhu, à se demander avec un certain scepticisme si celui-ci est réel. A partir des années vingt, des scientifiques venus d'Europe et d'Amérique ont commencé à visiter l'Inde pour observer ces swamis, ces yogis et ces sadhus. Certains avaient acquis une parfaite maîtrise de leur corps — ils pouvaient apparemment arrêter de respirer pendant plusieurs minutes ou ralentir les battements de leur cœur jusqu'à un rythme proche de zéro. Une expérience classique consistait à choisir l'un de ces hommes saints et à l'enterrer dans une caisse, à six pieds sous terre. Il s'agissait soi-disant d'une expérience scientifique, mais d'un genre particulier. Quelques jours plus tard, la caisse était déterrée et, soit l'expérience avait réussi, soit elle avait échoué. Le résultat souhaité était que le saint homme se trouve toujours en vie. Les premières études physiologiques manquaient presque toutes de rigueur scientifique et nombreuses sont celles qui reflètent ce curieux mélange de science et de spectacle.

Cependant, le contrôle que le sadhu a sur son corps est toujours physique et ne touche pas à son existence même. Ces hommes cherchent à faire tomber le masque des apparences physiques ; en d'autres termes, ils veulent quitter le monde situé « au-dessus de la ligne » et découvrir ce qui se trouve dessous. En fait, la vie en Inde, telle qu'elle est, favorise cette quête. Lorsqu'un homme a fait des études, fondé une famille et goûté aux joies d'une existence matérielle, il est supposé prendre le *sanyasa* — c'est-à-dire qu'il renonce à sa vie de famille, prend une sébile de mendiant et part à la recherche d'autre chose. Il ne part ni à la recherche de Dieu, de la vérité, de la réalité ni de lui-même. L'essence même de cette quête est que son objet reste inconnu. Il s'en va vers un autre monde, totalement différent de celui que nous connaissons. Il franchit le fossé quantique.

J'ai appris à porter des costumes de style européen et à contourner les saints assis sur le trottoir, mais plus j'ai approfondi les questions de la médecine corps-esprit, plus je me suis tourné vers les anciennes traditions de l'Inde. La seconde partie de ce livre fait état de mes découvertes. Le monde des sens, des atomes et des molécules ne se termine pas abruptement, il se fond imperceptiblement en une réalité différente. Toutefois, à un certain point, une réalité bascule dans l'autre. Le temps et l'espace prennent une signification différente ; la distinction très nette qui sépare les réalités intérieure et extérieure disparaît. Nous nous trouvons dans un monde que seule l'Inde a exploré. Dans sa forme la plus pure, le sadhu pénètre la réalité transcendantale qui se situe au-delà du fossé — il perpétue une tradition, l'une des traditions les plus anciennes et les plus sages de notre planète. Pour comprendre ses découvertes, il nous faut prendre une route nouvelle, éloignée de la physique mais qui emprunte le même chemin, en quête de nous-mêmes.

En Occident, avant l'avènement de la théorie de la relativité, il était universellement admis que le temps, l'espace, la matière et l'énergie occupaient des compartiments séparés de la réalité. Nos sens considèrent qu'un arbre est totalement différent d'un faisceau lumineux ou d'une étincelle d'électricité. Même si nous sentons que le temps est une entité plus mystérieuse, capable de ralentir, d'accélérer ou même de rester immobile, nous ne dirons jamais : « Je préfère New York au lundi. » Il nous paraît évident que le temps et l'espace, la matière et l'énergie sont des contraires, pour la simple raison qu'aucun de ces quatre éléments ne peut se transformer en un autre. Nous pouvons représenter le monde des sens de la manière suivante, désormais familière :

Temps/Espace/Matière/Energie

——— Fossé ———

?

Après qu'Einstein eut publié son équation $E=mc^2$, cette idée reçue devint fausse car il était désormais possible (comme la bombe atomique le démontra) de transformer la matière en d'énormes quantités d'énergie. La théorie de la relativité générale eut le même effet sur le temps et l'espace. Aujourd'hui, la physique s'intéresse à une entité unique que l'on appelle l'espace-temps et qui peut se courber afin de s'adapter à certaines circonstances (par exemple, chaque fois qu'un objet voyage à une vitesse proche de celle de la lumière). Après avoir prouvé que la nature était beaucoup moins compartimentée que la science ne l'avait d'abord pensé, la relativité ouvrit une autre perspective, encore plus surprenante. Einstein suggéra qu'il y avait un champ sous-jacent à l'origine de toutes les transformations de l'espace-temps et de la masse-énergie. Cela implique une nature totalement fusionnelle ; en d'autres termes, une région de l'espace-temps-matière-énergie.

Einstein était intuitivement persuadé que cette possibilité, qui assenait le coup de grâce au monde des sens, existait bel et bien, à une époque où personne ne prenait la question au sérieux. A partir de 1920, il passa les trente dernières années de sa vie, isolé des autres physiciens de sa génération et particulièrement ignoré, à essayer de bâtir mathématiquement une « théorie du champ unifié ». Sa théorie unirait toutes les forces fondamentales de la création et parviendrait à expliquer l'Univers comme un tout indivisible fait non pas de quatre compartiments mais d'un seul.

« Unifier », en physique, signifie prouver que deux choses, apparemment totalement différentes, peuvent se transformer l'une en l'autre à un niveau plus profond de la nature. Le photon et l'onde lumineuse en sont des exemples typiques : ils semblent complètement différents et pourtant, à un niveau infinitésimal de la nature, qu'on appelle l'échelle de Planck — plus d'un milliard de milliards de fois plus petit que le plus petit atome — le photon et l'onde lumineuse peuvent être unifiés. Aucun mathématicien n'a encore résolu le problème du champ unifié. Cela reviendrait à expliquer toute la zone cachée que nous avons désignée par « ? ». (Cependant, une nouvelle théorie, celle des « super-cordes », a peut-être enfin élucidé le mystère, trente ans après la mort d'Einstein.)

Confrontée à un problème que la pensée rationnelle ne peut résoudre, la science est forcée de s'arrêter mais d'autres routes peuvent s'ouvrir. Il y a des milliers d'années, en Inde, les anciens *rishis*, ou prophètes, ont également réfléchi à la possibilité d'une nature fondamentalement unifiée. Les rishis, comme les sadhus, consacrent leur existence au silence et à la vie intérieure. Toutefois, ils remontent beaucoup plus loin dans le passé — ils ont écrit les plus anciens textes du *Veda*, la « vérité révélée », comme par exemple le *Rig Veda*, qui a peut-être précédé les pyramides égyptiennes de plusieurs milliers d'années.

Si l'on demande aujourd'hui à un Indien ce qu'est le Veda, il montre les livres qui contiennent les paroles des rishis mais, en réalité, le Veda est la conscience même des rishis ; or cette conscience est vivante. Le rishi a une vision si profonde de la nature des choses que même Dieu s'assied à ses pieds pour apprendre — on trouve une leçon similaire dans le *Yoga Vasishtha*, lorsque le jeune Lord Rama, incarnation divine, supplie le sage Vasishtha de l'instruire.

Mon propos n'est pas de mettre l'accent sur la valeur spirituelle et le savoir du rishi. Jusqu'à une époque très récente, toutes les cultures ont mêlé librement la religion, la psychologie, la philosophie et l'art dans un ensemble homogène. Mais on peut aussi en retenir des aspects particuliers ; dans le cas présent, je m'intéresse à ce que les rishis disaient sur la nature fondamentale de la réalité. (Dans le *Yoga Vasishtha*, Dieu montre également un vif intérêt pour le sujet.) Les rishis étaient tout aussi capables que nous de diviser la nature en espace, temps, matière et énergie mais ils se sont volontairement détournés de cette approche, qui influence si profondément notre façon de voir et de concevoir le monde.

Ils ont préféré résoudre le problème de la manière la plus pratique qui soit. Ils ont décidé de franchir le fossé et de pénétrer réellement dans la zone « ? » où la pensée ne peut aller. Ils ont fait un simple détour dans leur conscience, qui leur a ouvert la voie vers les profondeurs — comme s'ils avaient retourné complètement le monde objectif. A cette fin, les rishis ont dû analyser la nature d'une manière inattendue, qui peut être représentée par le diagramme suivant :

Eveil/Sommeil/Rêve

——— Fossé ———

?

Ce diagramme est tout aussi juste que le précédent mais il considère le monde d'un point de vue purement subjectif. Plutôt que de voir le temps, l'espace, la matière et l'énergie « dehors », les rishis ont observé que la réalité prenait naissance « à l'intérieur » de notre conscience. A n'importe quel moment, pensaient-ils, une personne doit être dans l'un des trois états de la conscience subjective — l'éveil, le sommeil ou le rêve. Ce qu'elle perçoit dans ces différents états constitue sa réalité propre. Les anciens supposaient que la réalité était donc différente selon l'état de conscience — un tigre en train de rêver n'est pas le même qu'un tigre éveillé. La réalité obéit à des lois complètement différentes. De la même manière, le sommeil est soumis à des lois qui, bien qu'inconnues de l'esprit conscient, sont distinctes de celles de l'état d'éveil et du rêve.

Les rishis allèrent plus loin et découvrirent qu'entre chacun de ces états existait un intervalle qui agissait comme un pivot lorsqu'une réalité se transformait en une autre. Par exemple, juste avant de s'endormir, l'esprit quitte progressivement l'état de veille et devient insensible au monde éveillé. Or, entre ce repli de l'esprit et le moment où il sombre vraiment dans le sommeil, un fossé imperceptible s'ouvre, semblable à l'intervalle qui surgit entre chaque pensée. Il ressemble à une petite fenêtre donnant sur le champ situé au-delà de l'éveil et du sommeil. Cette prise de conscience offrait à l'homme la possibilité de s'affranchir de ses cinq sens et de franchir le fossé quantique.

Partant du principe que l'Occident est matérialiste et

l'Orient mystique, il est passionnant de constater que les rishis se livraient plus volontiers à l'expérimentation directe que n'importe quel physicien quantique. Leur approche subjective fut appelée *Yoga,* mot sanskrit qui signifie « union ». (Les divers exercices enseignés dans les cours de yoga appartiennent uniquement à l'une de ses variantes, l'*Hatha Yoga*; nous allons nous intéresser à une forme beaucoup plus puissante du Yoga, qui est mentale.) Du fait que les deux approches recherchent l'unité originelle de la nature, on voit immédiatement la similitude entre le Yoga et la quête par Einstein d'une théorie du champ unifié. La différence principale entre les deux approches est que, n'étant pas des théoriciens, les rishis pensaient que le champ unifié existait dans le monde réel — c'était une expérience et pas seulement une construction mentale.

Selon eux, le champ unifié n'était rien d'autre qu'un état de conscience différent. Ils l'appelèrent simplement *turiya,* qui signifie le « quatrième », pour bien montrer qu'il ne faisait pas partie des trois états d'éveil, de sommeil et de rêve. Ils le nommèrent également *parama,* qui signifie « au-delà », car il transcende la réalité quotidienne. Mais comment un quatrième état pouvait-il exister? La réponse était double. Premièrement, les prophètes disaient que le quatrième état existait partout mais occulté par les trois autres comme par un écran. (Certains textes anciens disent que le quatrième état a été mélangé aux trois autres comme le lait se mélange à l'eau, et que le trouver est tout aussi difficile que de séparer le lait de l'eau.) Deuxièmement, ils disaient que l'esprit ne pouvait atteindre ce quatrième état qu'en dépassant les limites de son activité normale, par une technique de méditation particulière.

Le mot *rishi* signifie qu'une personne a appris à accéder comme elle le veut au quatrième état et à observer ce qui s'y passe. Cette aptitude ne relève pas de la « pensée », au sens où nous l'entendons. Le phénomène tout entier est une expérience immédiate, comme le fait de reconnaître un parfum de lilas ou la voix d'un ami. Il est immédiat, non verbal et, contrairement au parfum de la fleur, il change sans cesse. En pleine méditation, profondément absorbés par leur propre conscience, les rishis exploraient leur turiya de la même manière que nous contemplerions le Grand Canyon. En tant qu'individus, ces prophètes ont une identité, mais le fait d'explorer le monde transcendant estompe les limites de ce que nous appelons l'identité personnelle. Vasishtha, par exemple, n'est pas seulement le nom de l'un des plus grands parmi les anciens rishis ; il représente une partie intégrante du Véda — le savoir transcendantal — dont Vasishtha, l'Homme, a été le premier à prendre conscience ; pour connaître réellement cette partie du Véda, il faudrait que l'on soit dans la « conscience de Vasishtha ». En somme, ces sages observaient l'existence sous sa forme la plus pure.

Il était absolument impossible à l'Occident de vérifier de manière expérimentale l'existence du quatrième état. La technique adéquate lui faisant défaut, la communauté scientifique choisit d'ignorer le turiya. En fait, de nombreux scientifiques jugeaient cette approche sans intérêt ou menaçante. La notion même d'« union » évoque des images désagréables : la dissolution de l'individu dans le néant ou la perte de son identité, comparable à une goutte d'eau disparaissant dans la mer. Malgré quelques engouements pour les théories orientales, le progrès de la connaissance dans le monde occidental s'est principalement fondé sur l'observation extérieure et non pas intérieure.

S'il existe un état qui transcende les trois états habituels, il semble probable qu'il se manifeste de temps en temps, ne serait-ce que par hasard. Par exemple, Charles Lindbergh a décrit une expérience vécue en 1927, durant les instants les plus cruciaux de sa vie. Le second jour de vol, lors de sa traversée historique au-dessus de l'Atlantique en solitaire, Lindbergh sentit qu'il avait atteint les limites de sa résistance physique. Tout en craignant de perdre le contrôle de son appareil, il somnola de temps en temps, frôlant la catastrophe, tout en espérant ne pas dévier de sa route. A ce moment-là, raconte Lindbergh dans son autobiographie, un changement extraordinaire de sa conscience s'est produit :

> Durant le second jour du vol, il m'arriva sans arrêt de retrouver une vigilance mentale suffisante pour

> m'apercevoir que j'avais continué à voler alors que je n'étais ni éveillé ni endormi. Mes yeux étaient restés ouverts. J'avais réagi aux instructions de mes instruments, j'avais généralement réussi à garder le cap mais en perdant tout sens de la situation et du temps. Pendant des périodes d'une longueur impossible à évaluer, j'eus l'impression de m'étendre au-delà de mon avion et de mon corps, indifférent aux valeurs matérielles, sensible à la beauté des formes et des couleurs sans les voir avec mes yeux.

Lindbergh avait déjà ressenti dans son enfance l'impression de se trouver « au-delà de la mortalité » alors qu'il contemplait le ciel, allongé dans les champs de maïs de la ferme paternelle. Mais l'expérience qu'il eut au-dessus de l'Atlantique Nord alla beaucoup plus loin. Lindbergh concluait avec ces mots :

> Ce fut une expérience où l'intellect et les sens se trouvèrent remplacés par ce que l'on pourrait appeler une conscience immatérielle... Je me rendis compte que la vision et la réalité étaient interchangeables, comme l'énergie et la matière.

Cette expérience, d'ordre subjectif, est de même nature que les transformations espace-temps dont Einstein a prouvé l'existence dans le domaine objectif. Cependant, l'expérience subjective est difficile à quantifier, en particulier si elle se situe au-delà du champ normal de la perception. Les physiologistes ont attendu la fin des années soixante pour se risquer à admettre que les rishis avaient réellement ajouté une nouvelle dimension à l'esprit humain. Cela s'explique notamment par l'intérêt subit pour la méditation et plus particulièrement pour la Méditation Transcendantale (MT). Celle-ci fut importée aux Etats-Unis en 1959 par son fondateur, le yogi Maharishi Mahesh*. A partir du milieu des années soixante, la MT connut un grand

* Je mets l'accent sur la Méditation Transcendantale et sur ses origines dans le Véda car ce sont les domaines le plus largement connus. D'autres traditions — zen, tibétaine, chinoise, etc. — ont des applications médicales reconnues et une signification spirituelle que je connais moins bien mais que je respecte.

succès populaire. Au plus fort de sa popularité, en 1975, près d'un demi-million d'Américains s'initièrent à la technique en un an. La MT connut un grand succès dans les démocraties occidentales (et, plus discrètement, derrière le rideau de fer).

Bien que d'autres maîtres indiens se soient rendus avant lui en Occident, Maharishi fut le premier à abattre les barrières culturelles sur une telle échelle. Lorsqu'il commença son enseignement, la plupart des Occidentaux n'avaient pratiquement jamais entendu le mot *méditation* ; beaucoup le considéraient avec méfiance. Dans une certaine mesure, c'est une confusion de sens qui en est responsable. En anglais, on dit : « Je vais méditer cela » pour faire comprendre qu'on va réfléchir à quelque chose ; pour certains, la méditation est synonyme de contemplation, voire de prière. Il nous est difficile de comprendre que pour un rishi, la méditation signifie simplement *dhyan*, (en sanskrit, « mener l'esprit au repos dans le silence du quatrième état ». Dhyan est à l'origine de mots semblables à travers toute l'Asie, comme *zen* en japonais.) Pour que cette distinction soit claire, Maharishi ajouta l'adjectif *trancendantal*, en insistant sur le fait que l'esprit doit aller au-delà de ses limites habituelles, c'est-à-dire les transcender, pour atteindre le turiya.

Il était remarquable que Maharishi, abandonnant l'Himalaya où il vivait depuis quatorze ans, se plonge ainsi dans l'Amérique moderne. Les *ashrams* qui se trouvent le long du Gange, dans la région la plus isolée de l'Utar Kashi — la « vallée des saints » — occupent la partie la moins civilisée de l'Inde, pays où même les endroits les plus civilisés n'ont pas de lignes téléphoniques fiables. En regardant une photographie prise en 1964, je peux imaginer l'impression saisissante qu'il a dû susciter. La photo a été prise au lac du Grand Ours, très haut dans les montagnes qui surplombent Los Angeles. A l'abri de grands pins, on avait organisé un pique-nique, sans se soucier du fait que le sol était enfoui sous 60 centimètres de neige. La lumière alpestre était extraordinaire. Douze personnes figurent sur la photo. Les onze premières, des Occidentaux, sont emmitouflées dans des pardessus et des parkas ; la dernière — Maharishi — se détache du groupe. Il est assis, l'air réjoui, sur une couverture posée sur la neige, habillé seulement du vêtement traditionnel des moines : une robe de soie blanche, des sandales et un châle. Il paraît petit mais bien bâti ; ses longs cheveux et sa barbe ne sont pas coupés, comme le veut également la coutume chez les moines.

A cette époque, Maharishi avait déjà ressenti le choc des deux cultures. Lors d'une première visite aux Etats-Unis, en 1959, un journal de San Francisco avait qualifié la Méditation Transcendantale de « tranquillisant non médicinal » et loué ses vertus contre l'insomnie. Comme l'article était le premier à parler de l'arrivée de Maharishi, ses hôtes américains s'empressèrent de le lui lire.

On le lui lut à voix haute et on attendit sa réaction. Maharishi resta silencieux puis murmura un seul mot : « Cruel. » Ses hôtes étaient sidérés. « J'ai envie de repartir chez moi en courant », dit Maharishi d'une voix étouffée. « Ce pays me semble étrange. Les valeurs y sont différentes. » Il lui fallut quelque temps pour arriver à rire du fait que les Américains voulaient dormir lorsqu'il souhaitait les réveiller. Aujourd'hui encore, on s'interroge sur la réaction initiale de Maharishi, tant le mot *méditation* évoque la relaxation et ses effets bénéfiques, parmi lesquels un meilleur sommeil. Les médecins à qui je parle de méditation m'assurent généralement, qu'ils « croient » ou non en ses vertus par ailleurs, que la méditation sert à la relaxation. C'est uniquement à la lumière du Véda que l'on peut comprendre à quel point cette appréciation est peu perspicace.

Le Véda représente une immense expansion de l'esprit humain. La meilleure manière de le décrire est de le comparer au *contenu total de l'ordinateur cosmique*. Toutes les données cosmiques y sont introduites et il en découle l'ensemble des phénomènes naturels. Le contrôle de cet ordinateur siège dans le cerveau humain, dont les milliards de connexions neuronales lui donnent une complexité suffisante pour refléter celle de l'Univers.

Le cerveau n'est pas important en tant qu'objet, prétendent les rishis. Il est important car notre subjectivité transparaît à travers lui ; quand notre cerveau nous montre le monde, c'est en réalité nous-mêmes qu'il nous montre. Par analogie, lorsqu'une image rencontre un miroir, il se produit une fusion. Le miroir est la réflexion ; la réflexion est le miroir. De même, la seule réalité que nous puissions connaître est celle qui se reflète dans le cerveau — tout ce qui existe se trouve donc enfermé dans notre subjectivité.

Un physicien réfuterait certainement cette affirmation, puisqu'il affectionne la méthode objective et considère la subjectivité comme son ennemie. Un physicien dirait : « Voici un proton », et non pas : « Voici mon impression de ce qu'est un proton. » En fait, le Véda n'est pas dépourvu d'un savoir objectif — il a donné naissance à des sciences telles que la botanique, la physiologie, l'astronomie, la médecine, etc. — mais les rishis pensaient que l'objectivité n'était pas le meilleur moyen de connaître les choses, en particulier dès que l'on cherche plus loin que la surface de la nature. La vérité, disaient-ils, c'est que la subjectivité peut être soit étroite, soit étendue. La nature est comme une fréquence radio. Lorsque l'on porte son attention sur un seul objet — une roche, une étoile ou toute une galaxie — on choisit une station sur cette bande. De toute évidence, tout le reste de la bande doit être exclu — mais uniquement pour ce niveau de conscience.

Il se peut que d'autres niveaux de conscience reçoivent plusieurs bandes, ou plus d'une bande à la fois. Actuellement, les physiciens estiment que nos sens sélectionnent moins d'un milliardième des ondes et des particules d'énergie qui nous environnent. Nous vivons dans un « magma d'énergie » incroyablement plus vaste que le monde visible. L'Univers visible lui-même est maintenant considéré comme une infime partie de la création originale. Il est ce qui reste d'une réalité beaucoup plus vaste, qui a disparu quelque part, avant que le temps ne commence, réduisant les dix dimensions qui existaient au départ à nos quatre dimensions actuelles. (Je m'excuse d'employer l'expression « avant que le temps ne commence » qui constitue un paradoxe flagrant, mais il n'y a pas d'autre moyen de décrire verbalement les événements qui ont précédé le Big Bang.) De même, il semble qu'au moment de la création, notre Univers était rempli d'une énergie un milliard de fois supérieure à ce que nos radiotélescopes peuvent observer aujourd'hui ; l'énergie restante a été absorbée dans le champ caché, qui contient aussi les six dimensions manquantes.

Les rishis déclaraient qu'à travers une conscience élargie, même cette réalité perdue et inconcevable pouvait nous être accessible. La physique théorique admet que les dimensions perdues et les champs d'énergie invisible ne se sont pas volatilisés ; ils sont simplement retournés à l'« état de sommeil » dans le champ primordial. De même, le niveau transcendantal de la conscience est présent partout ; inutile d'aller dans un endroit précis pour le trouver. Il lui faut simplement se réveiller. William James a exprimé cette idée dans un passage célèbre :

> Notre conscience éveillée normale, ce que nous appelons la conscience rationnelle, n'est autre qu'une forme particulière de conscience. Tout autour d'elle, séparées uniquement par le plus fragile des écrans, se trouvent des formes potentielles de conscience totalement différentes. Nous pouvons traverser la vie sans jamais suspecter leur existence ; mais il suffit de savoir les stimuler et en un instant, elles sont là dans toute leur plénitude.

Si une réalité aussi vaste nous entoure, pourquoi ne pouvons-nous pas la toucher? Les chercheurs ont apporté une réponse d'une façon assez curieuse, en réalisant des expériences sur des chatons qui venaient de naître. Les chatons naissent les yeux fermés et leurs nerfs optiques ne sont pas développés. Lorsqu'ils ouvrent les yeux, le système optique arrive en même temps à maturité ; ces deux événements se produisent toujours simultanément. Cependant, on a découvert au milieu des années soixante-dix que si l'on bande les yeux d'un chaton pendant les deux ou trois premiers jours qui suivent le moment où il les ouvre, l'animal reste définitivement aveugle. Pendant cette période brève mais cruciale, c'est l'expérience de la vision qui établit les connexions interneuronales du cerveau responsables de la vision.

Cette découverte fut capitale car les biologistes sont toujours en désaccord quant au rôle de l'inné et de l'acquis sur le comportement. Le rouge-gorge apprend-il à chanter grâce à sa mère ou chanterait-il même s'il grandissait tout seul ? L'expérience réalisée sur les chatons aveugles a montré que la « nature » et l'« éducation » sont toutes deux essentielles ; la vue est programmée dans le cerveau du chaton mais il faut qu'il ait vu pour que le processus se déroule normalement. Cependant, tout cela a une conséquence plus profonde. Il se pourrait que notre cerveau soit limité exactement de la même façon. De nombreuses choses « extérieures » n'existent pas pour nous, non pas parce qu'elles sont irréelles mais parce qu'à « l'intérieur », nous n'avons pas préparé le cerveau à les percevoir. Nous sommes pareils à des récepteurs radio qui, bien que possédant tous les canaux nécessaires, n'en utiliseraient que trois — l'éveil, le sommeil et le rêve.

Parce que le cerveau est le seul appareil de radio que nous possédions, nous n'avons aucun moyen de savoir s'il existe un quatrième état, à moins que notre système nerveux y soit préparé. Il est tout à fait possible que nous soyons littéralement baignés et environnés par le transcendant, mais que nous n'ayons pas encore trouvé sa « fréquence ».

Dans ce sens, on peut comparer le Véda à l'ensemble des bandes radioélectriques. Avec le temps, sa signification s'est déformée à mesure que l'on perdait le contact avec la conscience pure. A la place de la conscience védique, l'Inde n'a conservé que les livres védiques. Les livres déclarent que le Véda est suprême et universel, mais comme le prouve l'état du pays aujourd'hui, le véritable pouvoir du Véda a cessé d'exister, ne laissant que sa forme. C'est comme si nous savions que l'ordinateur cosmique existe, comme si nous avions le manuel d'utilisation entre les mains, mais ne savions plus comment le brancher.

Pour conduire les personnes vers un état de pure conscience, Maharishi devait les détourner de la surface de la vie. Les maîtres orientaux précédents avaient donné l'impression que le fait de se tourner vers l'intérieur exigeait le sacrifice des valeurs matérielles et de la réalité objective. Maharishi adopta l'attitude inverse, en déclarant que le but de la transcendance était d'élargir l'esprit. Si la subjectivité s'élargit, sa réflexion — le monde visible — doit s'élargir avec elle. Le lent déclin de la sagesse indienne a conduit à l'interprétation erronée selon laquelle c'est la renonciation qui mène au turiya et le détachement est le but de la vie :

> La *vie* est la base du détachement ! Cela est une distorsion totale de la philosophie indienne. Cette idée a non seulement barré la voie de la conscience mais elle a également égaré les gens en quête de la Vérité. En fait, elle leur a ôté toute possibilité d'atteindre ce but.

Maharishi a écrit cela en 1967, au moment où son célèbre commentaire sur la *Bhagavad Gitâ*, était publié. Ses mots secouaient la léthargie des doctrines orientales. Dans toutes les traditions, pas seulement en Inde, l'emprise du détachement et de la renonciation a eu un effet destructeur. L'opinion qui prévaut est que l'esprit doit rejeter toute activité s'il désire atteindre le silence. Une image très parlante dans le Véda dit que la méditation ressemble au domptage d'un éléphant sauvage. L'animal est attaché à un pieu et il faut le laisser pousser des cris stridents et piétiner le sol jusqu'à épuisement total. Alors seulement, le domptage peut commencer.

Maharishi soutient que cela est une erreur grave. La vérité est que l'esprit désire trouver le quatrième état et que, si on le laisse suivre son penchant naturel, il le cherchera. La méditation n'est donc qu'un support (Maharishi l'appelle un « effort sans effort ») qui permet à l'esprit de prendre la bonne direction. La meilleure preuve est l'intervalle de silence qui sépare naturellement chaque pensée. On trouve dans le Véda une analogie similaire : les pensées sont comme les vagues de l'océan. Elles ne voient que leur propre mouvement de flux et de reflux. Elles se disent : « Je suis une vague », mais la vérité fondamentale, qu'elles ne perçoivent pas, est : « Je suis l'océan. » La vague et l'océan sont une seule et même chose, quoi que la vague puisse supposer. Lorsqu'une vague retombe, elle s'aperçoit alors instantanément que sa source dans l'océan — infinie, silencieuse et immuable — a toujours été là. Il en va de même pour l'esprit. Lorsqu'il pense, il est tout activité ; lorsqu'il s'arrête de penser, il retourne à sa source, le silence. Ce n'est que lorsque l'esprit aura atteint la conscience pure que la source véritable du Véda sera localisée. Ainsi, l'expérience du Véda n'est ni ancienne ni même particulièrement indienne. Elle est universelle et tout le monde peut la vivre à tout moment. Il suffit de quitter l'axe horizontal, qui représente le cours normal de la conscience, et de se laisser descendre verticalement. Cette chute verticale est la transcendance, la méditation, le dhyan, l'« au-delà » — toutes les manifestations d'un esprit qui cesse de s'identifier aux vagues pour s'identifier à l'océan.

Si ce raisonnement est juste, c'est la nature de l'esprit et de la relation corps-esprit qui doit être reconsidérée. Le point qu'Archimède recherchait — l'endroit où il pourrait se tenir pour déplacer l'Univers — existe réellement. Il se trouve à l'intérieur de nous-mêmes, dissimulé par le spectacle passionnant mais trompeur de l'état d'éveil.

Cela peut expliquer pourquoi la médecine corps-esprit s'est révélée si contradictoire. Nous croyons qu'une personne qui survit à son cancer ou peut se guérir elle-même d'une maladie mortelle utilise les mêmes processus mentaux que quiconque mais ce n'est pas vrai : les processus mentaux peuvent être profonds ou superficiels. Aller en profondeur signifie toucher au schéma directeur caché de l'intelligence pour le modifier — c'est seulement ainsi que la visualisation du combat contre le cancer, par exemple, sera assez forte pour vaincre la maladie. Or la plupart d'entre nous n'en sont pas capables ; la puissance de notre pensée est trop faible pour déclencher les mécanismes appropriés.

La question pratique est de savoir si la méditation est assez forte pour améliorer de façon radicale notre puissance mentale. Plusieurs études ont été entreprises par des scientifiques travaillant en relation avec Maharishi. Elles ont montré que la méditation peut effectivement provoquer un changement profond, bien plus profond que celui produit par la simple relaxation recherchée par les Occidentaux, ou les traitements médicaux qui visent à réduire le stress, l'hypertension ou d'autres troubles.

Le premier scientifique occidental à faire une découverte

décisive sur le quatrième état fut un physiologiste américain, Robert Keith Wallace, qui prouva l'existence de cet état. En 1967, Wallace était étudiant en médecine à UCLA et, dans le cadre de son doctorat, il étudia les changements physiologiques survenant pendant une séance de Méditation Transcendantale. Il utilisa les méthodes modernes de la recherche biomédicale sur des adeptes de la MT, pendant plusieurs années. Il relia ces personnes à des appareils (sans aucun inconfort pour elles) afin de mesurer leurs ondes cérébrales, leur tension artérielle, leur rythme cardiaque ainsi que d'autres paramètres physiologiques. L'expérience durait 20 minutes et les sujets utilisaient tous la même technique de Méditation Transcendantale.

Wallace ne tarda pas à recueillir une mine d'informations. Tout d'abord, il découvrit que quelque chose se produisait réellement dans l'organisme en état de méditation. Au bout de quelques minutes, les sujets atteignaient un état de relaxation profonde, signalé par un ralentissement de la respiration et de la fréquence cardiaque, l'apparition d'ondes alpha sur l'électro-encéphalogramme et une consommation réduite d'oxygène. Cette dernière mesure était particulièrement importante car elle montrait que le rythme du métabolisme de l'organisme, lié à la consommation totale de combustible dans les cellules, avait chuté — les physiologistes appellent cette régression du métabolisme « état hypométabolique ».

Les sujets atteignaient rapidement l'état de relaxation profonde. Il faut normalement quatre à six heures à une personne endormie pour que sa consommation d'oxygène devienne minimale. Or les sujets de cette étude y parvenaient en quelques minutes à peine. De plus, pendant le sommeil, la réduction est en général inférieure à 16 % tandis que Wallace observa des réductions allant parfois jusqu'à 50 %. Il fut impressionné par ces résultats car jamais auparavant on n'avait observé un état de relaxation aussi profond. Cela prouvait que les sentiments subjectifs éprouvés durant la méditation — le silence intérieur, la sérénité et la relaxation — avaient une base physique réelle. Il était également important de constater que les sujets ne s'étaient pas endormis et n'étaient pas entrés en transe. Ils étaient complètement éveillés à l'intérieur d'eux-mêmes, éprouvant même une sensation de conscience accrue. Wallace en conclut que la méditation était un état d'« éveil hypométabolique ». Comme ses mesures différaient de celles observées en état de veille, de sommeil ou de rêve, il conclut qu'il avait démontré l'existence d'un état de conscience entièrement nouveau — le quatrième état.

Certains sujets avaient subi des changements physiques qui allaient bien au-delà de la moyenne. Comme les yogis observés en Inde et dans l'Himalaya, leur respiration semblait s'interrompre pendant de longs moments. Au niveau subjectif, ces états plus profonds se traduisaient par un silence intérieur absolu, un sentiment de vaste expansion et de connaissance profonde. L'esprit se vidait de toute pensée particulière mais gardait une conscience claire qui disait : « Je sais tout. » Personne ne pouvait expliquer ces expériences car les instruments scientifiques sont trop peu élaborés pour les analyser ou même les détecter.

Cependant, pour toute personne versée dans la littérature védique, il était évident que ces sujets faisaient l'expérience d'une prise de conscience transcendantale à un niveau très profond. Le *Yoga Vasishtha*, l'une des meilleures références sur l'expérience directe du transcendant, dit à propos du quatrième état : « Quand l'interruption de la respiration se fait sans effort, l'état suprême est atteint. C'est le Moi. C'est la conscience pure et infinie. Celui qui y parvient ne connaît pas le malheur. » Il serait difficile de trouver meilleure description de ce que les physiologistes étaient en train d'observer. Wallace consulta les résultats obtenus avec des adeptes du zen au Japon, qui se révélèrent comparables ; toutefois, il était surprenant de constater que ses sujets, américains, jeunes pour la plupart, appartenant à la génération post-hippie et qui débutaient dans la méditation, parvenaient au même état que des adeptes du zen pratiquant la méditation depuis 10 ans.

Considérée sous un jour différent, l'expérience de Wallace légitima la relation corps-esprit. Il est maintenant reconnu que l'organisme d'une personne réagit spontanément à son état de conscience, comme le disaient les rishis. Le paradoxe est qu'il nous faut apprendre à plonger à l'intérieur de nous-mêmes. La méditation nous apprend à contrôler un processus qui nous influence chaque jour, que nous en ayons conscience ou pas.

J'ai vu récemment une Bostonienne d'une soixantaine d'années qui souffrait depuis plusieurs années de cardiomyopathie, lente dégénérescence du muscle cardiaque. Il existe diverses formes de cardiomyopathie ; la sienne était idiopathique, c'est-à-dire qu'aucune cause ne pouvait l'expliquer. Au moment du diagnostic, son symptôme principal était une difficulté à respirer après chaque effort — elle souffrait d'une insuffisance cardiaque due à l'hypertrophie du cœur. La médecine ne peut pratiquement rien contre cette maladie, ce qui la tourmentait beaucoup. Lors de sa dernière visite à son cardiologue, deux mois plus tôt, ce dernier lui avait suggéré de se rendre à l'hôpital pour passer une angiographie.

Le but de l'angiographie est de déterminer si les artères coronaires, qui envoient l'oxygène au cœur, sont bouchées. Le cardiologue pensait que s'il y avait obstruction, certains de ses problèmes pouvaient résulter d'une maladie artérielle pour laquelle il existe des traitements. Avec une grande appréhension, elle se soumit à l'examen. Le technicien, qui était également médecin, vint la trouver ensuite dans sa chambre.

« J'ai de bonnes nouvelles pour vous », dit-il. « Vos vaisseaux sont propres — vous n'avez pas de maladie coronarienne. Pour ce qui me concerne, je ne vois pas la nécessité d'une opération. » En partant, il ajouta : « Si votre état s'aggravait, la seule chose que nous pourrions tenter serait une greffe du cœur. »

Personne ne lui avait jamais rien dit de tel et en quelques jours, elle se mit à manquer de souffle, non seulement en faisant des efforts mais aussi dès qu'elle s'allongeait. Incapable de dormir et de plus en plus anxieuse, elle retourna voir son cardiologue qui ne put trouver aucune explication à l'aggravation de ses symptômes. Il finit par l'interroger et elle lui avoua qu'elle avait peur de subir une greffe du cœur. Il l'assura que ses craintes étaient sans fondement — son cas n'était certes pas assez grave pour nécessiter une telle opération. Dès ce moment-là, ses nouveaux symptômes disparurent.

Une fois encore, nous voyons que la réalité subjective et la réalité objective sont étroitement liées. Lorsque l'esprit se modifie, le corps ne peut faire autrement que de suivre le mouvement. La réalité objective paraît d'évidence plus stable que nos humeurs subjectives, nos désirs fugaces et nos variations émotionnelles. Il se peut toutefois qu'elle ne le soit pas ; elle ressemble en fait à une corde de violon qui joue une certaine note mais peut aussi en changer lorsque le doigt glisse le long de la corde — cette image m'a été inspirée par le cas de Chitra relaté au début de ce livre, mais elle est vraie pour chacun de nous.

La note sur la corde représente notre niveau de conscience. C'est un attribut interne fondamental, un foyer vers lequel convergent nos désirs, nos pensées et nos émotions, une paire de lunettes d'une certaine couleur qui nous font voir toute la vie de cette couleur. La plupart des gens ne se rendent pas compte à quel point leur niveau de conscience est stable ; d'autres le savent parfaitement — une personne dépressive irradie cette dépression, même lorsqu'elle s'efforce d'agir positivement ; une personne hostile peut faire monter la tension de toute une assemblée, même en prononçant les paroles les plus anodines. Le niveau de conscience de quelqu'un ne peut être circonscrit dans des limites très précises. Personne n'est complètement hostile ou joyeux, intelligent ou terne, satisfait ou mécontent ; des douzaines de gradations subtiles existent dans chaque personnalité.

Le point important est que toutes nos actions et toutes nos pensées sont déterminées par ce niveau de conscience — on ne peut s'imaginer soi-même à un niveau plus élevé ou plus bas. Cela explique en partie pourquoi la méditation n'est pas simplement une autre forme de pensée ou d'introspection, erreur que les Occidentaux ont tendance à faire. C'est en réalité un moyen de glisser vers une nouvelle « note ». Le processus de transcendance, qui consiste à aller « au-delà », libère l'esprit et lui permet d'exister, même de façon fugace, libre absolument. Il pénètre simplement le silence, dans lequel il n'y a ni pensées, ni émotions, ni tensions, ni désirs, ni craintes. Ensuite, lorsque l'esprit revient à lui (à son niveau de conscience), il a acquis une certaine liberté de mouvement.

D'un point de vue médical, une maladie peut représenter une corde de violon mal accordée. Pour une raison quelconque, le corps-esprit ne parvient pas à accorder son instrument en se laissant tout simplement aller. Dans un tel cas, la méditation peut être un outil thérapeutique puissant, permettant au corps de se libérer de la maladie. Des chercheurs se sont rendu compte de ce potentiel à la fin des années soixante, lorsqu'ils ont découvert que de nombreux lycéens qui consommaient de l'alcool, des cigarettes et des drogues légères abandonnaient ces habitudes après quelques mois de méditation. On peut décrire cela comme une libération par rapport à un niveau de conscience dépendant de la drogue : au niveau des neuropeptides, il se peut que la méditation ait libéré certains sites récepteurs en proposant des molécules plus satisfaisantes que l'alcool, la nicotine ou la marijuana.

En 1978, fort de plus de dix ans d'observation des effets du corps-esprit sur les adeptes de la Méditation Transcendantale, Robert Keith Wallace décida de suivre une nouvelle piste. Il commença à étudier un domaine holistique plus complexe, celui du vieillissement. On considère traditionnellement le processus de vieillissement comme une conséquence inévitable de la vie, aux variations largement individuelles. Certaines personnes vivent plus longtemps que d'autres grâce à un patrimoine génétique favorable, à un système immunitaire puissant ou encore à la chance, mais il n'existe aucun facteur anti-vieillissement qui puisse être appliqué à tout le monde. S'il en était ainsi, les septuagénaires seraient tous en bien meilleure santé, comme la plupart des jeunes de vingt ans.

Cependant, il n'existe pas de preuve scientifique que le vieillissement soit un phénomène normal — c'est simplement quelque chose qui nous arrive à tous. Tant de facteurs de stress s'exercent sur une vie « normale » que l'on finit par admettre que l'organisme soit constamment soumis à des pressions anormales — bruit, pollution, émotions négatives, régimes inadéquats, cigarettes, alcool et ainsi de suite. La « maladie d'être pressé » accélère à elle seule le vieillissement de beaucoup d'entre nous. Si la méditation parvient à compenser ces effets, il se pourrait que l'on découvre un aspect entièrement nouveau dans le processus de vieillissement.

Wallace entreprit d'évaluer l'âge biologique d'un groupe d'adultes, adeptes de la méditation. L'âge biologique permet de déterminer comment fonctionne l'organisme d'une personne par rapport à des normes observées dans la population générale. Il donne du processus de vieillissement une image plus fidèle à la réalité que l'âge chronologique ou le calendrier. Deux personnes âgées de 55 ans selon le calendrier présentent généralement des organismes très différents. Au départ, Wallace voulait simplement vérifier trois paramètres : la tension artérielle, l'acuité auditive et la capacité de voir des objets proches. Ces trois variables se détériorent au fur et à mesure que le corps vieillit et elles sont, de ce fait, des marqueurs intéressants.

Wallace découvrit que les adeptes de la méditation, pris en groupe, avaient un âge biologique inférieur à leur âge chronologique. La différence était loin d'être négligeable — la femme qui obtint les meilleurs résultats avait vingt ans de moins que son âge chronologique. Etonnamment, la jeunesse biologique d'une personne était étroitement liée à la durée de sa pratique de la méditation. Wallace put établir une distinction très nette entre ceux qui méditaient depuis moins de cinq ans et ceux qui pratiquaient depuis cinq ans ou plus. Le premier groupe gagnait cinq années biologiques, le second douze. Une étude réalisée plus tard en Grande-Bretagne a confirmé ces résultats en montrant que chaque année de méditation régulière équivaut à un an de moins. Une autre découverte qui impressionna beaucoup l'équipe de Wallace montrait que les sujets les plus âgés enregistraient d'aussi bons résultats que les sujets plus jeunes. Une personne de 60 ans, méditant depuis cinq ans ou plus, présentait la physiologie de quelqu'un de 48 ans.

Un autre point important souligné par cette étude remarquable est que les sujets *ne cherchaient pas* à vieillir plus lentement. Ils avaient simplement abattu une barrière invisible, ce qui permettait aux changements physiques souhaités de s'ensuivre naturellement. Cette éternelle jeunesse des adeptes des la méditation semble être générale ; une étude menée en 1986 par une compagnie d'assurances sur 2000 sujets, a montré qu'ils étaient en bien meilleure position que la population américaine dans son ensemble, par rapport à dix-sept grandes catégories de maladies graves, aussi bien mentales que physiques. La différence était très significative. Par exemple, le groupe de sujets pratiquant la méditation était hospitalisé beaucoup moins souvent, dans une proportion de 87 % pour des troubles cardiaques et de 50 % pour toutes sortes de tumeurs. On notait également une réduction impressionnante des troubles du système respiratoire et du tube digestif, de la dépression et d'autres affections encore. Bien que l'étude ait été limitée à un seul groupe, ce sont là des résultats très encourageants pour qui veut suivre un programme holistique préventif.

Il se peut que le « quatrième état » joue un rôle important dans notre avenir. A la source de la conscience, se trouve un niveau de conscience supranormal — il peut cependant devenir normal dès que nous nous serons habitués à l'explorer. Si le turiya est le berceau de l'esprit, pourquoi celui-ci ne pourrait-il pas y élire domicile ? C'est la nouvelle zone que nous devons maintenant explorer, en nous demandant si la nature est unifiée, non seulement dans le modèle hypothétique d'Einstein, mais aussi en nous-mêmes.

11

Naissance d'une maladie

Les rishis avaient une position très simple dans le débat corps-esprit. Tout, disaient-ils, vient de l'esprit. Il projette le monde exactement à la manière d'un projecteur de cinéma. Notre organisme fait partie du film, de même que tout ce qui lui arrive. Ce qui étonnait les rishis n'était pas que nous soyons capables de nous rendre malades ou de nous garder en bonne santé, mais plutôt que nous ne nous voyions pas en train de le faire. Si nous pouvions nous observer nous-mêmes en silence, nous pourrions voir cela et bien davantage. Le ciel, l'océan, les montagnes et les étoiles se déverseraient de notre cerveau — ils font aussi partie du film. Si le raisonnement des rishis est exact, nous avons tort de tant nous fier à la réalité objective. Et pourtant, notre cadre de référence ne semble pas erroné. Il nous convient pour l'essentiel ; le ciel et les étoiles semblent exister « à l'extérieur », totalement indépendamment de nous. Sommes-nous mystifiés par notre propre film ?

Pour comprendre les rishis, il faut adopter leur perspective, c'est-à-dire quitter la réalité de l'état de veille ordinaire, au moins légèrement. Si l'on y parvient, on commence à comprendre que l'esprit a une véritable force créatrice. J'en ai moi-même fait récemment l'expérience de manière brève mais révélatrice. Je me trouvais dans un avion bondé qui venait de décoller de Bombay. Tout semblait normal jusqu'à ce que le voyant « Défense de fumer/ Attachez vos ceintures » se rallume au moment même où un steward traversait l'appareil en courant vers l'avant de la cabine. Le pilote annonça : « Mesdames et messieurs, veuillez rester assis. Nous retournons vers Bombay pour un atterrissage d'urgence. » Sa voix trahissait la frayeur et comme nous restions assis dans un silence tendu, une jeune hôtesse de l'air se mit à sangloter.

Quelques minutes plus tard, nous rebondissions sur la piste d'atterrissage et trois camions de pompiers se précipitaient vers nous ; leurs sirènes mugissantes couvraient le vrombissement de l'appareil. Rien d'autre ne se produisit. Aucune explication ne fut donnée. La moitié des passagers décida de rester au sol. Les autres furent rapidement transférés dans un autre avion. Cet incident ne m'ayant pas trop perturbé, je pris le second avion. Une dizaine de jours plus tard, lors d'un autre voyage aérien, mon esprit était tout à fait calme. Pourtant, dès que le voyant « Défense de fumer/Attachez vos ceintures » apparut, accompagné du petit tintement habituel, mon cœur se mit à battre. Tout d'abord, je ne fis pas le rapprochement ; puis je compris que je m'étais créé un réflexe conditionné. Tout comme le chien de Pavlov salivait au son d'une cloche, les battements de mon cœur s'étaient accélérés. Je remarquai ensuite qu'aussitôt après que j'eus trouvé cette explication, mon cœur s'était remis à battre normalement. Pendant quelques secondes, j'avais assisté à la naissance d'une impulsion qui façonnait ma réalité. Il est plausible que j'aie inconsciemment créé mon être en accumulant des millions d'impulsions semblables. Celles-ci sont trop rapides et désordonnées pour que je puisse les analyser — autant demander à une chute d'eau d'analyser toutes ses gouttes, mais surtout trop abstraites. Pour les rishis, l'Univers tout entier s'est formé, couche après couche, à partir d'une pure abstraction. C'est parce que l'on s'abandonne volontairement au rêve qu'un western avec John Wayne semble réel, même si l'on sait que ce ne sont que des faisceaux lumineux rebondissant sur une surface blanche et plane. Un rêve est fait uniquement d'impulsions neuronales surgissant dans le cerveau, mais aussi longtemps que l'on est dans le rêve, on reste convaincu de sa réalité. (Tout le monde connaît la petite déception que l'on ressent lorsque le rêve cesse d'être convaincant. Après une lutte de courte durée, on réintègre le monde éveillé.)

De la même manière, la réalité que nous acceptons à l'état de veille n'est connue de nous qu'à travers des impulsions qui surgissent dans notre cerveau. Lorsque nous touchons une fleur, ce contact réunit les champs de force et de matière existant dans notre main à ceux existant dans la fleur. Tous ces champs sont complètement abstraits et pourtant le toucher ne nous semble pas abstrait. Nous ne doutons pas qu'il existe. Les rishis accordaient une importance énorme au pouvoir de conviction que nous avons sur nous-mêmes. Shankara, le plus grand esprit philosophique de la tradition védique, a énoncé une parabole célèbre à ce sujet :

> Un homme marche le soir sur un chemin et voit un gros serpent lové dans la poussière. Terrifié, il s'enfuit et ameute tout le village en criant « Un serpent, un serpent ! » Les gens du village sont également terrifiés ; les femmes et les enfants refusent de sortir à cause du serpent et la vie normale est assombrie par l'appréhension générale. C'est alors qu'un courageux se décide à aller voir le serpent. Il demande à l'homme de l'amener à l'endroit exact et, lorsqu'ils y arrivent, ils s'aperçoivent qu'il n'y a pas un serpent mais une corde enroulée au milieu de la route.

Toutes nos peurs, dit Shankara, se forment à partir d'une telle illusion. En fait, nous ne distinguons pas ce qui est réel de ce que nous pensons être réel. Ce genre de raisonnement n'est pas typiquement indien — on peut l'adapter facilement à un cadre de référence moderne. Pensons à ce qui se produit lorsqu'on approche l'un de l'autre les pôles nord de deux aimants. Le champ magnétique fait qu'ils se repoussent. S'il s'agissait d'aimants doués de pensée, ils « sentiraient » quelque chose de solide entre eux. Ils créeraient un contact par abstraction, tout comme nous le faisons nous-mêmes.

La raison pour laquelle un objet apparaît au toucher mou, dur, rugueux, lisse, etc., c'est qu'une telle interprétation se fait dans le cerveau. En fait, les cinq sens ne sont que des outils. Le toucher est en réalité le cerveau se projetant dans le monde, utilisant des cellules nerveuses spécialisées pour enregistrer une certaine information. Celle-ci est, rappelons-lè, une bande très étroite, totalement différente de ce qu'un serpent « touche » lorsque sa langue siffle dans l'air.

De même, les terminaisons nerveuses qui recouvrent la rétine sont également des extensions du cerveau. Structurellement parlant, la rétine est un réservoir de terminaisons nerveuses qui se ramifient comme le bord frangé d'une corde. Celle-ci, le nerf optique, réunit un million de fibres nerveuses en une même corde enroulée. Bien qu'elles soient situées plus profondément que les terminaisons nerveuses sous la peau, les cellules sensorielles de l'œil peuvent aussi « toucher » le monde extérieur. Il n'y a pas de différence intrinsèque entre le champ de lumière capté par l'œil et le champ d'énergie que nous touchons avec nos doigts — la vraie distinction entre la vue et le toucher se fait dans le cerveau. Il en va de même pour tous les autres sens : l'ouïe, l'odorat et le goût font intervenir des cellules spécialisées qui envoient des impulsions au cerveau pour qu'il les interprète ; sans cette interprétation, rien ne pourrait exister.

Tout dans notre existence est lié à nos sens et nos sens sont liés au cerveau. La notion « Cette chaise est dure au toucher » est fausse à moins que l'on ne précise : « Cette chaise est dure parce que mon cerveau la perçoit ainsi. » (La chaise n'est pas dure du tout pour un rayon cosmique qui la traverse de part en part. Un neutrino traverse la Terre entière avec la même facilité.) Les rishis sont allés plus loin dans le raisonnement. Ils avaient remarqué qu'il n'était pas utile de toucher physiquement un objet pour connaître sa texture. Confronté à la question : « Qu'est-ce qui est plus doux, une serviette de toile amidonnée ou un pétale de rose? », on peut facilement les comparer en utilisant une image mentale du toucher, sans avoir à sortir pour chercher une vraie serviette et une vraie rose.

Nous pouvons faire cela car nous sommes parvenus à un niveau plus subtil de la sensation du toucher. De même, il existe des sons, des scènes, des odeurs et des goûts plus subtils. Cependant, ce niveau de l'esprit n'est pas le dernier — en méditant, on peut remonter encore plus loin, au-delà des cinq sens subtils (que l'on appelle dans l'Ayur-Véda *tanmatras*), pour arriver à la conscience dans son état unifié — les textes védiques comparent cela à l'action de remonter le long des cinq doigts jusqu'au point où ils se rejoignent dans la paume. Subjectivement, l'image visuelle d'une rose se fait de plus en plus faible sur l'écran de l'esprit, jusqu'à ce qu'il ne reste plus que l'écran lui-même. On se trouve alors à l'origine véritable des sens, le champ de l'intelligence. C'est ainsi, raisonnaient les rishis, que l'Univers tout entier de la réalité physique prend naissance.

Il semble que nous fassions ici de la pure philosophie mais en fait, chaque niveau de toucher, de vue, d'ouïe, d'odorat et de goût influence notre vie quotidienne. Si vous aimez les huîtres et que je les déteste, la différence ne se trouve pas dans l'huître ni dans nos papilles gustatives. Le contact entre les molécules de l'huître et les récepteurs gustatifs de la bouche est le même pour nous deux. Toutefois, la sensation de délice vous envahit alors que je ressens du dégoût. Toutes les données brutes de l'expérience doivent passer par le filtre de l'intelligence. Il n'existe pas deux personnes qui l'évaluent exactement de la même manière.

Lorsque quelque chose semble changer dans l'Univers, disaient les rishis, c'est en réalité nous-mêmes qui changeons. Un de mes amis indiens, un chirurgien, a acquis une réputation de fin gourmet. Les omelettes sont sa spécialité et plus elles sont exotiques, plus il les apprécie. Pourtant, la dernière fois que nous nous sommes retrouvés autour d'un *brunch* dominical, il n'en a pas commandé. Intrigué, je l'ai interrogé et il m'a répondu : « Je ne peux plus supporter le goût d'une omelette. » Son penchant avait subitement disparu, quelques jours auparavant.

Il était chez lui en train de battre une omelette et son fils de six ans, Arjun, le regardait faire. Chaque fois que mon ami cassait un œuf, il mettait les coquilles de côté. Quelques-unes tombèrent par hasard dans un petit sac brun contenant des graines destinées aux moineaux.

« Oh, ne fais pas cela », dit Arjun d'un air sérieux. « Les oiseaux vont croire que leurs bébés sont morts et ils ne voudront pas manger. » Mon ami est généralement très fier des remarques précoces de son fils mais, tout à coup, le goût de l'omelette qu'il préparait, ou de n'importe quelle autre, lui devint odieux. La science serait bien incapable de quantifier un tel changement : le phénomène est trop fantomatique et personnel. Le fait de dire qu'une omelette a bon goût n'a pas plus de valeur que de dire qu'elle a mauvais goût. Il en va de même pour toute autre sensation. Un oreiller en plumes d'oie est-il doux ? Pas pour quelqu'un qui souffre d'une migraine et qui gémit lorsque sa tête touche l'oreiller. Un avion à réaction va-t-il vite ? Non, si on le regarde de la Lune. En résumé, il n'y a pas de limites aux façons d'interpréter une sensation, de même qu'il n'y a pas de limites aux façons d'y réagir.

Les rishis disaient que la vie se construit à travers nous. Rien n'est bon ou mauvais, dur ou mou, douloureux ou agréable. Tout est dans la manière dont nous le vivons. C'est vrai également pour la maladie. Une maladie n'est pas le contact moléculaire entre un organisme étranger et les molécules de notre corps. (Comme nous l'avons vu, même si l'on injecte le virus du rhume dans le nez d'une personne, la probabilité qu'elle attrape ce rhume n'excède pas une chance sur huit.) Ce n'est pas même le flot de toxines dans notre sang ni l'action de cellules fugitives. Selon les rishis, une maladie est une succession de moments que nous traversons, durant lesquels nous apprécions chacune des innombrables données qui affluent de tous les coins de l'Univers, y compris de notre corps.

Notre corps est un univers lui aussi. Lorsque j'abordai pour la première fois l'Ayur-Véda, je fus profondément impressionné par les vers suivants extraits de textes anciens :

> Semblable au corps humain est le corps cosmique.
> Semblable à l'esprit humain est l'esprit cosmique.
> Semblable au microcosme est le macrocosme.

Ces mots sont sujets à de multiples interprétations. Ce qu'ils signifient pour moi, c'est que lorsque j'affronte mon existence quotidienne, j'ai la responsabilité de deux mondes, le petit qui est en moi et le grand qui m'environne. Mon appréciation du plus petit détail « extérieur » — le Soleil, le ciel, la probabilité qu'il pleuve, les mots prononcés par d'autres personnes, les ombres projetées par des bâtiments — est appariée à un événement « intérieur ». Un choix infini s'offre constamment à moi pour modifier la forme du monde, car il n'a pas d'autre forme que celle que je lui donne. L'éminent neurologue Sir John Eccles a très clairement décrit cela : « Je veux que vous compreniez qu'il n'y a ni couleurs ni sons dans le monde naturel — rien de la sorte ; ni textures, ni structures, ni beauté, ni parfums... » En somme, rien n'est plus important dans l'Univers que la part que nous y prenons.

L'approche subjective des rishis trouva une application extrêmement utile dans l'Ayur-Véda. L'Ayur-Véda est habituellement considéré comme un domaine médical mais on pourrait tout aussi bien dire qu'il est destiné à guérir les illusions, à déposséder la maladie de sa capacité de conviction pour laisser une réalité plus saine prendre sa place. (Le nom *Ayur-Véda* lui-même suggère une médecine au sens le plus large du terme. Il vient de deux racines en sanskrit, *Ayus*, « vie » et *Véda*, « connaissance » ou « science ». Le sens littéral est donc « science de la vie ».)

Les patients sont curieux de savoir quels genres de traitements sont spécifiquement ayur-védiques — Y a-t-il de nouvelles pilules à essayer, des exercices, des régimes ou des thérapies orientales encore plus mystérieuses? Je réponds oui à tout cela mais je dois quand même ajouter avec un certain embarras que je passe beaucoup de temps à parler, tout simplement pour essayer d'amener les gens à être moins convaincus de la réalité de leur maladie. Dans l'Ayur-Véda, cela constitue la première étape, la plus importante, du processus de guérison. Tant que le patient est convaincu de l'existence de ses symptômes, il est prisonnier d'une réalité où « être malade » est la donnée essentielle. La raison pour laquelle la méditation est si importante dans l'Ayur-Véda est qu'elle mène l'esprit dans une « zone libre », qui n'est pas touchée par la maladie. Jusqu'à ce que l'on comprenne qu'un tel endroit existe, la maladie semble entièrement prendre le dessus. C'est la principale illusion qu'il faut briser.

Nous créons tous indéniablement des scénarios qui parviennent ensuite à nous convaincre, jusqu'au plus profond de nos cellules. Une jeune Bostonienne, qui étudiait dans le Vermont, me fut amenée récemment par ses parents. Ils s'étaient complètement affolés lorsqu'elle était revenue au milieu du deuxième trimestre, souffrant de douleurs aiguës dans la poitrine. Celles-ci étaient survenues tandis qu'elle se remettait d'un rhume et, au bout d'une semaine, elles s'étaient aggravées d'une manière alarmante. Une nuit, la jeune fille avait eu une crise violente — elle avait le souffle court et souffrait de palpitations et de vertiges, se montrant si effrayée que ses parents la transportèrent au service des urgences de l'hôpital le plus proche.

Le temps d'arriver à l'hôpital, toute la famille avait sombré dans un état proche de la panique. Le médecin de garde détecta un léger souffle au cœur et décida de faire passer à la jeune fille un électrocardiogramme. Celui-ci montra que des battements supplémentaires se produisaient en dehors du rythme cardiaque. Il fit alors une échocardiographie, qui lui permit de discerner une insuffisance cardiaque réelle.

« Elle a un prolapsus de la valvule mitrale », déclara-t-il à la famille. Cela signife que lorsqu'une des valvules du cœur se ferme, elle gonfle vers l'intérieur, en direction de l'alvéole. « Je veux qu'elle passe la nuit ici, dans l'unité de soins intensifs », continua-t-il. En moins d'une heure, la jeune fille fut soumise à un goutte-à-goutte de morphine pour calmer la douleur et alimentée en oxygène par de petits tubes placés dans son nez. Autour d'elle se trouvaient des victimes d'accidents cardio-vasculaires, dont certaines étaient mourantes. La jeune fille se sensit extrêmement angoissée et commença à avoir des hallucinations causées par la morphine, tout en sombrant dans le sommeil.

Le lendemain, les médecins parvinrent à la conclusion que sa douleur était probablement due non seulement au prolapsus de la valvule mitrale mais aussi à une péricardite, inflammation du péricarde (la membrane entourant le cœur). Elle sortit de l'hôpital et dut suivre un traitement anti-inflammatoire puissant. En outre, on lui prescrivit des bêtabloquants destinés à ralentir son rythme cardiaque. La douleur dans la poitrine se calma ; cependant, elle ne supporta absolument pas les bêtabloquants — outre leur action au niveau du cœur, ces médicaments s'attachent à des récepteurs dans le cerveau, provoquant somnolence et désorientation mentale.

On modifia son traitement, mais cela ne fit qu'augmenter le nombre des symptômes en provoquant de nouveaux effets secondaires. Son nouveau traitement était destiné à dilater ses vaisseaux sanguins mais il provoquait une hypotension, se traduisant par des malaises et des nausées ; parfois, elle s'évanouissait. Elle parvint à surmonter ces effets secondaires, surtout parce qu'elle voulait rester à tout prix à l'université. Chaque fois qu'elle tentait de diminuer les doses, même légèrement, la douleur initiale dans la poitrine revenait, tout aussi forte, accompagnée de tous les autres symptômes. Elle revint chez elle pour les grandes vacances et horrifia ses parents en s'étreignant la poitrine, un soir au dîner. Elle commença à souffrir d'une hyperventilation si grave que sa mère se précipita pour trouver un sac de papier dans lequel elle puisse respirer. Au bout de quelques minutes, elle ressentit des palpitations violentes, se mit à vomir et finit par s'évanouir. Ses parents la veillèrent toute la nuit, ainsi que pendant les nombreuses nuits qui suivirent.

Comme les médecins ne pouvaient rien faire de plus pour elle, les membres de la famille se mirent en quête d'autres méthodes. Ils lurent dans un journal un article sur l'Ayur-Véda et c'est ainsi qu'un jour de juillet, tous trois, père, mère et fille, se présentèrent à la clinique de Lancaster. Je notai en détail les antécédents de la jeune fille et regardai son électrocardiogramme qui me laissa perplexe.

« Votre douleur ne vient pas du cœur », lui dis-je et pour le prouver, j'appuyai fermement sur son sternum. Elle tressaillit. « Vous êtes encore très sensible parce que tout a commencé par une inflammation à cet endroit, là où le cartilage costal et le sternum se rencontrent. Cette maladie, la chondrite costale, peut survenir après un rhume ou une autre infection virale. »

La jeune fille et ses parents me regardaient consternés mais je continuai, démontant le puzzle pièce par pièce. La nuit où ils s'étaient rendus aux services des urgences, sa grande anxiété avait provoqué les battements ectopiques du cœur. Quant à l'affection diagnostiquée, le prolapsus de la valvule mitrale, elle peut survenir chez pas moins de 10 % des jeunes femmes qui ont une constitution aussi svelte que la sienne. On n'en connaît pas la cause, de même qu'il n'existe aucune explication médicale à la douleur qu'elle provoque chez certains patients. De la même manière, le souffle au cœur ne semble pas dangereux. Sa péricardite était une erreur de lecture de l'électrocardiogramme — la violence de sa crise avait probablement rendu le médecin de garde tellement anxieux qu'il avait fini par trouver quelque chose d'anormal. Les autres symptômes — nausées, vomissements, palpitations, vertiges, évanouissements, souffle court et hyperventilation — étaient dus soit aux médicaments, soit directement à elle.

« J'ai essayé de remonter jusqu'au moment où votre maladie s'est créée », dis-je, « pour vous montrer comment elle s'est construite, étape par étape. Actuellement, votre maladie est un réflexe, maintenu par votre propre attente. »

Les parents de la jeune fille prirent un air offensé. J'imaginais leur anxiété pendant cette nuit de veille passée à se demander si ses jours étaient en danger. Pour qu'ils voient bien que je ne blâmais personne, je leur racontai mon expérience dans l'avion, lorsque le voyant « Eteignez vos cigarettes » avait fait que mon cœur s'était mis à battre la chamade. Avec un soupçon de peur en plus, mon cœur affolé aurait pu démarrer une « maladie cardiaque » tout aussi convaincante que celle de leur fille.

Ils semblaient toujours mal à l'aise. Ils avaient cru jusque-là que les souffrances de leur fille étaient dues à une maladie ; à m'en croire, elle s'infligeait cela elle-même. L'avènement de la médecine corps-esprit a fait de ce problème un point extrêmement douloureux. La vie était plus simple lorsqu'on considérait qu'une maladie sans microbes se passait « dans la tête ». Les microbes ont perdu du terrain, mais au lieu de disparaître avec eux, la maladie est devenue bien plus énigmatique. Est-ce que j'attends que le cancer me frappe ou est-ce ma personnalité qui le provoque? Le cas de cette jeune fille constitue un exemple parfait. Un cardiologue peut attribuer la cause de sa douleur à son insuffisance cardiaque ; un psychiatre peut dire que l'insuffisance cardiaque n'y était pour rien — la jeune fille a simplement paniqué. Les médicaments qu'elle prenait entraînaient des vomissements mais ceux-ci persistaient après l'arrêt du traitement. Sa tension basse pouvait provoquer des évanouissements mais l'anxiété aussi. La médecine moderne n'a cessé de débattre inlassablement de ces questions.

Le résultat, selon des enquêtes auprès des patients, est une augmentation énorme de leur sentiment de culpabilité. Il y a une différence très subtile entre sonder les peurs des patients et les alimenter. J'ai passé des heures à conseiller des cancéreux. Ils écoutent attentivement parce que « c'est le médecin qui parle ». Je leur dis qu'ils peuvent vaincre leur cancer et ils s'empressent d'approuver.Or quand je me retrouve seul, je suis hanté par une pensée terrible que je lis dans leurs yeux : « Vous dites que je suis malade mais en réalité, je suis responsable de ce qui m'arrive. »

La jeune fille était restée silencieuse pendant un long moment. « Ainsi, c'est moi qui crée tout cela ? dit-elle finalement.

— Non, mais vous y participez certainement. Essayez de ne plus y participer. Je parie que les choses changeront.

— Comment faire ?

— Vous devez vous libérer de votre propre conditionnement. La prochaine fois que vous aurez une crise, tenez-vous simplement un peu en retrait ; laissez la douleur être là, et restez aussi neutre que vous le pourrez. » Si elle y parvenait, lui dis-je, sa maladie disparaîtrait comme elle était venue.

Elle écouta et me remercia. Je n'eus plus aucune nouvelle pendant deux semaines. Peut-être avais-je touché trop de points sensibles. J'avais fait de sa maladie un problème personnel, alors que la famille espérait éperdument qu'elle fût impersonnelle. La médecine traditionnelle s'efforce de faire entrer les maladies dans des cases toutes faites, éliminant ainsi l'élément personnel. J'avais remarqué, pendant que je l'interrogeais, que cette jeune fille accordait une importance énorme au diagnostic. Elle faisait précéder chaque description par : « Quand j'ai mon prolapsus de la valvule mitrale... », comme si ces mots expliquaient tout. Ils lui servaient de filet pour rassembler et lier tous ses symptômes. Quand je le lui fis remarquer, elle devint très pensive. Elle avait tellement investi dans les mots *prolapsus de la valvule mitrale* qu'ils avaient sur elle l'effet d'une formule magique. Il était essentiel de rompre le charme, qui peut se montrer étrangement puissant.

J'avais tort de croire qu'elle n'avait pas pris notre entretien à cœur. La curiosité me poussa à téléphoner pour savoir comment elle allait. Les nouvelles étaient très bonnes : elle avait cessé tout traitement et ses crises se limitaient désormais à des accès de douleur occasionnels dans la poitrine. Ses parents la surprenaient parfois assise, les yeux fermés. Lorsqu'ils lui demandaient ce qu'elle faisait, elle répondait : « Je regarde simplement la douleur jusqu'à ce qu'elle s'en aille. » Tous les symptômes associés — vertiges, vomissements, évanouissements, etc. — avaient disparu.

En psychologie, il existe certains sentiments extrêmes — tels que le dégoût, la terreur, l'horreur, etc. — que beaucoup ne peuvent affronter. Lorsque ces personnes sont horrifiées ou frappées de terreur, elles jureraient que leur émotion vient de l'extérieur d'elles-mêmes. Dans les cas de paranoïa, la personne peut même penser qu'« ils » l'investissent de tels sentiments par un moyen diabolique. (« Ils » peut désigner des martiens, des communistes ou les voisins de palier.) Freud les qualifiait d'émotions « inquiétantes ». Il passa plusieurs années à les observer chez des malades névrotiques et psychotiques.

Je pense cependant que l'étrangeté est toujours présente. La nature peut ainsi mettre un voile sur nos peurs les plus secrètes. Ce dernier nous cache la douleur intérieure jusqu'au moment où celle-ci franchit un barrage invisible et se déverse. C'est alors que surgit la pensée suivante : « Est-ce que cela est en train de m'arriver, ou suis-je en train de le faire à moi-même ? » Peu importe que le résultat final soit une maladie ou simplement une sensation de malaise extrême. L'important est d'éviter que le patient ne soit prisonnier de ses doutes — c'est de là que vient la paralysie totale.

La médecine a déjà payé très cher le fait de ne pas s'occuper convenablement de la nature personnelle de la maladie. En premier lieu, nous avons éveillé un sentiment de culpabilité sans être capables de l'apaiser. Les malades sont horrifiés à l'idée d'être responsables de leurs maladies. Les médecins ne croient pas qu'ils entretiennent cette culpabilité. Peut-être est-elle née à force de nous entendre dire que personne n'est à blâmer. Mais si les médecins disent que vivre bien aide à éviter une crise cardiaque ou le cancer, ne disent-ils pas du même coup que vivre mal aide à provoquer ces mêmes maladies ?

Toute la question du blâme et de la responsabilité est difficile à démêler. En consultations privées d'endocrinologie, je voyais des patients obèses menacés de diabète en raison de leur poids. Je les mettais en garde et les encourageais à manger moins ; en même temps, je savais que j'alimentais leur culpabilité, ce qui les amènerait à manger plus. Si un patient était un fumeur invétéré, je me montrais très ferme et lui disais : « Grands Dieux, vous savez que vous devez arrêter de fumer, pensez aux risques que vous courez. » Beaucoup de ces patients étaient des anciens combattants que je voyais à l'hôpital militaire de Boston. Après m'avoir écouté, ils se rendaient à l'étage supérieur, où des cigarettes subventionnées par l'Etat leur étaient vendues à bas prix. (C'est également là que j'achetais les miennes ; je m'étais mis à fumer pendant mes gardes de nuit.)

En fait, aucune maladie n'illustre aussi bien le paradoxe du blâme et de la responsabilité que le cancer du poumon. Le public est bien conscient que c'est presque exclusivement une maladie de fumeur. Cela place carrément la responsabilité sur le patient ; mais alors, une deuxième pensée survient. Ces personnes ne sont-elles pas dépendantes de la nicotine ? En 1988, un rapport du Ministère américain de la Santé a établi qu'elles le sont et que leur dépendance peut être plus difficile à briser que la dépendance vis-à-vis de l'héroïne ou de l'alcool. Cela signifie qu'on ne se trouve pas en face d'une situation rationnelle.

Sigmund Freud a tenté pendant vingt ans d'arrêter de fumer après que son médecin lui eut dit que vingt cigares par jour — la consommation normale de Freud — étaient mauvais pour son cœur. Il s'arrêta une fois pendant sept semaines mais éprouva des palpitations bien pires qu'auparavant. Il devint insupportablement dépressif et fut obligé de revenir à ses cigares. Quand il ne fumait pas, raconta Freud à son biographe, « la torture dépassait le pouvoir d'endurance humain ». J'ai pu voir des patients atteints d'un cancer avancé du poumon, attendant leur séance de rayons, qui s'écartaient pour fumer une cigarette — il se peut que la prévention soit impossible car il faudrait qu'elle commence avant que ne soit fumée la première cigarette.

Dans toute maladie, pas seulement le cancer du poumon, les patients sont souvent trop dépendants, trop coupables ou simplement trop convaincus pour que l'on puisse les aider. On ne peut nier la tendance profondément irrationnelle qui est en l'homme. A l'hôpital militaire, nous recueillions toutes sortes d'alcooliques, y compris ceux, sous-alimentés et dans un état de délabrement physique, que la police ramassait quotidiennement dans les rues. L'une des maladies les plus fréquentes chez les grands alcooliques est la pancréatite ou inflammation du pancréas. Tous les malades qui arrivaient avec une pancréatite devaient être traités avec beaucoup de soin. Ils ne pouvaient ni manger ni digérer parce que le fait de solliciter le pancréas rendait celui-ci encore plus inflammé et extrêmement douloureux. Les malades vomissaient s'ils tentaient de manger, même une bouchée. Nous devions les alimenter au goutte-à-goutte, faire entrer un autre tube dans l'estomac pour évacuer les sucs gastriques qui continuaient à enflammer le pancréas et administrer des antibiotiques pour combattre l'infection qui s'était souvent développée.

C'est tout ce que nous pouvions faire pour soustraire ces hommes à la mort, mais lorsque nous les avions sauvés et qu'ils sortaient de l'hôpital, nous assistions souvent au même rituel. Par la fenêtre du deuxième étage, nous pouvions voir une taverne, de l'autre côté de la rue. Nos patients sortaient de l'hôpital, traversaient la rue avec peine et entraient dans le café. Leur premier verre était avalé dix minutes après la fin de leur cure. La compassion dans ces cas-là a ses limites. On est tenté de dire : « Si vous voulez fumer et boire, si vous ne prenez pas d'exercice et que vous persistez à manger des choses trop riches, alors tant pis pour vous. » Les gens disent de telles choses ou du moins, ils les pensent. Mais l'essence même de la compassion est de reconnaître combien il est difficile d'être bon. Pardonner à quelqu'un , c'est le laisser libre, même s'il abuse de cette liberté, en dépassant les limites de notre exaspération.

Il existe une histoire indienne à propos d'un sadhu et d'un scorpion :

> Un homme marche sur une route. Soudain, il remarque un sadhu agenouillé près d'un fossé. Il s'approche et voit que le sadhu est en train d'observer un scorpion. Le scorpion veut traverser le fossé mais quand il entre dans l'eau boueuse, il commence à couler. Le sadhu avance précautionneusement la main pour le tirer hors de l'eau mais dès qu'il le touche, le scorpion le pique. Le scorpion va de nouveau dans l'eau, il recommence à couler et quand le sadhu le soulève, il reçoit une autre piqûre. L'homme regarde la scène se reproduire trois fois. Finalement, il laisse échapper : « Pourquoi vous laissez-vous piquer ? » Le sadhu réplique : « Je n'y peux rien. C'est dans la nature du scorpion de piquer mais c'est dans ma nature de sauver. »

La société a créé la médecine afin de s'assurer que l'instinct qui nous pousse à nous sauver les uns les autres ne meure jamais. C'est ce même instinct qui fait qu'on ne blâme pas l'autre pour sa faiblesse. On prend librement en charge des problèmes qui ne sont pas les nôtres propres. Si je devais un jour, en entrant dans un hôpital, constater que l'étincelle de compassion s'est éteinte, je pourrais prédire la fin de la médecine — les forces des ténèbres auraient gagné.

La médecine moderne reste persuadée que la maladie est causée par des agents objectifs. Une analyse plus fine montre que cela n'est que partiellement vrai. Une maladie ne peut s'installer sans qu'un hôte l'accepte, d'où les tentatives actuelles pour comprendre notre système immunitaire. La médecine grecque et l'Ayur-Véda étaient tous deux fondés sur l'idée que l'hôte est de la plus haute importance. Les Grecs croyaient qu'un fluide appelé *physis* coulait à l'intérieur, à l'extérieur et à travers la vie tout entière. Le flot de physis reliait les organes à l'intérieur du corps au monde extérieur, et aussi longtemps que les deux étaient en équilibre, le corps était sain. (Ce principe se reflète encore dans notre utilisation du mot *physique* pour expliquer le monde extérieur et du mot associé *physiologie* pour expliquer le monde intérieur.) Dans l'Ayur-Véda, il faut l'équilibre de trois éléments, appelés *doshas,* pour maintenir le corps en bonne santé. La question n'est pas de savoir si le flot de physis ou les doshas existent ; c'est un fait que l'équilibre d'un individu influe sur sa santé.

La médecine revient donc à cette notion, la plus ancienne au sein des méthodes de guérison. Toutefois, je remarque qu'une atmosphère impersonnelle environne encore chaque chose. Nous sommes en train de créer un objet concret, le système immunitaire, et de fonder dessus tous nos espoirs. L'idée originale, telle que l'exprimaient les Grecs et l'Ayur-Véda, était beaucoup plus organique. Un patient ne se réduisait pas à un ensemble de cellules hôtes. C'était quelqu'un qui mangeait, buvait, pensait et agissait. Si un docteur voulait changer les doshas ou le physis d'une personne, il lui faisait changer ses habitudes. De cette manière, il allait droit au point où le patient se rattachait au monde. Il existe quantité de sciences médicales de par le monde et beaucoup d'entre elles sont profondément en conflit les unes avec les autres. Comment peuvent-elles guérir les gens et être cependant en total désaccord ? Ce qui pour moi est du poison est un traitement pour un homéopathe. Je pense que la réponse est que toute médecine obtient des résultats en aidant un malade à traverser sa maladie, instant après instant, jusqu'à ce que l'équilibre bascule de la maladie vers la guérison. Je ne peux pas être plus précis, car le processus ne se produit pas dans les livres mais dans des êtres vivants. Certains ont guéri du cancer en buvant du jus de raisin. Si l'on parvient à restaurer l'équilibre du corps-esprit, le système immunitaire du malade réagit. Les cellules immunitaires se moquent de savoir si le médecin croit à la médecine traditionnelle, à l'homéopathie ou à l'Ayur-Véda. Dans la mesure où elle peut changer notre participation à la maladie, chaque méthode est susceptible de marcher. Je pense cependant que l'Ayur-Véda deviendra la méthode la plus répandue dans la mesure où elle reconnaît la nécessité de guérir les patients en guérissant d'abord leur réalité.

Je ressens de plus en plus l'importance de la réalité personnelle du patient. Un médecin d'un certain âge, radiologue, vint me voir après qu'on lui eut diagnostiqué une leucémie. Il s'était beaucoup documenté sur sa maladie, une forme au développement difficile à prévoir appelée leucémie myéloïde chronique (elle affecte les globules blancs ou myélocytes). Jusque-là, il n'avait ressenti qu'une certaine fatigue pendant la journée, mais les statistiques de mortalité, qu'il connaissait bien, étaient très sombres. Elles signalaient une survie moyenne de 36 à 44 mois. D'un autre côté, l'évolution de la maladie étant imprévisible, il pouvait vivre beaucoup plus longtemps.

Avant de venir me voir, il avait été examiné au principal institut spécialisé, à New York. Les médecins avaient fait des examens sanguins approfondis et lui avaient proposé une demi-douzaine de médicaments expérimentaux. Il n'existe aucun traitement reconnu de cette leucémie ; on ne pouvait lui promettre que les traitements expérimentaux augmenteraient son espérance de vie.

Après réflexion, il avait refusé tout traitement et s'était mis à lire avidement tout ce qui concernait les rémissions spontanées, dont un de mes livres. C'est pour cette raison qu'il était venu me voir. Je découvris au fil de la conversation qu'un détail précis constituait une énorme pierre d'achoppement pour lui.

« Je veux croire que je guérirai », me dit-il, « mais il y a quelque chose qui m'ennuie vraiment. J'ai lu qu'il y avait beaucoup de rémissions dans les cancers, mais je n'ai rencontré aucune rémission spontanée pour la leucémie. »

On pouvait voir comment son esprit médical fonctionnait. La forme de leucémie dont il était atteint est liée à un composant génétique, le chromosome Philadelphia. Les résultats des examens étaient positifs pour ce chromosome et, étant médecin, c'était clair pour lui — il était génétiquement condamné. La seule chose que pourrait faire l'Ayur-Véda serait de provoquer un miracle. Mais il ne pouvait trouver aucun article dans les journaux relatant un tel miracle.

« Ecoutez », dis-je, « vous êtes obsédé par les statistiques. N'y pensez pas — ce que voulez, c'est leur apporter un démenti, non ?

— Je sais, je sais, dit-il distraitement, mais je ne peux trouver une seule rémission spontanée dans toute la littérature. Je pourrais être le premier, bien sûr, mais... » Sa voix se brisa.

J'eus une idée insensée. « Pourquoi ne pas vous dire que vous avez une autre forme de cancer », suggérai-je. « Dans ce cas, au moins, vous aurez l'espoir d'une guérison. »

Son visage s'éclaira et il sauta sur ma suggestion. Plus tard j'eus de bonnes nouvelles pour lui. Je venais de tomber sur un article de synthèse qui associait la leucémie chez l'enfant et le stress. Cet homme avait une maladie complètement différente, mais il menait aussi une vie incroyablement stressante. Sa femme avait demandé le divorce, ses associés avaient porté plainte contre lui ; ses enfants, adultes, ne lui parlaient plus et il devait entretenir deux maisons et trois voitures. C'était au milieu de son divorce que le diagnostic avait été établi, tout à fait par hasard, et maintenant, sa femme insistait pour rester avec lui. La raison qu'elle invoquait était sa peur de rester seule après sa mort.

« Je viens de lire que le stress est lié à la leucémie chez l'enfant », remarquai-je. Il sembla ravi, car le scientifique en lui établissait le lien de cause à effet entre le stress, l'activation d'« hormones du stress » telles que l'hydrocortisone et, enfin, la destruction du système immunitaire. Peut-être était-cela qui lui arrivait ? Personne n'avait réellement corrélé le stress et sa maladie, mais maintenant, il avait quelque chose à quoi se raccrocher.

Lors de sa seconde visite, il me demanda s'il devait faire une analyse de sang. La leucémie provoque une augmentation désastreuse du nombre de globules blancs ; une numération plus basse lui prouverait qu'il allait mieux.

« Si les résultats n'indiquent aucune amélioration », lui expliquai-je, « vous vous sentirez déprimé et encore plus angoissé. S'il y a vraiment une amélioration, vous vous sentirez mieux de toute façon. Pourquoi ne pas reporter cet examen à plus tard, jusqu'à ce que vous ressentiez quelques symptômes ? » Il m'approuva et s'en alla de nouveau.

La dernière fois que je l'ai vu, c'était la semaine dernière. Il me dit que croire à un cancer et non à la leucémie donnait de bons résultats.

« Vous savez », dis-je, « pourquoi vous ennuyer à l'appeler cancer ? Vous pourriez vous dire que vous avez une maladie chronique sans nom. Si elle n'a pas de nom, vous n'avez pas besoin de vous inquiéter de statistiques. Les gens vivent longtemps avec des maladies mystérieuses. »

Ce dernier tour inattendu le ravit complètement. Avec un immense soulagement, il me serra la main et pour la première fois, accepta de venir à la clinique pour commencer l'Ayur-Véda. Jusque-là, je n'avais rien fait d'autre pour cet homme que changer l'étiquette de sa maladie, mais à partir de là, il a modifié toute son appréciation. Maintenant, nous avons une chance d'assister à la naissance d'une guérison.

12

« On devient ce que l'on voit »

Quand on interrogeait les prophètes védiques pour connaître la vérité universelle, ces derniers murmuraient deux mots qui bouleversaient toute notre conception de la réalité : *Aham Brahmasmi*. Une traduction libre serait : « Je suis chaque chose, créée et non créée », ou, plus succintement : « Je suis l'Univers. »* Être chaque chose, ou même quelque chose au-delà des limites du corps physique, paraît très étrange aux yeux d'un Occidental. On raconte l'histoire d'une dame anglaise qui, voyageant dans le nord de l'Inde, se rendit aux grottes le long du Gange, où des yogis se livraient à la méditation profonde. Elle fut reçue aimablement par l'un d'entre eux, qui se tenait devant sa grotte. En partant, elle lui dit : « vous ne quittez sans doute pas cet endroit très souvent, mais je serais heureuse de vous montrer Londres.

— Madame, répondit calmement le yogi, Je *suis* Londres. »

Les récits des rishis sont également très séduisants pour l'esprit. L'un des plus célèbres est celui de Svetaketu, envoyé loin de chez lui pour étudier le Véda. Dans l'Inde ancienne, cette initiation consistait à vivre avec les prêtres et à apprendre de longs passages de textes sacrés. Svetaketu resta douze ans loin de chez lui. Quand il revint, il était bouffi d'orgueil, et son père, mi-consterné mi-amusé, déci-

* Le sanskrit dit littéralement : « Je suis Brahman. » Brahman est un terme qui englobe tout et est donc intraduisible ; il signifie toutes les choses de la création — physiques, mentales et spirituelles — de même que leur source non créée.

da de lui donner une leçon. Voici un extrait du dialogue qui s'ensuivit :

— Va cueillir un fruit dans ce figuier banian, dit le père de Svetaketu.

— Voilà, Père.

— Ouvre-le et dis-moi ce que tu vois à l'intérieur.

— Beaucoup de graines minuscules, Père.

— Prends-en une, ouvre-la et dis-moi ce que tu vois à l'intérieur.

— Rien du tout, Père.

Alors son père lui dit : « L'essence la plus subtile de ce fruit ne représente rien pour toi, mon fils, mais crois-moi, de ce rien est né ce puissant figuier banian.

« Cet Être, qui est l'essence la plus subtile de chaque chose, la suprême réalité, le Moi de tout ce qui existe, tout cela, c'est toi, Svetaketu. »

En vérité, ce récit est un récit quantique. L'Univers, comme l'énorme figuier banian, se développe à partir d'une graine qui ne contient rien. Sans une métaphore comme celle de la graine et de l'arbre, notre esprit ne peut saisir ce qu'est un tel néant, puisqu'il est plus petit que petit et antérieur au Big Bang. Le vrai mystère est que Svetaketu lui-même est composé de cette même essence intangible et pénétrante. Pour comprendre ce que le père de Svetaketu voulait dire, on doit explorer la conscience élargie qui est au centre du savoir des rishis.

« Je suis toute chose » implique la faculté de transcender le cours normal du temps et les limites normales de l'espace. Malgré son intelligence intuitive, Einstein n'est pas parvenu à se libérer du temps, si ce n'est mentalement. Il parlait de ses expériences d'auto-expansion dans lesquelles il n'y avait « ni évolution, ni destinée, seulement l'Être », mais de tels épisodes ne s'inscrivaient pas directement dans son travail scientifique. Comme tous les physiciens, il s'en tenait à la méthode objective et ne faisait pas intervenir sa propre conscience dans ses théories. Sa recherche d'un champ unifié du temps et de l'espace était une entreprise strictement mathématique.

Pour les rishis, c'est précisément cette démarche qui fait

de la physique une science incomplète. Nous ne sommes pas les spectateurs du champ unifié, disaient-ils — nous *sommes* le champ unifié. Chaque personne est un être infini, non limité dans le temps et dans l'espace. Pour nous libérer de notre corps physique, nous devons projeter notre intelligence. Chaque pensée qui traverse notre esprit crée une onde dans le champ unifié. Elle traverse toutes les couches de l'ego, de l'intellect, de l'esprit, des sens et de la matière, formant des cercles de plus en plus larges. Nous sommes comparables à une lumière, irradiant non pas des photons mais la conscience.

Le rayonnement de nos pensées a un effet sur chaque chose dans la nature. La physique reconnaît déjà ce phénomène pour les sources d'énergie physique : toute lumière, que ce soit une étoile ou une bougie, rayonne à travers le champ quantique de l'électromagnétisme, allant jusqu'à l'infini, dans toutes les directions. Les rishis ont adapté ce principe à l'homme. Leur système nerveux sentait réellement l'effet lointain d'une pensée ; cette perception était aussi réelle à leurs yeux que l'est pour nous la lumière. Mais nous sommes prisonniers de notre conscience ; être enfermé dans l'état de veille nous empêche de percevoir les changements subtils que nous provoquons dans l'Univers.

Il y a toujours un effet. « Il devrait être fermement établi dans l'esprit de chaque individu », écrivait Maharishi dans *Science de l'être et art de vivre,* « qu'il fait partie de la totalité de l'Univers et que sa relation à l'universel est celle d'une cellule au corps tout entier. » Pendant des milliers d'années, les rishis ont perpétué cette tradition — l'homme bouge, vit et respire dans le corps cosmique. S'il en est ainsi, la nature est aussi vivante que nous ; toute la distinction entre « l'intérieur » et « l'extérieur » est erronée, comme si les cellules du cœur ignoraient les cellules de la peau parce que ces dernières ne se trouvent pas à l'intérieur du corps.

« Les limites de la vie individuelle ne sont pas restreintes aux limites du corps », poursuivait Maharishi, « ni même à celles de la famille ou du foyer ; elles s'étendent bien au-delà, vers l'infini de la vie cosmique. »

Cette connaissance conférait aux rishis un pouvoir illimité, mais pas au sens où on l'entend généralement. Alors que la plupart des hommes s'intéressent au pouvoir matériel, les rishis s'intéressaient au pouvoir de la conscience. Pour eux, le monde matériel était tout à fait grossier. Le pouvoir réel de la nature se trouvait plus près de la source, et le pouvoir ultime à la source même.

Privilégier l'esprit par rapport à la matière n'est pas une notion mystique. Si l'on désire construire un gratte-ciel aujourd'hui, on ne commence pas par empiler du béton et de l'acier ; on va d'abord voir un architecte, qui imagine les plans de l'édifice avant de commencer les travaux. Ses plans recèlent, plus que les travaux eux-mêmes, la puissance nécessaire pour construire le gratte-ciel. Certains domaines, comme la musique, les mathématiques et la physique quantique, ne peuvent progresser sans des génies qui travaillent en profondeur dans le silence — la méthode de recherche préférée d'Einstein n'était pas de travailler dans un laboratoire mais de réaliser des expériences de pensée. Il savait le faire bien avant de connaître une quelconque notoriété ou position sociale. Il plaçait des horloges autour de l'Univers, se rappelait-il un jour, sans avoir les moyens d'en posséder une seule.

Les rishis ne comprendraient pas que nous morcelions la connaissance. Notre conditionnement social interdit la perspective cosmique, non pas parce qu'il la condamne mais parce qu'il nous en détourne. Une fois que l'on se trouve coincé dans un rôle de maçon, il est difficile d'apprendre l'architecture. La médecine est devenue si incroyablement compliquée que si un médecin déclare : « Ce patient peut être guéri grâce au flot de l'intelligence », il suscite autant de passion que d'incrédulité.

L'homme libre est rare dans notre société, tandis que son contraire règne en maître. Les psychiatres voient chaque jour des malades paralysés par des limites créées de toutes pièces, telles qu'un sentiment de culpabilité, d'anxiété ou de dangers insurmontables. Les personnes atteintes de phobies en sont des exemples extrêmes, puisque leur peur morbide n'a aucune commune mesure avec un quelconque danger. Si l'on emmène un agoraphobe — quelqu'un qui a peur des grands espaces — se promener en voiture, il devient extrêmement anxieux. Si l'on s'arrête en rase campagne et qu'on l'invite à descendre, il reste paralysé, exactement comme une personne normale à qui l'on demanderait de sauter d'une falaise. Si l'on essaie de le forcer, il défend chèrement sa vie, au sens propre du terme.

L'angoisse la plus aiguë d'un phobique est de savoir qu'il a créé sa propre maladie, mais sa volonté n'est pas assez forte pour briser le modèle qu'il s'est construit. (On raconte en Angleterre qu'un agoraphobe était devenu si malheureux et honteux de sa phobie qu'il voulut mettre fin à ses jours. Il décida de conduire sa voiture sur une distance de trois kilomètres, tentative à laquelle il croyait ne pas réchapper ! Voyant qu'elle avait échoué, il se sentit d'abord terrifié, puis s'aperçut que sa phobie avait diminué. Il avait découvert par hasard le traitement, appelé « inondation », que les psychiatres utilisent parfois pour arracher les phobiques très atteints à leur irréalité.)

Les limites créées dans le silence intérieur sont les plus difficiles à franchir. Ceux qui n'ont jamais entendu parler du Véda connaissent généralement le mot *Maya*, ou illusion — en sanskrit, « ce qui n'est pas ». Maya est très mal interprété — les rishis n'appelaient pas le monde Maya pour dire qu'il n'existait pas, qu'il n'était qu'un mirage. Maya est l'illusion des limites, une création de l'esprit qui a perdu la perspective cosmique. Il résulte de la vision d'un million de choses « en dehors », perception qui ignore une seule chose, le champ invisible à l'origine de l'Univers. En lisant les grands rishis, on n'est guère surpris qu'ils aient considéré Maya comme un maigre substitut de la perspective cosmique. Le yoga Vasishtha a dit : « Dans la conscience infinie, dans chaque atome qui la compose, les univers vont et viennent, comme des particules de poussière dans un rai de lumière brillant à travers un trou dans le toit. »

La réalité quantique jaillit des pages de Vasishtha, car il a trouvé la perspective qui lui montrait que dans chaque atome, il y a un monde à l'intérieur d'un autre. Lorsqu'un individu parvient à franchir ses limites, il ne fait pas disparaître le monde relatif ; il lui ajoute une autre dimension de réalité et celle-ci devient illimitée. Libéré de ses liens, le monde peut s'étendre. Et cela, selon les rishis, fait toute la différence entre un monde qui pourrait être un paradis et celui qui devient un enfer.

On peut utiliser le mécanisme qui déclenche les phobies pour obtenir l'effet inverse, pour abattre un mur au lieu de le construire. On pourrait tout aussi bien choisir de parler, et avec beaucoup plus de plaisir, des personnes qui surmontent leurs peurs supposées normales. Les ouvriers qui ont construit les gratte-ciel de New-York comptaient parmi eux de nombreux Indiens Mohawk, élevés sans la crainte du vertige. On peut progressivement trouver en soi le même courage, en s'entraînant — par exemple, en marchant sur une corde raide.

Une telle souplesse n'est pas limitée à la psychologie. Les nutritionnistes ont prouvé scientifiquement que le corps a quotidiennement besoin de certaines vitamines et de certains minéraux, afin de ne pas souffrir de carences — l'exemple classique est celui du scorbut, qui frappait les marins britanniques nourris uniquement de biscuits de mer et de grogs, et privés de la vitamine C contenue dans les fruits et les légumes.

Néanmoins, des cultures indigènes, à travers le monde, ont existé pendant des siècles en se passant très bien de cet apport en vitamines. Les Indiens Tarahumara du Nord Sonora, au Mexique, sont connus des physiologistes car ils peuvent courir 40 à 80 kilomètres par jour, en haute altitude, sans aucune gêne. Des tribus entières participent chaque semaine à ces marathons. Un physiologiste américain examina le vainqueur d'une de ces courses, deux minutes après qu'il eut franchi la ligne d'arrivée. Il découvrit que son rythme cardiaque était plus faible que lorsqu'il avait commencé à courir.

Cet exploit est d'autant plus remarquable que les Tarahumara vivent généralement avec une ration de cent kilos de maïs par famille et par an, la moitié servant à faire de la bière de maïs. D'autres aliments, tels que les tubercules, sont difficiles à trouver pendant la courte saison de pousse. En étant capables de se développer malgré une alimentation aussi pauvre, les Tarahumara montrent la souplesse quasi infinie du système corps-esprit. En outre, leur adaptation est si parfaite que lorsqu'on les soumet à un régime « équilibré », riche en vitamines et en minéraux, de nombreux indigènes, en proportions épidémiques développent des maladies de cœur, de l'hypertension, des affections de la peau et des caries dentaires, maladies qu'ils n'avaient pas auparavant.

De toute évidence, ces exemples remettent en question notre définition de la normalité. Nous avons de nombreuses preuves, dans notre propre culture, que ce qui est le plus normal pour nous est notre capacité de créer notre propre réalité. Comme Sir John Eccles l'a dit aux parapsychologues, il est incompréhensible que nos pensées puissent déplacer des molécules, et pourtant, nous vivons en permanence avec cette impossibilité. Les rishis étendent simplement notre zone de bien-être, et elle s'épanouit dans la normalité de l'infini.

Nous savons déjà que si une impulsion d'intelligence veut faire quelque chose, elle le fait en utilisant l'intellect, l'esprit, les sens et la matière comme moyens d'expression. L'intelligence peut créer un corps habité par la volonté de guérir, mais elle peut aussi créer l'inverse. Si nous étions « conçus électroniquement », à la manière d'un ordinateur, chacun de nos physiques serait alors prévisible ; en réalité, aucun ne l'est. L'intelligence crée de nouvelles connexions à volonté ; cela fait de chaque personne un être unique. Chaque expérience de vie modifie l'anatomie du cerveau. Les nouvelles dendrites qui se créent dans les cellules cérébrales des gens âgés en bonne santé n'en sont qu'un exemple.

Plus extraordinaire encore est l'expérience suivante : le Dr Herbert Spector, de l'Institut national américain de la santé, administra à un groupe de souris du poly-I:C, une substance chimique qui stimule l'activité des cellules T tueuses dans le système immunitaire. Elle renforce donc les défenses de l'animal contre la maladie. Chaque fois qu'une souris recevait sa dose de poly-I:C, on répandait une odeur de camphre non loin de sa cage.

Pendant quelques semaines, on poursuivit l'expérience en administrant la substance chimique tout en libérant simultanément l'odeur de camphre. Puis Spector cessa d'administrer la substance et exposa les souris à la seule odeur de camphre. Il s'aperçut que leur numération de cellules immunitaires augmentait de nouveau, en l'absence de la substance chimique. En d'autres termes, l'odeur seule les rendait plus résistantes à la maladie. Aurait-il pu réaliser l'inverse et diminuer leur immunité avec une odeur ?

Une équipe de l'Université de Rochester montra plus tard que c'était possible. Ces chercheurs administrèrent à un groupe de rats de la cyclophosphamide, substance chimique qui diminue l'efficacité de la réponse immunitaire. En même temps, on donnait aux rats de l'eau sucrée à la saccharine, qui remplaçait le camphre comme agent neutre. Après l'arrêt du traitement, les animaux continuèrent à diminuer leur numération de cellules immunitaires, en absorbant simplement l'eau. Ce qui enchanta les chercheurs à l'époque fut de découvrir que le système immunitaire était capable d'apprendre, en réagissant directement à des stimuli extérieurs.

Dans un sens plus large, cependant, ces expériences nous révèlent que le corps ne se cantonne pas à des réponses prévisibles. L'intelligence d'une cellule est créative. Le mécanisme prévisible qui réagit positivement au poly-I:C et négativement à la cyclophosphamide peut se transformer et réagir à n'importe quoi. De plus, il peut s'inverser — l'odeur de camphre aurait pu être associée à l'un ou à l'autre des médicaments.

Il n'existe donc aucune relation constante entre une expérience et son résultat — le système nerveux est ainsi fait qu'il n'a pas de limites. Il est important d'insister sur ce point car les conséquences sont fondamentales. Ce n'est pas l'odeur de camphre qui a modifié la réponse immunitaire des souris : celles-ci auraient pu sentir des roses ou entendre un quatuor de Mozart. En fait, ce que l'on a observé là est la création d'une impulsion d'intelligence, une entité totalement fluide qui coordonne une partie du monde immatériel avec une partie du monde matériel.

Les anciens rishis le comprenaient très bien. Voici un vers du Véda : « On devient ce que l'on voit. » En d'autres termes, la simple perception du monde fait de nous ce que nous sommes. C'est bien cela, littéralement, ce qui se passe. Ainsi, des enfants mal aimés peuvent développer une variété de symptômes — devenant malheureux, névrosés, schizophrènes, maladifs, agressifs, etc. L'une des maladies les plus étranges est le *nanisme psychosocial*. De tels enfants ne grandissent pas ; ils provoquent en eux une déficience de l'hormone de croissance produite par l'hypophyse et restent en conséquence petits avec un physique immature.

Leur physiologie ignorant l'horloge biologique, la venue de la puberté peut être retardée ; il en est de même pour l'acquisition des facultés mentales accompagnant la croissance, qui n'est pas, quant à elle, directement contrôlée par l'hypophyse. Ce n'est pas un dysfonctionnement de l'hypophyse qui est en cause : lorsque l'on place ces enfants dans un environnement où ils reçoivent de l'affection, leur état peut s'inverser spontanément ; ils rattrapent alors rapidement la taille des enfants de leur âge.

Grandir est la suite logique, génétiquement programmée, de la naissance — cependant, ces enfants défient ce principe, simplement parce qu'ils se sentent mal aimés. Même si on leur injecte l'hormone de croissance, beaucoup refusent de grandir. Une étude portant sur des hommes ayant eu une crise cardiaque a montré que le facteur le plus significatif dans l'évolution de leur maladie n'avait rien à voir avec le régime, l'exercice, le tabac ou la volonté de vivre. Les hommes qui ont survécu sentaient qu'ils étaient aimés de leur femme, tandis que ceux qui ne se sentaient pas aimés sont morts pour la plupart ; aucun autre facteur de corrélation étudié par les chercheurs n'était aussi significatif que celui-là.

Pendant des années, j'ai été hanté par le souvenir d'un de mes premiers patients, un Indien nommé Laxman Govindass. J'étais alors étudiant en médecine à New Delhi, et j'étais chargé de procéder à l'examen clinique des patients que les médecins diplômés de l'hôpital, trop occupés , ne pouvaient voir. L'hôpital était un centre universitaire rattaché à ma faculté, et les universitaires qui y travaillaient se souciaient peu d'un clochard alcoolique comme Laxman Govindass.

C'était un paysan que la boisson avait à ce point détruit que sa famille l'avait abandonné. L'un de ses fils l'avait déposé à la porte de notre hôpital en lui lançant avant de partir : « Voilà l'endroit où tu vas probablement mourir. » Comme tous les villageois que l'on nous confiait, M. Govindass avait très peur et se sentait complètement perdu. Les internes s'occupaient assez bien de sa cirrhose du foie mais ne perdaient pas de temps à établir un contact personnel avec lui. Je fus amené à le connaître, simplement parce qu'en tant qu'étudiant, j'avais beaucoup de temps libre. J'avais l'habitude de suivre l'aide-infirmier qui distribuait le curry du soir, ce qui me permettait de bavarder avec les malades.

Je me liai d'amitié avec M. Govindass. Je m'asseyais à son chevet et nous échangions parfois quelques mots ; la plupart du temps, nous nous contentions de regarder ensemble par la fenêtre. Il s'affaiblissait un peu plus chaque jour, et personne ne lui donnait plus d'une semaine ou deux à vivre, moi y compris. Comme j'allais très bientôt quitter la ville pour exercer dans un dispensaire de village situé à 90 kilomètres de là, je vins lui dire au revoir. Ne voulant pas dramatiser mon départ, je lui dis que je reviendrais dans trente jours.

Il me regarda très sérieusement et déclara : « Maintenant que vous partez, je n'ai plus rien qui me pousse à vivre — je vais mourir. » Sans réfléchir, je laissai échapper : « Ne soyez pas idiot. Vous ne pouvez pas mourir avant que je sois revenu vous voir. » M. Govindass était à ce point émacié — il pesait moins de quarante kilos — que ses médecins s'étonnaient qu'il fût encore en vie.

Je partis et l'oubliai rapidement. Un mois plus tard, de retour à New Delhi, je retournai à l'hôpital et, en passant dans un couloir, je vis le nom de Laxman Govindass sur l'une des portes. Je me précipitai dans sa chambre, en proie à une étrange appréhension. Il était là, recroquevillé sur son lit, hors des draps, en position foetale. Il ne restait de lui que la peau et les os, mais lorsque je le touchai doucement, il tourna vers moi ses yeux immenses. « Vous êtes revenu », murmura-t-il. « Vous avez dit que je ne pouvais mourir sans vous avoir revu — ça y est, je vous ai vu. » Puis il ferma les yeux et mourut.

J'ai déjà raconté une fois cet incident, qui fut l'un des plus importants de ma vie. A ce moment-là, j'avais éprouvé un double sentiment — un vague sentiment de culpabilité d'avoir prolongé les souffrances de cet homme et un profond respect pour l'association corps-esprit qui l'avait gardé en vie. Aujourd'hui, je me rends compte que je voyais la vérité de ce qui est sans limite, la capacité de nos impulsions d'intelligence d'agir à leur guise, malgré toutes les contraintes qu'il leur faut alors briser. L'impulsion que je partageais avec Laxman Govindass, c'était l'amour. Bien qu'il se soit éveillé dans un corps décharné, son amour avait le pouvoir que l'amour a toujours, celui de donner une nouvelle vie. Il pointait à travers le Maya de son corps et défiait la mort de venir le prendre. Sur la subtilité d'une telle impulsion, fil de soie aussi solide que l'acier, on peut fonder une nouvelle médecine.

Le fait que chaque personne soit un être infini se confirme peu à peu. Dotés d'un système nerveux extrêmement souple, nous avons tous le choix de bâtir des murs ou de les détruire. Chaque personne ne cesse de créer des pensées, des souvenirs, des désirs, etc. Ces impulsions se propagent à travers l'océan de la conscience et deviennent notre réalité. Si nous savions comment contrôler la création des impulsions d'intelligence, nous serions capables, non seulement de développer de nouvelles dendrites mais n'importe quoi d'autre.

« On devient ce que l'on voit » est une vérité qui détermine tout l'organisme, y compris le cerveau. Cela fut révélé par une expérience ingénieuse réalisée par deux psychologues, Joseph Hubel et David Weisel, sur des chatons nouveau-nés. Trois portées de chatons furent placés dans des environnements soigneusement contrôlés, au moment où ils ouvraient les yeux. Le premier de ces environnements était une boîte blanche où l'on avait peint des raies noires horizontales ; le second était une boîte blanche où l'on avait peint des raies noires verticales ; on avait laissé la troisième boîte simplement en blanc.

Étant donné que les chatons avaient vécu dans cet environnement pendant les quelques jours où le sens de la vue se construit, leur cerveau était conditionné pour la vie. Les animaux élevés dans un « monde » constitué de raies horizontales ne pouvaient voir correctement aucun objet vertical — ils se heurtaient à des pieds de chaises, dont la verticalité n'avait pour eux aucune ou peu de réalité. La portée qui venait de la boîte rayée verticalement avait exactement le problème inverse, étant incapable de percevoir des lignes horizontales. Les chatons dont l'environnement avait été tout blanc souffraient d'une désorientation plus grande encore et ne reconnaissaient aucun objet.

Ces animaux étaient devenus ce qu'ils voyaient : les neurones responsables de la vue étaient chez eux définitivement programmés. Chez l'homme également, le cerveau sacrifie un peu de sa conscience illimitée chaque fois qu'il perçoit le monde à travers des limites. Sans la capacité de transcender, cette cécité partielle est inéluctable. Pour chacun des sens, pas seulement la vue, les impressions sont constamment fixées sur nos neurones. Bien que nous appelions habituellement « stress » les impressions les plus pénibles, en fait toutes les impressions créent une certaine limitation.

En voici un exemple : des chercheurs du MIT, au début des années quatre-vingt, ont effectué des recherches sur l'ouïe. Cette dernière semble passive, mais en réalité, chaque personne écoute d'une manière tout à fait sélective et apporte sa propre interprétation à la donnée brute qui parvient à ses oreilles. (Un musicien expérimenté entend une note et l'harmonie, par exemple, là où quelqu'un souffrant d'amusie n'entend que du bruit.) Une expérience consistait à faire écouter aux sujets des rythmes simples et courts (1-2-3 et 1-2-3 et 1-2-3), puis à leur faire entendre le rythme dans un ordre différent (1-2, 3-et-1, 2, 3-et-1, 2). Lorsqu'ils percevaient ces nouveaux rythmes, les sujets signalaient que les sons leur semblaient plus vivants et plus alertes. Sans aucun doute, l'expérience leur avait appris à déplacer légèrement leurs limites invisibles. Cependant, le résultat le plus remarquable fut que, lorsqu'elles rentrèrent chez elles, ces personnes trouvèrent toutes les couleurs plus éclatantes, la musique plus joyeuse, le goût de la nourriture soudain délicieux, et tout le monde autour d'elles semblait aimable.

La simple ouverture de la conscience, si petite soit-elle, avait permis un décalage de la réalité. La méditation, en ouvrant davantage de voies de la conscience à un niveau plus profond, provoque un changement plus grand. Il ne s'agit que d'un léger déplacement par rapport à notre niveau de conscience normal. Construire des limites sera toujours le propre de l'homme. Les rishis sont simplement parvenus à donner une certaine liberté à cette activité, l'élevant à un niveau qui transcende les pensées et les désirs insignifiants de l'ego isolé. D'ordinaire, l'ego n'a d'autre choix que de passer sa vie à ériger désespérément barrière après barrière. Il fait cela pour la même raison que les habitants des cités médiévales érigeaient des murs — pour se protéger.

L'ego juge le monde dangereux et hostile, parce que tout ce qui existe est séparé du « Je ». Ce sentiment s'appelle la dualité, et il constitue une grande source de crainte — le Véda l'appelle la seule source de crainte. En regardant « au-dehors », nous voyons toutes sortes de menaces potentielles, tous les traumatismes et la douleur que peut nous infliger la vie. La défense logique de l'ego est de se barricader dans un environnement plus souriant — famille, plaisirs, souvenirs heureux, endroits et activités familiers. Les rishis ne proposaient pas de supprimer ces barrières défensives, bien que beaucoup croient que telle était leur intention. A l'Est comme à l'Ouest, l'idée que les sages indiens condamnaient « l'illusion de la vie » est bien enracinée. Pourtant, comme l'a expliqué Maharishi, la réalité védique ne se fonde pas sur une telle absurdité :

> Q : La dualité n'est qu'une illusion, n'est-ce pas ?
> Maharishi : Si la dualité est une illusion, alors l'unité ne régnera pas. Toutes deux ont leur valeur et sans la dualité, l'unité n'a aucune substance. Les deux sont naturelles, les deux sont vraies. C'est la nature de l'Univers. Comme la lumière et l'obscurité, les contradictions existent, elles sont là. Le pôle Nord est là, tout comme le pôle Sud.

Deux polarités contraires se fondent dans un même

ensemble — ce principe place le champ silencieux et le champ actif de la vie dans une perspective adéquate. Lorsque les rishis ont trouvé l'unité, le champ silencieux de l'intelligence, ils ont trouvé l'autre pôle qui fait de la vie un tout. Les anciens textes expliquent cela par *Purnam adah, purnam idam,* « Ceci est plein, cela est plein. » Maharishi poursuivait en expliquant comment « les deux plénitudes » se complétaient l'une l'autre :

> Il y a 100 % de diversité et 100 % d'unité, toutes deux étant à l'œuvre en même temps. C'est la nature du travail de création — c'est la vraie réalité. Pour nous, l'une semble réelle et l'autre irréelle. La réalité est que toutes deux sont réelles en même temps. Tout comme l'eau est vraie, la glace est vraie. Les deux sont tout à fait opposées l'une à l'autre et cependant, leur affinité est si grande que la glace ne peut exister sans l'eau — elle est de l'eau et rien d'autre que de l'eau. Ainsi, l'unité et la diversité sont là, ensemble et en même temps.

Le but le plus élevé de l'existence, dans ces conditions, est de réaliser « 200 % de vie ». Notre système nerveux peut y parvenir parce qu'il est assez souple pour apprécier à la fois la diversité de la vie, qui est infinie mais pleine de limites, et l'état unifié, qui est également infini mais complètement illimité. D'un simple point de vue logique, il ne pourrait en être autrement. Personne n'a reçu un ordinateur cosmique en s'entendant dire : « Rappelez-vous, vous ne pouvez utiliser que la moitié de cet ordinateur. » Personne ne nous a imposé de limites sur les structures intelligentes que nous pouvons fabriquer, modifier, mélanger, étendre et habiter. La vie est un champ de possibilités illimitées. Telle est la gloire de la souplesse totale du système nerveux humain.

Ce dernier point est d'une importance capitale. Il signifie que pour résoudre n'importe quel problème, nous pouvons aller droit au but sans nous arrêter aux choix limités que nous faisons trop souvent. Cette affirmation se fonde sur le fait que la nature a déjà structuré la solution dans notre conscience. Les problèmes sont dans le domaine de la diversité, les solutions dans celui de l'unité. Le fait de pénétrer le domaine de l'unité fait apparaître immédiatement la solution, traduite ensuite par le système corps-esprit — tel était le raccourci des rishis.

Les études de Robert Keith Wallace sur le vieillissement sont un excellent exemple pour décrire ce raccourci. Le savoir scientifique actuel considère que le vieillissement est un processus compliqué et mal compris. La gérontologie, l'étude de la vieillesse, n'est devenue une spécialisation que depuis les années cinquante. A cette époque, les découvertes sur l'ADN ont permis d'envisager l'existence de certains gènes spécifiques du vieillissement. (Aucun n'a été découvert jusqu'à présent, bien que l'on sache que certains mécanismes du vieillissement sont codés génétiquement chez des animaux inférieurs.) Maintenant que la gérontologie a acquis ses lettres de noblesse, elle est submergée de théories contradictoires et d'énormes banques de données, constituées dans le cadre de recherches programmées sur des décennies.

Cet effort intense de recherche n'a pas permis à l'homme de vieillir plus lentement. La seule nouveauté a été de démontrer que des gens en bonne santé ne déclinaient pas automatiquement en vieillissant, affirmation de bon sens qui remonte à la nuit des temps. La gérontologie a eu quelques applications de valeur, lorsqu'elle a établi par exemple que de nombreux symptômes de sénilité, qu'on pensait autrefois définitifs, sont en fait réversibles. Ils ne sont pas les signes d'une dégénérescence du cerveau mais les sous-produits d'une mauvaise alimentation, de la solitude, de la déshydratation et d'autres facteurs liés à l'environnement de la personne. La gérontologie avance pas à pas, établissant des relations ténues entre des théories qui sont avant tout des conjectures. Pour ce qui est d'inciter le public à changer de régime alimentaire, faire du sport intelligemment et prévenir la maladie, la gérontologie fait corps avec le reste de la médecine.

Les travaux de Wallace, cependant, partaient de l'hypothèse que les êtres humains ne vieillissent pas organe par organe, mais dans leur ensemble. En conséquence, le vieillissement comporte un important élément de choix. Si les personnes âgées peuvent conserver leurs facultés mentales intactes en les utilisant continuellement, la pratique de la méditation, qui ouvre complètement la conscience, devrait faire mieux encore. La découverte fondamentale de Wallace, mentionnée précédemment, était que les personnes qui pratiquaient la méditation depuis longtemps diminuaient leur âge biologique de cinq à douze ans. (Des taux élevés d'une hormone encore peu connue, appelée DHEA (déhydro-épiandrostérone) ont été également découverts ; on a émis l'hypothèse que la DHEA contribuait d'une certaine manière à retarder le vieillissement et peut-être à inhiber l'apparition et le développement du cancer.)

Ces travaux suggèrent que le vieillissement est contrôlé par la conscience. En agissant au niveau habituel de la pensée confuse et superficielle, nous accélérons le processus de vieillissement dans nos cellules. En revanche, en nous déplaçant vers la région silencieuse de la transcendance, l'activité mentale cesse et avec elle, apparemment, l'activité cellulaire. Si cela est vrai, le vieillissement peut alors être programmé à partir de divers niveaux de conscience. Si nous nous programmons nous-mêmes pour décliner, ce que les générations précédentes ont toujours fait, cela devient la réalité. Une telle programmation ne repose pas simplement sur la pensée ou la croyance. Une attitude positive, une vivacité mentale, une volonté de vivre et d'autres traits psychologiques peuvent adoucir la vieillesse ; ils aident certainement à rompre le conditionnement social rigide dans lequel les gens âgés se trouvent souvent pris au piège. Changer le processus de vieillissement lui même est une autre question, beaucoup plus profonde.

Officiellement, la gérontologie ne reconnaît aucun moyen d'inverser ou de retarder le processus de vieillissement — cette affirmation est discutable dans la mesure où le vieillissement est une notion encore mal définie. Les rishis diraient que la science n'a pas réussi à atteindre le niveau de conscience qui permet de vaincre le vieillissement. En 1980, un jeune psychologue de Harvard, Charles Alexander, se rendit dans trois maisons de retraite, près de Boston. Il enseigna à une soixantaine de pensionnaires, tous âgés de 80 ans au moins, trois techniques du corps-esprit : une technique de relaxation courante (celle généralement utilisée contre le stress), la Méditation Transcendantale et un ensemble de jeux de mots créatifs, pratiqués chaque jour pour maintenir l'esprit alerte.

Chaque personne n'apprit qu'une seule technique et on permit aux groupes de les utiliser sans surveillance. Quand les trois groupes furent plus tard soumis à des tests de contrôle, ceux qui pratiquaient la méditation obtinrent les meilleurs scores quant à la faculté d'apprentissage, la tension artérielle et la santé mentale — éléments qui devraient décliner avec l'âge. Ces personnes affirmaient également qu'elles se sentaient plus heureuses et moins vieilles qu'avant. Mais le résultat le plus surprenant n'apparut que trois ans plus tard. Lorsque Alexander retourna dans ces maisons de retraite, un tiers environ des pensionnaires étaient morts depuis son passage, parmi lesquels 24 % des participants qui n'avaient pas appris la méditation. Dans le groupe de méditation, cependant, le taux de mortalité était nul.

Ces personnes avaient atteint une moyenne d'âge de 84 ans. Voilà l'un des exemples les plus rares et les plus beaux où une expérience scientifique a immédiatement conféré le don de la vie. Bien que d'une portée limitée, ce résultat est l'un des plus encourageants dans le domaine du vieillissement et une victoire pour le « raccourci » des rishis. Il nous enseigne qu'il suffit d'élargir sa conscience pour vivre plus longtemps. Quelle sera l'espérance de vie de ceux qui ont commencé à méditer à vingt ans au lieu de quatre-vingts ans ? L'avenir le dira.

Ce qui rend la vie insupportable est de sentir que l'on est prisonnier de son corps. Le corps semble fonctionner d'une manière mécanique. L'un des mécanismes les mieux étudiés est la boucle de feedback homéostatique, un mécanisme autorégulateur analogue à celui des thermostats. On donne à un thermostat une valeur de contrôle, par exemple 20° C (l'équivalent dans l'organisme serait la température normale du corps.) L'appareil est sensible à une variation de température de quelques degrés. En allumant ou en éteignant le chauffage ou l'air conditionné, il maintient une température à peu près constante. Le savoir-faire d'un thermostat est tout à fait limité ; on pourrait dire que c'est un commutateur intelligent, mais il n'a qu'une idée en tête ; en revanche, les mécanismes de feedback du corps parviennent à équilibrer, non seulement la température du corps mais aussi la tension artérielle, la teneur en eau des cellules, le métabolisme du glucose, les concentrations d'oxygène et de gaz carbonique, et ainsi de suite, sans oublier les milliers de substances chimiques produites avec une extrême précision dans tout l'organisme.

Puisque le thermostat revient toujours à une valeur fixée et que l'organisme en fait autant, n'y a-t-il pas là une espèce de réglage obligatoire, nécessaire à notre existence ? Le plus grand des physiologistes du XIXe siècle, Claude Bernard, a fait cette déclaration célèbre : « Notre liberté dépend de notre équilibre interne » — en d'autres termes, c'est la fonction autorégulatrice de notre thermostat qui nous rend libre. Aussi brillante soit-elle, cette idée porte en elle une erreur grave. Quand un thermostat détecte une température de 25°C ou de 18°C au lieu des 20°C prévus, ces variations sont des erreurs ; seule la température de 20°C est correcte. Chez l'être humain, en revanche, de nombreux arrangements peuvent être corrects ; la normale est simplement le point où nous retournons le plus souvent. Si quelqu'un courait un marathon sans que sa tension, son rythme cardiaque, son métabolisme de glucose et sa transpiration ne s'élèvent radicalement au-dessus de la « normale », il s'effondrerait.

La « normale » est simplement la zone où nous aimons vivre. Ce n'est pas une règle mais une préférence. Les Indiens Tarahumara, sans doute parce qu'ils sont les descendants des messagers de l'empire Inca, qui parcouraient les Andes en tous sens, se sont ajustés à une « normale » différente de la nôtre, plus adaptée à leur façon de vivre. En dépit de leur régime alimentaire, la volonté de leurs ancêtres de courir soixante-quinze kilomètres par jour était plus forte que de simples contraintes corporelles. Leur organisme s'est adapté à l'intelligence, sans aucun doute, et non pas le contraire. L'habitude d'un certain style de vie fait qu'il est parfois difficile de s'adapter instantanément lorsque l'esprit désire changer — les obèses ne pourraient pas bondir hors de leur fauteuil pour suivre un marathon — mais le pouvoir d'adaptation ne peut jamais être totalement sacrifié. En dépit de toute notre configuration interne et des milliers de mécanismes homéostatiques de notre organisme, il nous est encore possible de changer nos aptitudes, de les oublier, d'en acquérir de nouvelles, etc. C'est la gloire absolue de l'être humain et elle ne peut être atteinte sans une liberté totale.

Il est clair que l'Occident éprouve des sentiments mitigés envers cet élargissement de la conscience : aspiration, stupéfaction, répugnance. Je voyage au moins deux jours par semaine, tout au long de l'année, pour parler de l'Ayur-Véda à des publics très variés, de formation médicale ou non, et je me suis très rapidement rendu compte à quel point je touchais en eux une corde sensible. Un journaliste de la télévision canadienne m'a demandé un jour : « Pouvez-vous me donner cinq raisons qui prouvent que vous n'êtes pas un imposteur ? » Un journaliste plus aimable, à Los Angeles, se pencha vers moi avec un air mystique et déclara : « Dites-moi, docteur, êtes-vous déjà venu ici ? » Je fus si surpris que je laissai échapper : « Nous sommes tous ici tout le temps. »

Depuis les années soixante, la prolifération de connaissances superficielles sur l'Orient a été à la fois une bénédiction et une malédiction. Bien que beaucoup d'Occidentaux aient déjà entendu quelques expressions banales comme *nirvana*, *Atman* et *dharma*, et que presque tout le monde puisse facilement glisser le mot *karma* dans une conversation, le sens de ces mots a été faussé. J'ai tenté de montrer que le savoir védique est systématique et sain ; qu'il a une portée aussi grande que nos sciences les plus pointues. Nous pouvons approcher bien des choses que nous désirons, comme une vie libre de maladies et une vieillesse sans handicap, grâce à ce grand système de compréhension qu'est l'existence humaine.

Toutefois, je trahirais le savoir des rishis si je ne présentais pas son extension finale, qui n'a pas de précédent en Occident — ou tout au plus sous la forme d'une doctrine religieuse. Les rishis recherchaient un état de conscience totale. Pour eux, celui-ci n'était ni une philosophie ni une religion, mais une forme naturelle de la conscience humaine. Il s'avère que le quatrième état n'est pas le terme du voyage mais une étape. Et qu'y a-t-il de l'autre côté? La vraie réponse est dans les milliers et milliers de pages des textes védiques, qui sont une véritable encyclopédie dans laquelle les rishis consignaient leurs expériences. La réponse la plus simple serait de dire que ce que chaque rishi rencontrait était le Moi. Une description extrêmement précise de la rencontre avec le Moi a été donnée par un adepte de la méditation habitant le Connecticut :

> L'expérience que je fais le plus souvent est celle d'une conscience élargie. Je ne suis plus confiné à l'intérieur de ma tête mais infini ou même plus infini que l'Univers. Parfois, je sens que les limites de mon esprit reculent, comme s'il décrivait un cercle toujours plus grand, jusqu'à ce que ce cercle disparaisse et que seul l'infini demeure.
>
> C'est un sentiment de grande liberté, mais aussi quelque chose de naturel, de bien plus réel et naturel que le petit espace dans lequel nous sommes confinés. Parfois, le sentiment de l'infini est si fort que je perds la sensation du corps et de la matière — je n'ai plus qu'une conscience infinie, sans limites, un continuum éternel et immuable de conscience.

Ce récit aura une résonance différente en chacun de nous. J'espère avoir fourni une base assez solide pour que ce récit apparaisse sous son jour véritable, non pas comme une illusion mais comme une véritable rencontre avec le champ silencieux de l'intelligence. Nous avons vu plus haut que le corps, dans sa nature véritable, est à la fois immuable et en perpétuelle transformation. Cela vient du fait que la nature dans son ensemble se trouve dans ces deux états paradoxaux et cependant complémentaires. Grâce à l'élargissement de la conscience, on découvre l'énorme domaine du changement ainsi que le domaine, non moins énorme, de la stabilité. Voici un texte du poète chinois Hsu Hsu :

> La première vague se retire
> La seconde vague arrive promptement
> Tant de couches du temps
> Tant de vies.

Est-il possible que cette extraordinaire inspiration, tout à la fois sereine et universelle, ait été ressentie par un citoyen ordinaire du Connecticut ? Il le faut bien, car les processus biochimiques qui sous-tendent une telle expérience sont les mêmes pour tous, indépendamment du temps. Notre ADN se souvient de tout ce qui est arrivé aux êtres humains. Il serait ridicule de supposer que seuls les ADN chinois ou indiens puissent déclencher des états de conscience plus élevés ; il serait vain d'affirmer qu'ils ne sont pas réels. Le récit de la personne en question se termine par cette appréciation merveilleusement exacte de la réalité quantique :

> Parfois, j'éprouve cette sensation paradoxale que mon esprit est à la fois en pleine activité et complètement au repos, et je sens au sein de ma conscience que je me déplace infiniment vite tout en demeurant parfaitement immobile. C'est l'expérience du changement côtoyant l'immuable.

Quiconque veut réellement se pénétrer du savoir védique doit admettre que des états aussi inconcevables que l'infini, l'éternité et la transcendance sont réels. Ces mots n'appartiennent pas au registre de l'état de veille, mais ils n'en sont pas si éloignés. Nous avons tous le pouvoir de façonner la réalité. Pourquoi la concevoir à l'intérieur de limites alors que l'infini est si proche ?

13

Un corps fait de félicité

Il n'y a pas d'expérience plus belle que celle de l'Univers s'étendant au-delà de ses limites habituelles. C'est là que la réalité prend toute sa valeur. Le Véda appelle une telle expérience *Ananda*, ou félicité ; il la décrit comme une autre qualité inhérente à l'esprit, recouverte par des couches de conscience émoussée. *Félicité* est un mot qui met les Occidentaux mal à l'aise ; comme le mot *illumination*, il doit être démystifié. Découvrons ce qu'est la félicité à travers une expérience personnelle, vécue par le physiologiste Robert Keith Wallace. La scène se passe au Népal, en 1974, alors qu'il prenait quelques jours de repos durant une conférence qui se tenait en Inde :

> En compagnie d'un ami physicien, je quittai Katmandou, la capitale, pour me rapprocher de l'Himalaya. Nous trouvâmes un lac de montagne merveilleux, près duquel les princes népalais aimaient se retirer l'été. Pour moins d'un dollar, nous louâmes un bateau et nous nous laissâmes glisser sur l'eau. C'était un jour venteux, avec un ciel dégagé, un jour idéal pour faire voler des cerfs-volants. J'en avais acheté un au bazar, peint d'un rouge agressif et construit pour un usage acrobatique. Il m'échappa des mains tandis que je le laissais flotter dans le vent.
>
> Le minuscule cerf-volant s'éleva dans les airs. Je restai debout à regarder les hautes montagnes qui nous environnaient. Bien que dissimulant leur tête dans les nuages, elles dégageaient une aura de grandeur et de paix. Comme je les contemplais, les nuages soudain se

> levèrent. Je fus envahi d'une crainte respectueuse. Ce que j'avais pris pour des montagnes n'étaient que des contreforts! Au-dessus, tels des Dieux antiques, se dressaient les vrais sommets de l'Himalaya, incroyablement puissants et majestueux.
>
> Nous pouvions à peine parler, saisis par la puissance et la beauté de ce spectacle. La sensation d'avoir un Moi, petit et isolé, disparut et j'eus la délicieuse impression de me fondre dans ce qui s'offrait à mes yeux. Je ressentis une sensation de plénitude totale au sein de mon silence intérieur. Fort à propos, le plus haut pic devant nous était l'Annapurna, dont le nom signifie « plénitude de la vie ».
>
> Me tenant là, sur le lac, je regardais directement à l'intérieur de la réalité où le temps est en fait intemporel. La puissance qui habitait ces montagnes coulait dans mes veines. Si je voulais trouver la source du temps et de l'espace, il me suffisait de placer mes doigts sur mon cœur. Le seul mot adéquat pour décrire ce que je ressentais à ce moment-là est félicité.*

Cette expérience fut comme une révélation. Ceux qui ont éprouvé cette félicité sentent qu'ils sont soudain exposés à la vie telle qu'elle est réellement. Leur vision ordinaire leur apparaît alors terne et déformée comme s'ils s'étaient jusque-là contentés d'une image au lieu de la réalité. Faire l'expérience de la félicité à chaque heure du jour serait un signe d'illumination totale; cependant, même une rencontre brève est significative — elle permet de ressentir véritablement les vagues de la conscience tandis qu'elles émergent du champ de silence, franchissent le fossé et se répandent dans chaque cellule. C'est l'organisme lui-même qui se réveille.

Dans l'Ayur-Véda, la félicité est à la base de trois techniques de guérison extrêmement puissantes. La première est la méditation, dont nous avons déjà parlé. Elle transporte l'esprit hors de ses limites et l'expose à un état illimité de conscience. Les deux autres techniques, que m'a enseignées Maharishi en 1986 et en 1987, sont plus précises.

*. Adapté du livre de Wallace, *La physiologie védique* (en préparation).

La première est la technique psychophysiologique ayurvédique — le terme *psychophysiologique* signifie simplement « corps-esprit » (nous utilisons souvent un nom officieux, la technique de félicité). La seconde technique de guérison est appelée le son primordial ; j'ai évoqué son origine dans l'introduction.

Pour expliquer comment s'opère une telle guérison, j'aimerais faire un parallèle avec l'hypnose. L'une des découvertes les plus surprenantes dans ce domaine est que les personnes sous hypnose peuvent avoir les mains chaudes ou froides, faire surgir des éruptions cutanées et même des ampoules en quelques minutes, après que la suggestion hypnotique a été introduite. Ce n'est pas à proprement parler une particularité de la transe hypnotique — des sujets reliés à des appareils de biofeedback peuvent faire la même chose dans un état normal de conscience. Ces phénomènes démontrent que la concentration a le pouvoir de modifier le corps. L'Ayur-Véda a fait usage de ce principe pendant des milliers d'années. En effet, puisque le principe de base de la connaissance védique est que la conscience crée le corps, il est bien naturel que des techniques de concentration aient été découvertes.

Les techniques de félicité et du son primordial appartiennent à cette catégorie. Nous pouvons être conscients du fait que notre main est chaude, ce qui relève d'une conscience passive, mais l'hypnose le montre, nous pouvons aussi faire que notre main soit chaude, ce qui relève d'une conscience active, ou concentration. Lorsque nous nous concentrons sur quelque chose, nous passons de la conscience passive à la conscience active. L'attention exerce un contrôle bien plus grand qu'on ne le pense d'ordinaire. C'est parce que nous sommes victimes de la conscience passive. Une personne qui a mal a conscience de sa douleur mais elle ne sait pas qu'elle peut augmenter cette douleur, la diminuer, la faire apparaître ou disparaître. Pourtant, tout cela est vrai. (Certaines personnes peuvent par exemple marcher sur des braises parce qu'elles contrôlent leur douleur ; ce qui est plus remarquable encore, elles peuvent contrôler si leurs pieds sont réellement brûlés ou non — cela aussi est sous le contrôle de l'attention.)

Dans l'Ayur-Véda, tous les symptômes, du simple torticolis au cancer le plus avancé, se trouvent sous le contrôle de l'attention. Cependant, entre nous et le symptôme, se trouvent des barrières — les voiles appelés Maya — qui nous empêchent d'exercer notre attention dans un but thérapeutique. Toute la médecine corps-esprit tente d'abolir ces obstacles, de manière que la guérison puisse se faire. En dehors de l'Ayur-Véda, le mot *Maya* n'est pas utilisé mais n'importe quel terme signifiant la même chose est applicable. J'ai utilisé d'autres expressions, telles que « barrières dans le silence », « fantôme de la mémoire », et « masque de la matière ». Dans l'environnement actuel, où la médecine corps-esprit est en train de faire ses preuves et où elle doit prendre garde de ne pas empiéter sur le domaine de la science, les techniques utilisées pour percer le monde de Maya sont encore rudimentaires. Heureusement, la nature est ainsi faite qu'elle permet de nombreuses méthodes de guérison. Le rire, tout comme un verre de jus de raisin,peut vaincre une maladie mortelle, si l'on y croit assez fort.

Il serait bien préférable, cependant, de disposer d'une science de la conscience. L'Ayur-Véda est cette science. Il serait également souhaitable que cette science ait des fondement philosophiques ; la connaissance védique est cette philosophie. Lorsque j'enseigne les techniques de guérison ayur-védiques de Maharishi, je ne fais pas entrer mes malades dans un monde védique ou dans un quelconque mystère. J'essaie de leur faire comprendre que leur propre conscience crée, contrôle et devient leur corps. C'est la réalité et non pas simplement une vision védique des choses.

Lorsque le corps souffre, une zone déformée de la conscience appelle à l'aide le reste de cette conscience. Notre instinct naturel est d'apporter cette aide. La façon dont nous mobilisons les plaquettes et les facteurs de coagulation pour cicatriser une coupure n'est rien d'autre que la conscience apportant son aide. Une contusion guérit parce que l'intelligence s'est mobilisée. Je pense que tout cela est devenu maintenant parfaitement clair.

Certaines personnes ont la chance d'être si proches de

leur nature que lorsqu'elles ont un cancer, elles ne bloquent pas l'impulsion innée de la guérison. Sans doute sont-elles des milliers dans le monde qui n'ont pas fait l'objet d'une étude. Plutôt que d'être cataloguées comme des miraculées par la religion ou la science, elles restent dans l'ombre, sans que personne connaisse jamais leur victoire.

L'Ayur-Véda donne à tous les moyens d'y parvenir. L'approche ayur-védique consiste à prendre un processus déjà en marche dans l'organisme et à l'aider naturellement et sans effort. Toute douleur ou maladie ressemble à une île d'inconfort, entourée par un océan de confort, car, comparée à n'importe quelle maladie, la conscience saine est aussi vaste qu'un océan. Si l'on est normalement constitué, il n'y a rien qui puisse empêcher la conscience de guérir n'importe quelle maladie. (La vieillesse ou certaines maladies chroniques peuvent épuiser nos capacités internes ; en conséquence, l'Ayur-Véda ne peut garantir la guérison, car il s'avère parfois que celle-ci ne se trouve pas dans le système de la nature.)

La technique de félicité permet au malade de faire l'expérience de la pure conscience, cet océan de bien-être qui est à la fois notre soutien et notre moyen de subsistance fondamental. Avec cette seule technique, il est possible de « noyer » une maladie dans la conscience et de la guérir. Cependant, comme pour les sujets sous hypnose qui peuvent concentrer leur attention pour faire apparaître une ampoule, il est également nécessaire de concentrer son attention avec plus de précision pour guérir. C'est là qu'intervient la technique du son primordial. Grâce à elle, on peut soigner une tumeur ou une arthrite ; il est possible de guérir un cœur défaillant ou des artères bouchées. Le son primordial ne s'attaque pas directement à la maladie mais il lui accorde une plus grande attention, si grande que la distorsion de la conscience, à la source de la maladie, bat en retraite. Dans les chapitres précédents, j'ai appelé ce processus « bannir le fantôme de la mémoire ».

La méditation, la technique de félicité et le son primordial sont tous trois les applications pratiques des outils de la guérison quantique que j'ai développés ici. Permettez-moi d'en donner une illustration sous la forme d'une étude de cas, après quoi j'expliquerai leur relation avec la félicité.

Laura est une jeune femme de Boston à qui l'on a découvert un cancer du sein à trente-cinq ans. Confrontée à son diagnostic, elle a choisi pour des raisons personnelles de ne pas suivre de traitement traditionnel, malgré l'insistance anxieuse de son médecin. Ce dernier soutenait que, sans traitement, elle mourrait dans moins de deux ans. Aujourd'hui, trois années plus tard, elle est toujours en vie et semble parfaitement normale. Ses radios révèlent que la tumeur n'a pas diminué mais que sa progression, si l'on peut parler de progression, a été minime. Laura est donc toujours en grand danger, mais dans son esprit, son état actuel représente une grande victoire.

Bien que son cancer n'ait pas disparu, il n'a pas suivi ce que les docteurs appellent « l'évolution naturelle prévisible » de la maladie. Le Dr Yujiro Ikemi, l'un des experts les plus éminents de la médecine psychosomatique au Japon, a étudié 69 patients qui ont connu, selon lui, une rémission spontanée du cancer. Toujours selon lui, il n'est pas nécessaire que les cellules cancéreuses disparaissent entièrement. Il recherche d'autres signes, comme par exemple le fait que la tumeur ait une croissance anormalement lente, que le malade ne se soit pas affaibli et que la tumeur maligne ne se soit pas étendue à d'autres parties du corps. Ces signes sont suffisants pour indiquer une régression spontanée, du point de vue du Dr Ikemi, et Laura remplit toutes ces conditions.

Elle pratiquait déjà la méditation lorsque je la rencontrai pour la première fois. En 1987, elle passa deux semaines à la clinique pour suivre un traitement ayur-védique. On lui enseigna le son primordial et la technique de félicité, qui peuvent être tous deux utilisés durant la méditation. Disons que l'esprit plongé dans la méditation fait l'expérience de son silence intérieur. La félicité se trouve dans ce silence, tout comme l'intelligence. On ne peut « sentir » son intelligence mais l'on peut ressentir la félicité. La technique de félicité permet à l'esprit d'enregistrer cette expérience de félicité de diverses manières : par une sensation de chaleur dans une partie du corps, par un picotement, par une sensation d'écoulement ou par plusieurs autres manifestations physiques. La félicité reste abstraite, mais une sorte d'« aura » en émane, grâce à la technique. Le son primordial, en revanche, est tout à fait ciblé ; il apporte la conscience de la félicité directement à la zone malade. (Il ne faut pas croire que tout cela se produit séparément. Le niveau de félicité de la conscience est toujours présent ; les techniques ne font qu'amener l'esprit conscient jusqu'à lui. Une fois que l'on ressent la félicité, on établit la relation corps-esprit.)

Dès qu'elle eut appris ces techniques, Laura ressentit des effets bénéfiques. Les sons primordiaux arrivaient droit à la zone mammaire, me dit-elle. Parfois, ils provoquaient un élancement, une sensation de chaleur ou même de douleur ; la plupart du temps, cependant, elle commençait par ressentir une douleur qui disparaissait sous l'effet du son primordial. Subjectivement, les résultats les plus spectaculaires furent obtenus grâce à la technique de la félicité. Je demandai à Laura de me décrire ses expériences, qu'elles soient heureuses, douloureuses ou neutres, et elle accepta de le faire. Sa dernière description dit ceci :

> Ce que je ressens grâce à cette technique, n'est plus aussi profond que lorsque j'ai commencé, il y a un an et demi. A l'époque, la crainte et la tristesse étaient si profondément ancrées en moi, je ressentais un tel sentiment d'impuissance et d'anxiété que le contraste fut saisissant lorsque je découvris une telle joie et une telle félicité.
>
> A ce moment-là, il y avait de grands trous noirs dans ma conscience. Je ne vois plus ces trous noirs, et le sentiment de bonheur constant est plus stable. Il y a des jours où le bonheur et la félicité sont si puissants que je peux difficilement les contenir. Je ne ressens plus que rarement la peur, simplement une sorte d'anxiété générale que je peux habituellement contrôler avec un peu d'attention.

D'autres femmes sont terriblement affaiblies par leurs traitements et restent profondément marquées, physiquement et mentalement. Il est stupéfiant que Laura, bien qu'elle soit toujours suspendue entre la vie et la mort, puisse finir sa lettre de cette manière :

> Il y a un an et demi, j'étais sûre à 99 % que mon cancer disparaîtrait. Ce n'est que depuis le mois dernier que j'en suis sûre à 100 %. Je n'ai plus de doutes maintenant. Je fais confiance à la nature. Je ne sais pas encore comment la nature va m'aider ni combien de temps cela prendra. Je me sens moins concernée par le résultat que par la conscience que j'en ai. Je vois nettement, dans ma conscience, le sein parfait.

Laura sait observer le flot de sa conscience. Pour elle, il y a une énorme différence vue de l'intérieur, entre être malade et guérir. Les techniques qu'elle utilise ne font pas appel à la visualisation, mais elle dit qu'elle voit la tumeur grossir chaque fois qu'elle se sent anxieuse ou triste. Cette image représente, je pense, un lien direct entre sa conscience et la progression du cancer.

Quel sera le résultat final ? Elle et moi sommes d'accord pour dire que le processus lui-même est le résultat ; chaque jour est un tout — non pas une étape vers le rétablissement rêvé mais une fin en soi, qui doit être vécue dans sa plénitude, comme si aucune maladie n'existait. Parce que mon expérience de médecin dans le domaine du cancer m'influence beaucoup plus que Laura, je songe souvent qu'elle est allée beaucoup plus loin que moi, dans sa confiance heureuse.

La félicité est à la fois objective et subjective. Nous pouvons la ressentir comme une sensation, mais elle produit également un changement quantifiable. Elle peut modifier le rythme cardiaque, la tension artérielle, les sécrétions hormonales et d'autres paramètres physiologiques du même ordre. La félicité peut donc devenir un outil thérapeutique. Le patient utilise les techniques ayur-védiques « dans sa tête », mais la félicité qu'il éprouve modifie aussi son organisme. Le corps reçoit un signal de son schéma directeur, qui n'est pas un schéma matériel mais celui qui existe dans la conscience.

Ce schéma directeur étant invisible, il doit trouver un moyen d'acquérir une existence matérielle. Pour cela, la nature utilise la félicité — c'est une vibration qui relie l'esprit et la matière, permettant à chaque élément de l'organisme d'être lié à un élément d'intelligence :

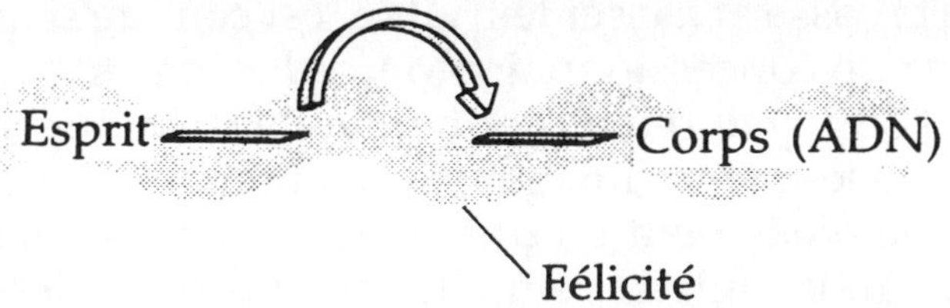

Ce diagramme montre que la relation corps-esprit est comme une radiodiffusion : l'esprit envoie des impulsions d'intelligence, l'ADN les reçoit et la félicité est le signal messager. Sur le papier, ces trois éléments doivent être séparés, mais en réalité, ils sont complètement fusionnés. Le message, le messager et le récepteur ne font qu'un. Bien sûr, nous avons déjà considéré l'association corps-esprit des dizaines de fois, mais il nous manquait le « lien » qui permet à l'esprit et au corps de se retrouver — la félicité.

L'ADN joue ici un rôle primordial. Un seul neuropeptide, ou toute autre molécule messagère, ne transporte que des bribes du message envoyé par l'esprit. L'adrénaline, par exemple, correspond à la peur. Cela semble impliquer que chaque pensée active une seule molécule, mais cela reviendrait à dire que la station 101.5 sur la bande FM ne reçoit qu'une seule chanson. En fait, le corps peut recevoir une variété infinie de signaux, grâce à l'ADN.

Nous avons l'habitude de considérer l'ADN comme un simple schéma directeur matériel, qui serait aussi le « schéma de la vie ». Or, l'ADN est loin d'être aussi statique. J'ai eu tout récemment une vision de l'ADN tel qu'il est perçu par l'esprit. Je l'ai vu défiler en accéléré, de telle manière que la vie humaine tout entière, du moment de la conception au moment de la mort, tenait dans l'espace de quelques minutes.

Ce que j'ai vu n'était pas une substance chimique mais un processus d'une richesse et d'un dynamisme incroyables. Tout ce qui est vivant prend sa source dans l'ADN — la chair, les os, le sang, le cœur et le système nerveux ; le premier mot d'un bébé et la première impulsion d'un enfant qui commence à marcher ; l'âge de raison dans le cerveau ; le jeu des émotions, des pensées et des désirs qui scintillent, tel un éclair d'été, à travers chaque cellule. Tout cela est l'ADN. L'appeler un schéma directeur revient à prendre la cosse et laisser le fruit. C'est comme si quelqu'un allait chez un concessionnaire Mercedes, payait trente mille dollars et se voyait remettre un plan de la voiture au lieu de la voiture elle-même. Imaginons maintenant que ce plan se transforme réellement en une voiture — plus encore, qu'il démarre, qu'il roule et remplace ses propres pièces défectueuses. Le plan serait alors égal à l'ADN. Il lui faudrait également une autre propriété, tout à fait étonnante : n'importe quelle partie — le carburateur, les pneus, ou même un éclat de peinture sur la portière — devrait savoir comment se transformer en une voiture complète.

Ce qui rend l'ADN si dynamique n'apparaît pas dans sa constitution matérielle ; les molécules elles-mêmes sont des participants passifs dans le temps. Elles peuvent changer, comme l'oxygène et l'hydrogène changent lorsqu'ils se combinent pour former l'eau. L'ADN lui façonne activement le cours du temps. C'est un aspect d'une telle importance qu'il me faut l'expliquer longuement ; autrement, le vrai miracle de l'ADN nous échapperait.

Ces dernières années, des chercheurs ont été intrigués par un gène particulier, appelé le gène *per* (pour « périodique »), dans l'ADN de la drosophile. Les drosophiles chantent le soir pour appeler leur mâle. Normalement, elles répètent leur appel tout à fait rythmiquement, une fois toutes les 60 secondes.

Ronald Konopka, chercheur à l'Université Clarkson, a d'abord associé le rythme du chant de la drosophile au gène per. Il a également découvert que le rythme pouvait changer. Quand le gène per subit une mutation, il produit des intervalles plus rapides ou plus lents entre les appels : une mouche chante toutes les 40 secondes, une autre toutes les 80 secondes.

Ce qui rend cette découverte extraordinaire est que chaque type de mouche règle alors son existence sur une longueur de jour différente. La mouche normale, correspondant à 60 secondes, suit une journée de 24 heures ; la plus rapide, correspondant à 40 secondes, suit une journée plus courte de 18 à 20 heures ; la plus lente, correspondant à quatre-vingts secondes, suit une longue journée, de 28 à 30 heures. L'interprétation admise est que le gène per établit le rythme journalier de l'insecte. On note chez l'homme un effet semblable ; si un homme est enfermé dans une grotte d'où il ne peut apercevoir le Soleil et où il ne lui est pas permis de regarder une montre, il dort et se réveille suivant un cycle régulier, qui n'est pas de 24 heures mais généralement de 25 heures — cela semble être le rythme journalier, ou circadien, que notre ADN a construit en nous. De même, la drosophile ne se préoccupe pas du moment où le Soleil se lève ou se couche ; quand son chant change, son jour change. Cela signifie que sa perception du temps vient de l'intérieur, qu'elle est activée par le gène de périodicité.

Cette conclusion va bien au-delà des conceptions traditionnelles. Les dernières affirment que l'ADN contrôle un rythme à l'intérieur de la cellule. Je dis, moi, qu'il contrôle le temps lui-même. Le gène per est le lien entre le temps « au-dehors » et l'ADN « au-dedans » ; il crée littéralement le temps tel que la drosophile le connaît. En physique, Einstein a démontré qu'il n'y a pas d'étalon fixe pour le temps, dans le monde relatif ; un cosmonaute penserait que l'horloge de son vaisseau spatial marche normalement, tout comme elle le fait sur Terre. Mais s'il atteignait une vitesse proche de celle de la lumière, l'horloge marcherait en fait plus lentement que les horloges terrestres. Cela ne serait pas une illusion ; tout processus biologique, y compris le vieillissement du cosmonaute, ralentirait également. Ces drosophiles ne ressemblent-elles pas aux cosmonautes d'Einstein ? Elles ressentent le temps comme étant lent ou rapide, non pas en voyageant à une vitesse proche de celle de la lumière mais simplement à partir de leurs propres signaux internes.

Une drosophile au chant rapide n'aurait aucun moyen de savoir qu'elle vit dans un « temps rapide » (en supposant qu'elle soit isolée des autres types de mouches). Elle émet le même nombre d'appels par « jour » que les autres, sans se rendre compte que son jour (18 à 20 heures) est entièrement déterminé à l'intérieur d'elle-même. Mais que fait réellement le gène de périodicité ?

Un autre chercheur, Michael Young, de l'Université Rockefeller, a travaillé avec Konopka et découvert que ce gène code pour certaines protéines régulatrices du rythme. Ce sont ces protéines, allant et venant de façon cyclique, qui font apparaître le jour plus long ou plus court à la mouche. Des gènes et des protéines similaires ont été découverts chez la souris, le poulet et l'être humain. Nous commençons à comprendre comment l'ADN crée toute la réalité. Il transforme les molécules en rythmes ou en vibrations que nous décodons sous forme de temps. D'autres vibrations sont décodées sous forme de lumière, de sons, de textures, d'odeurs, etc. Sir Arthur Eddington les appelle les « vues de l'esprit », car essentiellement, nos perceptions sensorielles ne sont rien d'autre que des signaux transmis via l'ADN — vibrations pures et abstraites que nous transformons en événements « réels » dans le temps et l'espace. Si un gène peut agir sur le temps, il est alors tout près d'agir également sur l'espace. Il n'y a pas de différence entre le temps et l'espace, d'un point de vue subjectif, si ce n'est la place que nous y occupons. Comme la drosophile, nous mesurons l'heure par le biais d'une horloge, et l'horloge est en nous.

Nous arrivons là à la croisée des chemins. Les biologistes se rendent compte que si les protéines régissent les rythmes de la cellule, quelque chose doit alors régir ces protéines. Qu'est-ce ? L'un des chemins mène à une explication matérialiste. Naturellement, c'est la voie que préfère la science. Certains biologistes croient que les substances chimiques traversent la membrane cellulaire à une certaine vitesse, ce qui constitue notre étalon de temps, notre horloge moléculaire. D'autres disent que l'horloge est en réalité un code chimique imprimé sur l'ADN, qui se lit en séquences, de la conception jusqu'à la mort. Aucune de ces explications n'a été étudiée en détail de manière satisfaisante. Si les rishis ont raison, elles ne le seront jamais — aucune réponse n'existe au niveau des molécules seules.

Il nous semble évident maintenant que les rishis prendraient un chemin différent. Ils diraient que notre horloge intérieure est l'intelligence. Le gène per n'est qu'un composant mécanique, un fil électrique ou une ampoule dans la radio de l'ADN. Le temps s'exprime à travers lui, tout comme une émotion s'exprime par le biais d'un neuropeptide. Le temps « chevauche » une molécule, et une fois encore, nous ne devons pas prendre le cavalier pour le cheval. Le temps, l'espace, le mouvement, les textures, les odeurs, les visions et tous les autres signaux proviennent de l'intelligence silencieuse. C'est là que nous vivons réellement, et le miracle de l'ADN vient de ce qu'il peut transformer autant de messages totalement abstraits en la vie elle-même.

Si nous marchons à travers bois, par une chaude journée d'automne, sentant sous nos pieds les feuilles mortes, humant la terre humide et contemplant la lumière d'octobre qui joue dans les branches, nous ressentons le monde à travers notre ADN. Il sélectionne très précisément ce qui compose notre environnement. Nous ne sentons pas les gaz d'argon et de xénon dans l'air. Nous ne voyons pas les rayons ultraviolets du Soleil. Nous pouvons piétiner les feuilles mais nous ne pouvons pas traverser les arbres. La texture de la mousse est perçue par notre esprit comme une plaque de duvet ; nous ignorons la présence, dans chaque cm^3 d'air, du pollen, des champignons, des bactéries, des virus et autres micro-organismes. C'est notre nature qui fait que nous ne focalisons que sur certains des éléments qui nous entourent. Ces feuilles, ces arbres, ces odeurs et cette lumière sont pour ainsi dire humanisés.

Si nos sens étaient assez subtils, nous pourrions même aller plus loin et nous rendre compte que nous *sommes* la forêt. Elle ne nous envoie pas des signaux du « dehors », mais nous mêlons notre propre signal aux siens. Aucun de nos organes sensoriels n'est séparé du continuum de la nature. Notre œil est un récepteur de lumière spécialisé, qui se fond dans la lumière qu'il perçoit. Sans la lumière, l'œil s'atrophierait aussi sûrement que celui d'un poisson aveugle ; si notre système optique changeait — par exemple, si chaque œil pivotait indépendamment, comme ceux d'un caméléon — chaque objet occuperait une place complètement différente dans l'espace. Cela serait notre expérience, et rien dans le monde relatif n'existe en dehors de notre expérience.

Une abeille approchant d'une fleur voit le nectar et délimite le contour des pétales — dans l'œil de l'abeille, voilà ce qui existe. Pour nous, voir un aimant signifie que nous distinguons nettement sa forme sans voir le champ magnétique qui l'entoure. Donc, en ce qui concerne la vue, c'est le fer qui existe. Ajoutons tous les autres sens et nous obtenons le monde tel que nous le créons. Il a été construit en 600 millions d'années par l'ADN ; dans l'absolu, cependant, ce monde exprime notre intelligence intérieure, avec, pour serviteur, l'ADN. Ce dernier nous sert à notre manière, de même qu'il sert d'autres créatures à leur façon.

Grâce à l'ADN, les vibrations de lumière deviennent des yeux et les sons des oreilles. Le temps devient un chant d'amour chez les drosophiles et la marche de l'histoire chez l'homme. Il donne aux chauves-souris leur sonar et aux serpents leur sensibilité à la lumière infrarouge. Dans tous les cas, cependant, l'ADN n'est que l'instrument. Nul ne pourra jamais découvrir le secret de l'espace-temps en étudiant l'ADN, ou tout autre élément matériel. Une telle tentative est aussi vaine que de démonter une radio pour trouver d'où vient la musique. Les rishis ont trouvé la musique — c'est la félicité.

La félicité est la vibration que l'intelligence envoie dans l'Univers. En fait, nous pouvons représenter notre existence sous la forme d'un seul diagramme qui concentre l'esprit, le corps, l'ADN et la félicité en un seul tout indivisible :

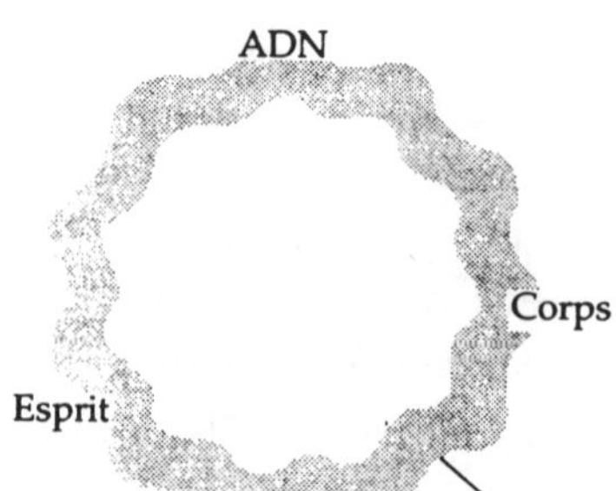

Nous pourrions appeler ce dessin le cercle de la vie. Nous y voyons que la félicité est un signal continu, une boucle qui relie l'esprit, le corps et l'ADN dans une conversation qui dure toute la vie. Les trois participants partagent le même savoir — ce que l'esprit sait, le corps et l'ADN le savent aussi. Nos expériences se répercutent à ces trois niveaux. Nous ne pouvons être heureux ou tristes, malades ou bien portants, éveillés ou endormis, sans envoyer le message à tout notre espace intérieur.

Même si l'on ne croit pas possible de « parler » à l'ADN (une idée toute faite qui vient de ce que l'on réduit l'ADN à un simple schéma directeur matériel), on lui parle en permanence. Les substances chimiques fugaces qui se précipitent dès qu'une pensée est formulée, les récepteurs fixés à la paroi cellulaire qui attendent leurs messages, ainsi que tous les autres atomes de vie, sont fabriqués par l'ADN. (Je m'aperçois que je fais un raccourci mensonger. L'ADN ne fabrique directement que le matériel génétique mais, en utilisant son jumeau actif, l'ARN, il donne naissance à toutes les protéines, les cellules et tous les tissus.) La pensée se produit au niveau de l'ADN, car sans la cellule cérébrale qui envoie un neuropeptide ou un autre messager, il ne peut y avoir de pensée.

La technique ayur-védique du son primordial se fonde directement sur ce principe. J'ai dessiné la félicité à l'aide d'une ligne courbe pour représenter un signal constant, ininterrompu. Cependant, il peut y avoir des cassures dans le cercle. Celles-ci se produisent lorsque l'ADN, l'esprit et le corps ne sont pas parfaitement synchronisés. L'Ayur-Véda dirait que de nombreuses maladies commencent là où se produit une telle cassure — la félicité glisse hors de son sillon, pour ainsi dire, en déséquilibrant l'intelligence de la cellule. Pour réparer la cassure, un signal particulier doit venir combler la brèche — un son primordial. De cette manière, une vibration est utilisée pour guérir une vibration.

Traiter la maladie à l'aide d'un son mental est tout à fait inhabituel, je le sais. Pour comprendre cette nouvelle approche, il nous faut replacer la félicité dans la perspective quantique. Dans les années soixante-dix, les physiciens du monde entier avaient tant travaillé à la division des atomes que l'on se retrouvait avec des centaines d'« hadrons ». Ces particules subatomiques, nombreuses et variées, ne pouvaient en aucun cas être considérées comme des particules élémentaires. L'Univers ne disposait-il pas d'éléments de construction plus simples? On émit une nouvelle théorie selon laquelle toutes ces particules étaient des variations, non pas sur une particule plus petite mais sur une onde sous-jacente.

Cette forme ondulatoire fut surnommée « super-corde » car elle se comporte exactement comme une corde de violon. La théorie des super-cordes stipule que des milliards de milliards de cordes invisibles peuplent l'Univers et que leurs différentes fréquences donnent naissance à toutes les formes de matière et d'énergie. Certaines vibrations se transforment également en temps et en espace — le préfixe *super* indique que ces cordes résident en fait au-delà de notre réalité, limitée à quatre dimensions. Personne ne pourra jamais les voir, quelle que soit la puissance des instruments utilisés.

Pour clarifier la notion de super-corde, le physicien Michio Kaku fait une analogie avec la musique: un violon serait enfermé dans une boîte, hors de notre vue. Les cordes du violon, en vibrant, produiraient des accords, des successions de notes et des timbres différents. Une personne qui n'aurait jamais entendu de musique trouverait ces sons tous différents les uns des autres — la note « do » pourrait être un atome d'hydrogène et le « si bémol » un photon. Ce n'est qu'en ouvrant la boîte et en voyant qu'en fait, tous les sons proviennent d'un même violon, que l'on serait convaincu de leur source unifiée.

De la même manière, le champ fondamental de la nature est en vibration constante et produit des variations sur les mêmes « notes ». Or nos sens sont faits de telle manière qu'ils transforment cette similitude en différences. Nous percevons le fer comme une note solide, l'hydrogène comme une note gazeuse, la gravité comme une note pesante, etc. Ce n'est qu'une fois les super-cordes mises en évidence que l'unité sous-jacente deviendrait manifeste. Les super-cordes sont mises à jour, non pas en ouvrant la « boîte », mais en utilisant des formules mathématiques qui montrent que toutes les formes de matière et d'énergie satisfont au modèle de super-corde. En conséquence, la physique quantique possède maintenant son premier candidat valable pour la théorie d'un champ unifié, justifiant la foi qu'éprouvait Einstein en l'ordre du cosmos.

D'une manière assez surprenante, les rishis védiques perçurent également que le cosmos était peuplé de cordes. Ces cordes étaient appelées *sutras,* nom qui a donné naissance au mot *suture,* utilisé par les chirurgiens. En sanskrit, sutra signifie agrafe (ou suture), mais aussi fil ou encore expression verbale. Si un sutra est un fil, l'Univers tout entier est, dans ce cas, tissé comme une gaze légère par les fils de l'intelligence qui se comptent par milliards. Comme les notes jouées sur le violon invisible, le niveau fondamental de l'Univers tout entier, selon les rishis védiques, est fait de sons. Du fait qu'ils s'élèvent avant toute autre chose, ils sont primordiaux, d'où le terme *son primordial.*

Il faut plus d'un son pour fabriquer l'Univers. Cependant, les rishis disposaient au départ d'un seul son, une vibration appelée *Om,* qui apparut à l'époque de ce que nous appellerions le Big Bang. Om est une syllabe sans signification — elle correspond simplement à la première onde qui brisa le silence cosmique. En se divisant en de nombreuses ondes plus petites, Om se décomposa en diverses sous-fréquences qui constituèrent la matière et l'énergie de notre Univers.

Si cette image trouve en nous un écho, il n'est pas plus surprenant que les étoiles, les galaxies et les êtres humains puissent être créés à partir d'Om plutôt que d'une super-corde. Tous deux sont abstraits. En revenant au violon caché, Kaku a écrit : « Les notes créées par la corde en vibration, tels que le « do » ou le « si bémol », ne sont pas plus fondamentales en elles-mêmes que n'importe quelle autre note. Ce qui est fondamental, cependant, c'est le fait qu'un seul concept, la vibration des cordes, puisse expliquer les lois de l'harmonie » ou, dans le cas de l'Univers, les lois de la nature.

Om peut être représentée par une ligne droite atteignant l'infini, comme la plus « super » des supercordes. Ce n'est pas par hasard si la syllabe Om ressemble au mot anglais « hum » (bourdonnement) ; quand les rishis captèrent le son de l'Univers, ils le perçurent réellement comme un bourdonnement cosmique. Si nous avions atteint l'illumination, nous serions capables d'entendre la vibration qui est notre propre signature ; par exemple, nous pourrions « entendre » notre ADN sous forme de fréquence vibrant dans notre conscience. De la même manière, chaque neuropeptide naîtrait d'un son, comme le ferait toute autre substance chimique.

Commençant avec l'ADN, le corps tout entier se déplie sur de nombreux niveaux et, à chacun de ces niveaux, le sutra, ou séquence de son, vient en premier. Ainsi, intégrer de nouveau un son primordial dans le corps revient à lui rappeler sur quelle fréquence il devrait se trouver. Sur cette base, l'Ayur-Véda ne traite pas le corps comme un bloc de matière mais comme une trame de sutras.

Bien entendu, il m'a fallu quelque temps pour commencer à comprendre tout cela. Quand j'ai commencé à appliquer les programmes ayur-védiques aux malades admis à la clinique de Lancaster, j'ai résolument gardé un pied dans mon cabinet privé d'endocrinologie — bien que je me sois senti en accord total avec la théorie ayur-védique, j'étais encore inquiet quant à ses résultats. Chaque semaine, je faisais l'aller-retour entre mon cabinet et la clinique. Un jour d'octobre, je pénétrai dans le réfectoire et remarquai l'un des patients cancéreux, un homme d'âge moyen, assis tranquillement dans un coin et prenant son repas en compagnie de sa femme. Il avait un cancer du pancréas, maladie mortelle qui est également extrêmement douloureuse. Lorsqu'il s'était présenté, cinq jours plus tôt, son visage était gris et creusé par des mois de souffrance. Je me dirigeai vers lui pour lui dire quelques mots. Comme j'approchais, il tourna par hasard les yeux vers moi. Ce fut un moment absolument saisissant. Son visage paraissait paisible et décontracté ; ses yeux étaient, sans aucun doute possible, touchés par la félicité. Je lui demandai comment il se sentait. Il me dit qu'il ne souffrait plus du tout ; après quatre jours de traitement ayur-védique, il avait cessé de prendre ses médicaments contre la douleur. Quelques jours plus tard, il s'en alla et, jusqu'au moment de sa mort, parvint en grande partie à éviter de prendre des médicaments.

Cela n'est pas encore une guérison, mais c'est un pas gigantesque vers elle. La conscience guérirait les malades aujourd'hui, j'en suis convaincu, si le diagnostic de la maladie ne se faisait si tard, après que des années de stress ont endurci la physiologie et rendu difficile l'accès à la félicité. Mais la porte est toujours ouverte, même si elle n'est qu'entrebâillée. Toutes les techniques de guérison ayur-védiques partent du principe qu'il faut d'abord traiter le patient et ensuite la maladie.

La perspective de redevenir une personne bien portante, par opposition à celle d'une lutte contre une maladie incurable, donne de l'espoir à ceux qui, autrement, n'ont rien d'autre à quoi se raccrocher que des statistiques peu encourageantes. Un patient atteint du SIDA, en Allemagne, est traité par l'Ayur-Véda depuis deux ans, dans le cadre d'un programme pilote au niveau européen. Le diagnostic remonte à quatre ans et il est toujours en vie au moment où j'écris ce livre, alors que 80 % des malades du SIDA meurent dans les deux ans qui suivent le diagnostic. Il mène une vie normale et reste asymptomatique.

Des recherches similaires sont en cours en Californie. Les malades atteints du SIDA sont mis en observation clinique, afin d'étudier l'éventuelle amélioration de la maladie dans ses phases active et latente. Les deux groupes comprennent un nombre limité de patients et les sujets savent que l'Ayur-Véda ne promet pas la guérison. Toutefois, les médecins responsables de l'étude croient constater des améliorations, en particulier dans la capacité des malades de supporter la fatigue débilitante qui mine la force et la volonté des malades atteints du SIDA.

Si l'on parvenait simplement à prolonger la période de latence et à donner ainsi au malade quelques années supplémentaires avant que la maladie ne se déclare, ce serait déjà un grand pas. Cependant, j'ai rencontré un homme qui semble avoir fait mieux que cela. Un musicien de Los Angeles, âgé d'une quarantaine d'années, était venu pour apprendre la technique de félicité. Je ne le revis que deux ans plus tard, lorsqu'il revint apprendre le son primordial. Je lui demandai comment il allait et il me répondit qu'il avait quelque chose d'important à me dire — il avait le SIDA.

Le diagnostic avait été établi quatre ans auparavant, à la suite d'une pneumonie. Ce n'était pas la pneumonie habituelle, provoquée par le pneumocoque, mais une pneumonie due à un protozoaire,le *pneumocystis carinii* ; cette maladie est l'une des plus fréquentes parmi celles qui frappent les malades du SIDA lorsque leur système immunitaire s'effondre. Il se remit du choc et décida de changer de vie. Il s'initia à la méditation et, pour la première fois de sa vie, renonça à ses habitudes : sorties nocturnes, alcool, médicaments, cigarettes et la promiscuité que sa carrière avait encouragée. (Il est intéressant de noter l'enquête portant sur les survivants à long terme du SIDA. Elle montre que tous ont pris cette sorte de décision de « prise en charge », en réaction à leur maladie. La médecine ne peut expliquer pourquoi cette décision contribue à sauver la vie de ces malades, mais c'est ainsi.)

Lorsqu'il apprit la technique de félicité, deux ans plus tard, sa santé s'était améliorée au point qu'il paraissait tout à fait normal. La technique de félicité devint un élément majeur de sa détermination à vaincre le SIDA.

« Je n'ai pas l'impression de combattre ma maladie », notait-il. « Je prends simplement conscience que tout le malheur et l'angoisse dans lesquels je vivais étaient faux. » Il commença à ressentir toute une gamme d'émotions beaucoup plus positives — il me dit n'avoir jamais soupçonné qu'il pourrait un jour baigner dans le bonheur. Aujourd'hui, quatre ans après le diagnostic initial, il paraît tout à fait en bonne santé. Hormis un certain degré de fatigue, il vit comme s'il n'avait pas le SIDA.

Chaque année, le symposium international sur le SIDA fait preuve de plus en plus de pessimisme quant à la victoire sur la maladie. Le SIDA est causé par le virus HIV et des virus mutés associés, qui sont un cauchemar pour le chercheur. En effet, ces virus appartiennent à une classe d'organismes particulièrement déconcertants et insaisissables, que l'on appelle les rétrovirus. Même un virus « normal », comme celui du rhume, a le pouvoir remarquable d'échapper au système immunitaire de l'organisme.

Contrairement à la manière dont il réagit face aux bactéries, notre ADN oublie mystérieusement comment se battre contre le virus envahisseur — il semble même coopérer avec lui. Quand un virus s'approche de la paroi cellulaire, il se fond en elle, pénétrant comme s'il ne rencontrait aucune résistance ; il est ensuite conduit jusqu'au noyau de la cellule, où l'ADN arrête complaisamment ses opérations normales et commence à fabriquer les protéines destinées à former de nouveaux virus.

Un virus du rhume ou de la grippe se contente de laisser l'ADN fabriquer des protéines pour lui, mais un rétrovirus comme le virus HIV fait plus encore. Il se mélange aux composants chimiques de l'ADN, se faisant passer pour le matériel génétique de l'hôte. Là, il dort jusqu'au jour, qui peut venir des années plus tard, où l'ADN est sollicité pour combattre une autre maladie. Le rétrovirus se réveille alors et commence à se reproduire par millions, utilisant la cellule hôte comme incubateur et provoquant finalement sa mort. La cellule explose en laissant échapper dans le sang une horde de virus mortels. Chaque étape du cycle est si mystérieuse et compliquée que le virus du SIDA a été rapidement considéré comme l'organisme porteur de maladie le plus complexe qui ait jamais été découvert. Aucun médicament n'est capable de le traiter ; l'AZT, qui permet de retarder la phase active, provoque une multitude d'effets secondaires graves, interdisant à certains patients de prendre ce médicament.

Je ne veux en aucun cas dénigrer l'approche de la médecine occidentale. Lorsqu'une maladie mortelle surgit, il est nécessaire de prendre des mesures draconiennes — sur ce point, il n'y a pas de désaccord. Mais je crois que considérer la maladie comme une distorsion de l'intelligence pourrait représenter un pas vers un niveau plus profond de la compréhension, et par conséquent, d'un traitement.

Le cancer et le SIDA semblent être deux cas où la chaîne appropriée de sutras se désintègre au niveau le plus profond. En d'autres termes, ce sont des échecs de l'intelligence, tels des « trous noirs » où la félicité se trouve déviée de ses schémas normaux. Ce qui rend les deux maladies si rebelles, c'est que la distorsion se produit à un niveau si profond — elle est enfermée à l'intérieur de la structure même de l'ADN. Cela conduit le mécanisme d'autodéfense de la cellule à s'effondrer ou à se retourner contre elle-même. Dans le cas du cancer, l'ADN semble réellement vouloir commettre un suicide, en cessant d'utiliser sa connaissance pour diviser correctement les cellules.

Dans les deux maladies, la distorsion pénètre apparemment aussi loin que les champs de force qui maintiennent l'unité de l'ADN. (La physique cellulaire est un domaine complexe, mais on pense qu'une cellule perçoit les virus et interagit avec eux en détectant tout d'abord leur résonance chimique et électromagnétique ; de tels signaux étant interprétés par l'ADN peuvent vraisemblablement le tromper.)

Si l'on adopte la perspective des sutras ou des sons védiques, il doit y avoir une distorsion dans la chaîne de l'intelligence, lorsque celle-ci se déploie dans le monde relatif. En « entendant » le virus dans son voisinage, l'ADN le prend pour un son amical ou compatible, comme les navigateurs grecs entendant le chant fatal des sirènes. C'est une explication crédible, à partir du moment où l'on prend conscience que l'ADN, exploité par le virus, est lui-même un faisceau de vibrations.

Si cette explication est valable, le remède consiste alors à refaçonner la séquence incorrecte des sons, en utilisant le son primordial de l'Ayur-Véda (connu sous le nom de *Shruti* dans les textes sanskrits ; ce mot provient du verbe qui signifie « entendre »). Ces sons ressemblent fondamentalement à des moules de poterie — en replaçant le moule sur la chaîne déformée, on aide l'ADN désorganisé à se remettre en place. Ce traitement est subtil et modéré dans ses effets, mais certains résultats préliminaires ont été tout à fait spectaculaires. Une fois restaurée la séquence du son, la formidable rigidité structurelle de l'ADN devrait de nouveau le protéger de futurs éclatements.

Dans un avenir proche, je pense que l'Ayur-Véda s'épanouira et nous aidera à créer une médecine nouvelle, faite de connaissance et de compassion. Dans ses meilleurs aspects, la médecine actuelle contient déjà ces ingrédients — le système médical a des problèmes, mais ses malheurs sont transcendés par des individus qui prennent leur tâche à cœur. Ceux-ci seront les premiers à voir que l'Ayur-Véda n'est pas en conflit avec leur travail de médecin ; elle peut aider le processus de rétablissement et placer la guérison sous contrôle.

14

La fin de la guerre

Si l'on me demandait une définition exacte de la guérison quantique, je dirais ceci : la guérison quantique est la capacité d'un mode de conscience (l'esprit) de corriger spontanément les erreurs commises dans un autre mode de conscience (le corps). C'est un processus complètement fermé sur lui-même. S'il fallait donner une définition plus courte, je dirais simplement que la guérison quantique fait la paix. Lorsque la conscience est fragmentée, elle déclenche une guerre dans le système corps-esprit. Cette guerre est à l'origine de nombreuses maladies et fait intervenir ce que la médecine moderne nomme leur composante psychosomatique. Les rishis pourraient la définir par « la peur née de la dualité », et ils la considéreraient, non pas comme une composante mais comme la cause principale de toute maladie.

Le corps envoie de nombreux signaux pour faire savoir qu'un conflit est en cours. Récemment, une jeune femme franco-canadienne est venue me voir. Elle souffrait de la maladie de Crohn, qui se traduit par de graves troubles intestinaux, caractérisés par une diarrhée chronique et incontrôlable, accompagnée d'une inflammation douloureuse. Bien que l'on ne connaisse pas la cause de la maladie de Crohn, celle-ci frappe principalement les personnes jeunes et est sans doute liée à une insuffisance du système immunitaire. Ce dont on est sûr en revanche, c'est que le système digestif est particulièrement sensible aux états émotionnels ; or cette patiente avait de longues journées de travail et était soumise à une tension extrême dans l'agence de publicité pour laquelle elle travaillait, dans le centre de Boston.

Après avoir parlé quelque temps avec elle, je découvris qu'elle s'était initiée à la méditation quelques années auparavant. Je lui demandai si elle continuait à la pratiquer. Non, me dit-elle, elle n'en avait guère le temps ; quand il lui arrivait de s'asseoir pour méditer, cela ne lui faisait aucun bien, car elle s'endormait habituellement au bout de quelques minutes.

Je lui demandai alors si sa maladie l'avait amenée à modifier son régime alimentaire, à ralentir son rythme de vie ou à envisager un travail moins éprouvant. Légèrement agacée, elle répondit non de nouveau — elle ne permettrait pas à sa maladie, qui lui occasionnait maintes difficultés, de lui guider sa conduite.

« Ecoutez », lui dis-je, « vous avez une maladie très grave. Si cette inflammation persiste, il se peut que vous deviez subir une ablation partielle de l'intestin. Qu'allez-vous faire ? » Elle était parfaitement consciente de son état et je n'avais pas besoin de lui dire qu'elle allait être confrontée à des choix peu réjouissants. Cette intervention est une terrible mutilation, car il faut placer un tube hors de l'abdomen pour éliminer les excréments. Même dans ce cas, la maladie n'est pas guérie et a tendance à reparaître dans d'autres parties de l'intestin.

« C'est pourquoi je suis ici », répondit-elle. « Je veux une techique mentale qui m'aide à continuer de mener une vie normale. »

Je voyais là le résultat de ce que les rishis appelaient *Pragya aparadh*, l'erreur de l'intellect. Le corps de cette femme appelait la guérison et le lui disait à chaque nouvelle crise. Elle ne pouvait même pas fermer les yeux pour méditer sans que son corps recherche désespérément quelque soulagement en sombrant dans le sommeil. Toutefois, son esprit interprétait ces appels comme étant soit inadaptés, soit gênants. Elle insistait sur le fait de mener une « vie normale », soumise à une tension extrême, que son système nerveux était incapable de supporter.

« Il est inutile d'essayer de combattre cette maladie », lui dis-je, « car vous êtes votre propre ennemi. » Je lui expliquai que c'était ces mêmes neuropeptides qui enregistraient le stress dans son cerveau, qui étaient produits dans ses intestins. La peur, la frustration et l'inquiétude qu'elle ressentait rejaillissaient de la même manière sur son abdomen.

Je lui dis qu'à mon avis, elle n'avait pas besoin de technique mentale — elle avait besoin de laisser faire son corps qui souhaitait guérir. Le meilleur moyen de coopérer était de lui donner le repos qu'il exigeait, de continuer la méditation, de changer d'alimentation et de prendre conscience qu'aucune satisfaction professionnelle ne pourrait compenser le risque qu'elle encourait. La nature essayait de lui dire quelque chose de très important, et dès qu'elle y prêterait attention, ses problèmes se résoudraient d'eux-mêmes.

« Dans un cas comme le vôtre », dis-je, « vous disposez de la meilleure des thérapeutiques : votre propre attention. En ce moment même, vous êtes sous l'emprise de la peur et du stress, ce qui explique que vous n'alliez pas mieux. Mais dès que votre conscience se sera apaisée, votre organisme se rétablira — cela dépend de vous. »

Elle m'écouta avec intérêt, mais je sentais qu'elle était très contrariée. L'erreur de l'intellect est insidieuse. Celui-ci refuse de croire que tout arrive à l'intérieur d'une même réalité corps-esprit ; il fait croire que l'organisme malade est dans une autre réalité, n'importe quelle autre réalité sauf la sienne.

La maladie est évidemment le signe d'un conflit. Selon l'Ayur-Véda, le conflit se déroule « à l'intérieur », contrairement à la théorie de l'infection microbienne, qui tente de nous dire que la guerre a été déclenchée « au-dehors », par toutes sortes d'envahisseurs — bactéries, virus, substances carcinogènes, etc. — qui attendent le moment de nous attaquer. Cependant, les personnes bien portantes côtoient ces dangers, sans courir le moindre risque. C'est seulement lorsque le système immunitaire s'effondre, comme dans le cas du SIDA, que nous prenons conscience que notre peau, nos poumons, nos muqueuses, nos intestins et bien d'autres organes ont appris à coexister avec ces organismes extérieurs, dans un équilibre précaire. La pneumonie qu'un malade du SIDA attrape ordinairement est causée par une variété du *pneumocystis* qui est présente dans les poumons de chacun de nous, en permanence. Le virus du SIDA active de telles maladies de l'intérieur, en détruisant une partie du système immunitaire (les cellules-T auxiliaires), brisant ainsi le réseau d'information qui assure notre équilibre.

En fait, nous *sommes* ce réseau, qui se projette dans le monde en prenant la forme de notre organisme, de nos pensées, de nos émotions et de nos actions. Le réseau ne s'arrête pas non plus à nous. L'idée simpliste que les microbes sont nos ennemis mortels n'est qu'à moitié vraie, car les microbes font également partie de ce réseau. L'Univers vivant tout entier est fait d'ADN qui a évolué, selon une première voie sous forme de bactéries, selon une autre sous forme de plantes et d'animaux, et selon une autre encore sous forme d'êtres humains. L'environnement « extérieur » coopère avec celui de l'« intérieur » comme deux polarités qui sont dans un sens complètement opposées mais, dans un autre, totalement complémentaires. Si nous considérons la réalité du point de vue de l'ADN dans son ensemble et non pas seulement du nôtre, il existe alors un réseau d'information universel qui doit être maintenu vivant et sain.

Les virus, par exemple, sont capables de muter très rapidement — c'est pourquoi un vaccin qui nous immunise contre la grippe une année n'est en général pas efficace l'année suivante. Le virus de la grippe aura muté, quelque part dans le monde, sous la forme d'une souche complètement différente. (On trouve, parmi les nombreux talents propres au virus du SIDA, la capacité de muter cent fois plus vite qu'un virus de la grippe.) Des chercheurs ont récemment émis l'hypothèse que la raison pour laquelle les virus changent si vite est qu'ils marchent de pair avec de nouvelles variantes de bactéries. Ils informeraient ainsi toutes les parties du globe que la vie se transforme.

Attraper la grippe, par conséquent, est comparable au fait de recevoir une nouvelle du jour. Notre ADN prend connaissance des changements dans l'ADN de l'Univers, ce qui constitue pour lui un défi. Notre ADN relève alors ce défi, non pas passivement mais activement. Il doit prouver qu'il sait survivre au virus. Le système immunitaire accourt pour affronter l'envahisseur et ils engagent la bataille, molécule contre molécule. Toute l'opération est chronométrée à la seconde près et ne laisse aucune place à l'erreur. Les macrophages se précipitent pour découvrir l'identité de cette nouvelle forme de vie, découvrir ses faiblesses et mobiliser alors le matériel génétique dans leur ADN, pour neutraliser les molécules du virus en les rendant inoffensives.

Dans le même temps, les cellules immunitaires détruisent également toutes les cellules qui ont accueilli l'envahisseur. Ces cellules hôtes infectées n'ont pas encore été détruites par la grippe. Elles regorgent de virus vivants qui représentent la prochaine menace, après que les cellules immunitaires ont débarrassé le sang du virus. Pour détruire une cellule hôte infectée, certaines cellules immunitaires (les cellules-T tueuses) s'accrochent à la paroi cellulaire et la perforent. Tel un pneu qui se dégonfle, la cellule hôte se vide de son contenu et meurt.

Mais la cellule hôte n'est pas simplement éliminée ; son ADN est décomposé par d'autres signaux provenant des cellules immunitaires fixées à sa paroi. Cela constitue un aspect absolument passionnant du processus général : une partie de notre ADN (la cellule immunitaire) en découpe une autre (la cellule hôte), qui en fait, n'est qu'une copie de la première ! La seule différence est que la seconde partie d'ADN, dans la cellule hôte, a commis l'erreur de coopérer avec le virus de la grippe. Personne ne sait l'expliquer. Comme nous l'avons vu au chapitre précédent, nos cellules se laissent mystérieusement tuer de l'intérieur, lorsque les virus les attaquent. Physiquement, le virus qui est des milliers de fois plus petit et moins complexe que la cellule, n'est pas de taille à rivaliser avec elle. Un auteur scientifique a comparé cela à un ballon de basket qui, faisant irruption dans un gratte-ciel par une fenêtre, le ferait s'effondrer.

On pourrait penser que de telles erreurs démontrent l'imperfection de l'intelligence de l'organisme, mais ce serait une approche superficielle. Ce que l'on observe n'est qu'un exemple subtil de la guérison quantique en action ;

en fait, l'idée qu'une guerre est en cours n'est une fois encore qu'à moitié vraie, car lorsqu'une partie d'ADN en décompose une autre, nous assistons à un processus totalement autonome. Chaque étape de la réponse immunitaire, des cellules nécrophages qui rencontrent en premier l'envahisseur aux cellules hôtes qui l'accueillent, en passant par les macrophages, les cellules-T tueuses, les cellules-T auxiliaires, les cellules-B, etc., fait intervenir le même ADN aux mille visages. En d'autres termes, l'ADN a décidé de mettre en scène, pour son seul profit, une pièce dans laquelle il tient tous les rôles.

Pourquoi l'ADN mettrait-il un masque pour succomber au virus de la grippe, et en mettrait-il un autre pour accourir et le détruire ? Personne n'a pu répondre à cette question fondamentale, mais elle doit avoir sa logique dans le schéma global de la vie, pièce de théâtre qui se joue sur la scène de l'Univers. Je serais tenté de dire que nous voyons l'ADN enrichir la vie en ajoutant autant de variétés qu'il peut en exister sur une planète.

Rien de ce qui arrive à l'ADN n'est perdu ; tout se conserve à l'intérieur de ce système clos. Une fois que le virus de la grippe est vaincu, l'ADN enregistre l'événement en produisant de nouveaux anticorps et des « cellules mémoire » spécialisées. Ceux-ci se maintiennent des années dans le système lymphatique et le sang, et viennent s'ajouter à l'immense quantité d'informations que l'ADN accumule depuis le début de la vie. C'est ainsi que l'ADN nous inscrit dans un processus universel.

Si je regarde par la fenêtre, je vois une autoroute à plusieurs voies sur laquelle circulent des voitures. Parfois, un avion la survole, provoquant l'émoi d'une nuée d'oiseaux qui s'envolent à tire d'aile. Des mouettes planent dans le ciel, cinquante kilomètres à l'intérieur des terres et, dans l'air, flotte l'odeur caractéristique de l'océan, évocatrice de la vie marine. Toute cette vie, y compris la mienne, est l'œuvre de l'ADN. Il a jailli d'une molécule dont le rôle est de donner naissance à une nouvelle vie sans jamais compromettre celle qui existe déjà. On a évalué que l'ensemble de l'ADN de tous les êtres ayant vécu sur Terre pourrait tenir aisément dans une cuiller à café. Pourtant, si l'ADN enfermé dans le noyau d'une seule cellule était déroulé et ses fragments mis bout à bout, il s'étendrait sur une longueur d'un mètre cinquante. Cela signifie que les chaînes d'ADN, contenues dans les cinquante billions de cellules du corps humain, mesurent ensemble 75 milliards de kilomètres — soit 200 000 fois la distance de la Terre à la Lune. Le Véda dit que l'intelligence de l'Univers s'étend « du plus petit que le plus petit au plus grand que le plus grand, » et l'ADN en est la preuve matérielle.

En conséquence, il est faux de penser que le conflit est la norme. En général, la paix règne entre notre ADN et l'autre ADN, « au-dehors ». Pour chaque fois que nous devons réellement combattre la maladie, il y a des dizaines, voire des centaines de fois où notre organisme l'a neutralisée avant qu'elle ne se déclare. Ce n'est que lorsque nous souffrons d'un conflit intérieur que le système immunitaire perd ses capacités de défense, de guérison et de mémoire silencieuses.

Nous avons tendance à oublier que la paix est la norme. Les psychiatres et les sociologues partent du principe que l'homme moderne est profondément divisé dans son psychisme. L'apparition de troubles liés au stress, de la dépression, de l'anxiété, de la fatigue chronique et de la « maladie de la hâte » est un signe des temps. Le rythme trépidant du travail, et de la vie en général, nous a accoutumés au tumulte. Aujourd'hui, les gens sont profondément convaincus qu'un certain degré de conflit interne est normal. C'est nous qui avons, semble-t-il, déclenché la guerre, et elle réclame son dû de manière d'autant plus effrayante que cela est devenu banal.

Tout cela, j'aurais souhaité le dire à Chitra, la jeune femme atteinte d'un cancer du sein, avec qui ce livre a commencé. Elle eut assez de chance pour connaître une guérison qui semblait miraculeuse, mais tandis que j'écrivais ces chapitres, son histoire s'éclairait sous un autre jour. Les cellules cancéreuses avaient été vaincues mais pas leur mémoire. Parce que Chitra avait très peur de voir réapparaître son cancer, elle et moi avions convenu que son traitement médical devait être poursuivi. En même temps, elle promit de continuer la méditation et la technique de félicité que je lui avais enseignées. Je n'eus pas de nouvelles pendant un mois, puis elle m'appela pour m'en donner de mauvaises : ses médecins avaient détecté une dizaine de taches dans son scanner, qu'ils interprétaient comme un cancer du cerveau. En proie à une terrible angoisse, elle commença un traitment intensif de radiothérapie, accompagné cette fois d'une chimiothérapie expérimentale.

Fragilisée par son cancer du sein, Chitra fut victime de graves effets secondaires, dont la dépression. Elle abandonna la méditation et tout traitement ayur-védique. Le nombre de ses plaquettes chuta dangereusement — les plaquettes sont des cellules sanguines qui jouent un rôle décisif dans la coagulation — ce qui signifiait qu'il était trop dangereux de poursuivre la chimiothérapie. Les médecins de Chitra établirent que sa moelle osseuse produisait des anticorps qui attaquaient ses propres plaquettes (probablement en réaction aux nombreuses transfusions qu'elle avait subies). Ils envisagèrent une greffe de moelle, mais tentèrent tout d'abord une transfusion du plasma sanguin. Pendant l'intervention, Chitra fut frappée d'apoplexie et développa bientôt une grave anémie et des infections diverses.

A ce stade, le cas de Chitra devint désespéré. Elle refusa une nouvelle transfusion de sang, horrifiée à la pensée d'attraper le SIDA. Pour calmer son agitation, on dut lui administrer de la morphine et du valium par un goutte-à-goutte intraveineux. Ses fonctions cérébrales s'altérèrent de plus en plus et elle glissa dans un coma, dû probablement à son état de choc, suivi d'un début de pneumonie. Les médecins informèrent son mari qu'elle ne se rétablirait probablement pas et, le lendemain, Chitra mourut sans avoir repris conscience. Elle fut la victime, non pas de son cancer, mais de son traitement, et je ne peux m'empêcher de penser que la mort par le cancer aurait sans doute été plus *humaine*.

La mort de cette jeune femme, merveilleusement innocente et loyale, fut un grand choc. Bien que je n'eusse aucune consolation à offrir, j'appelai immédiatement Raman, son mari, qui était complètement anéanti. Pendant des mois, nous avions vu tous deux Chitra passer dans la lumière de la vie puis retourner dans l'ombre de la mort, partageant les mêmes sentiments de joie et de désespoir extrêmes. Les médecins avaient sincèrement tenté de la sauver, et pourtant, je ne pouvais chasser un sentiment d'amertume, sachant, comme tous les médecins, à quel point notre approche actuelle du cancer est rudimentaire.

Chaque jour, un médecin voit des cancéreux qui ont subi tel ou tel traitement aux conséquences désastreuses et le considèrent comme un succès parce que les cellules cancéreuses ont disparu. Ils ne prennent pas en considération l'affaiblissement général de l'organisme, la menace d'un cancer ultérieur dû au traitement lui-même, ni la peur et la dépression dans lesquelles sont plongés les malades qui parviennent à guérir. Vivre avec une peur constante, même sans avoir le cancer, n'est pas le signe d'une bonne santé. La guerre n'est pas finie ; au lieu de se battre au grand jour, l'ennemi a simplement pris le maquis.

La philosophie qui sous-tend le traitement du cancer est que l'esprit doit rester passif tandis que le corps est mis à sac. En d'autres termes, un conflit ouvert est en réalité encouragé dans le système corps-esprit. Comment peut-on appeler cela une guérison ? Dans un conflit entre l'esprit et le corps, le malade se bat sur les deux fronts — il y a seulement son corps et son esprit. N'est-il pas évident que s'il y a un perdant, ce sera forcément lui ?

Le tout n'est pas de savoir comment gagner la guerre mais comment préserver la paix. L'Occident n'est pas arrivé à cette connaissance ou n'a pas compris que la manifestation physique d'une maladie n'est qu'un fantôme. Les cellules cancéreuses qui terrorisent le patient et que les médecins combattent ne sont elles aussi que des fantômes — elles vont et viennent, faisant naître l'espoir et le désespoir, tandis que la véritable coupable, la mémoire inébranlable qui crée la cellule cancéreuse, reste tapie dans l'ombre. L'Ayur-Véda nous permet d'atteindre le niveau de conscience qui exorcise ce démon de la mémoire. En pensant à Chitra, je me demande combien de temps il nous faudra pour élargir notre vision. Nous exigeons que les malades fassent preuve d'héroïsme au moment où ils en sont le moins capables, ou bien nous jouons avec eux comme avec des chiffres, transformant leurs chances de survie en statistiques. L'Ayur-Véda nous dit de chercher la cause de la maladie à un niveau plus profond de la conscience, qui nous mènerait vers la voie de la guérison.

L'idée que la conscience d'un malade est responsable de son cancer est pour beaucoup très perturbante — et c'est bien ainsi. L'Ayur-Véda, à mon sens, ne croit pas qu'il existe une soi-disant « personnalité à cancer ». Elle n'accepte pas non plus l'idée que des émotions superficielles, des modes de vie et des attitudes puissent provoquer le cancer. Certains chercheurs sont convaincus que les patients qui ont des réactions d'impuissance et de dépression face au cancer courent un plus grand risque d'y succomber que ceux qui ont ce que l'on appelle « la volonté de vivre ». Cela semble indiscutable, mais que faire de cette certitude ?

Un cancéreux passe naturellement par divers états émotionnels ; cette volonté de vivre est sujette à variation, d'un extrême à l'autre ; il n'y a aucune raison de s'attendre à ce qu'une « personnalité à cancer » se dégage. (Les premières recherches ayant soi-disant confirmé l'existence d'une « personnalité à cancer » avaient étudié de petits groupes non significatifs de patientes, de 25 sujets, toutes atteintes du même type de cancer — le cancer du sein.) Pourquoi ceux qui sont psychologiquement sains, et qui de ce fait sont déjà très privilégiés, seraient-ils les seuls cas encourageants ?

Cette question n'est pas dénuée de sens. Récemment, j'étais dans un avion, assis près d'une femme pleine de vie d'une soixantaine d'années. Elle m'apparut immédiatement comme l'Américaine type — très vigoureuse, sensée et très sûre de ses opinions. Sa famille, établie dans le Maine depuis des générations, était très prospère. Mon esprit étant entièrement occupé à réfléchir au traitement du cancer, nous fûmes naturellement amenés à en parler.

La vieille dame redressa le menton. « Je ne crois pas que tous ces médecins savent de quoi ils parlent », déclara-t-elle. « En 1947, on a diagnostiqué chez ma mère un cancer du sein. Elle se fit enlever la tumeur puis rentra chez elle pour s'occuper de ses quatre enfants. Mon père la supplia de retourner à Boston pour subir une mastectomie. Elle lui rétorqua qu'elle était trop occupée, à la fois pour aller à l'hôpital et pour être malade. Elle continua à vivre parfaitement normalement. Après quelque temps, mon père eut gain de cause et elle retourna finalement subir cette mastectomie, mais il n'y eut ensuite ni rayons ni chimiothérapie.

— Que lui arriva-t-il? demandai-je.

— Rien. Elle vécut encore douze ans, et elle était âgée de plus de 70 ans lorsqu'elle contracta une pneumonie. Toute la famille se réunit autour de son lit, elle nous dit adieu et, trois jours plus tard, elle mourut. »

Ecoutant cette histoire, je compris subitement, mi-étonné, mi-attristé, de quoi il était question — le paradoxe qu'il y a à être normal. Il est absolument normal d'être trop occupé pour être malade. C'est exactement ce qui permet au système immunitaire de vivre en bonne intelligence avec son environnement. Lorsque l'on est simplement soi-même et non pas un « cancéreux », la réaction en chaîne de la réponse immunitaire, avec ses centaines d'opérations précisément chronométrées, se déclenche alors, fermement décidée à l'emporter.

Mais à partir du moment où l'on se laisse envahir par un sentiment d'impuissance et de peur, cette chaîne se brise. Les neuropeptides associés aux émotions négatives se propagent, se fixent aux cellules immunitaires et la réponse immunitaire perd son efficacité. (On n'en connaît pas l'explication, mais le déficit immunitaire de malades dépressifs est bien connu.) C'est ici que naît le paradoxe: si l'on ne faisait pas toute une histoire du cancer, mais que l'on y réagissait comme à quelque chose d'aussi banal que la grippe, on aurait les meilleures chances de se rétablir. Toutefois, le diagnostic du cancer fait que le patient se sent complètement anormal. Le diagnostic lui-même engendre le cercle vicieux, tel un serpent se mordant la queue jusqu'à ce qu'il n'y ait plus de serpent.

Je ressentais ce sentiment de tristesse doublé d'étonnement parce que le système immunitaire m'apparaissait soudain à la fois infiniment beau et terriblement vulnérable. Il forge notre lien avec la vie et peut cependant le briser à tout moment. Il connaît tous nos secrets, toutes nos peines. Il sait pourquoi une mère qui a perdu son enfant peut mourir de chagrin, parce qu'il meurt de chagrin en premier. Il connaît chaque moment que le patient passe dans la lumière de la vie ou dans l'ombre de la mort, parce qu'il fait de ces moments la réalité du corps.

Le cancer, ou toute autre maladie, n'est rien d'autre que la succession de ces moments fugaces, chargés de leurs propres émotions, de la propre chimie corps-esprit. En d'autres termes, les cellules malades ne sont qu'une composante parmi d'innombrables composantes ; elles sont simplement plus impalpables. L'Ayur-Véda soutient qu'un ensemble de conditions doit être réuni pour créer la maladie — l'organisme porteur de la maladie joue un rôle, ainsi que la résistance immunitaire du malade, l'âge, l'alimentation, les habitudes, l'époque de l'année, etc. Tout cela contribue au résultat clinique final. La médecine occidentale a clairement établi que le style de vie d'une personne et sa vie émotionnelle influencent son état de santé. Toutefois, nous ne disposons pas de l'omniscience qui nous permettrait d'évaluer ces facteurs. Un cancéreux a toute une vie derrière lui, peuplée de pensées, d'actions et d'émotions qu'il est seul à connaître.

Le fait que leurs émotions se trouvent à une telle profondeur ne signifie pas que les malades du cancer ne puissent pas les modifier. Ils peuvent dominer leur sentiment d'impuissance et de désespoir en allant à un niveau plus profond encore. Peu importe qu'une personne soit plongée dans les affres du désespoir ou imbue d'une confiance en soi démesurée. L'un comme l'autre pourraient n'être qu'un fantôme. C'est pourquoi l'Ayur-Véda accorde beaucoup moins d'importance aux émotions superficielles que ne le fait la médecine corps-esprit actuelle. Le bien-fondé d'un traitement du cancer (ou du SIDA) par le son primordial et la technique de félicité vient du fait que seules ces techniques atteignent le niveau de conscience commun à tous les hommes, les faibles comme les forts.

Le cas suivant illustre parfaitement le succès le plus complet qui ait été obtenu jusqu'ici dans le traitement du cancer par ces techniques. La patiente, proche de la quarantaine, s'appelle Eléonore. En 1983, elle vivait dans le Colorado et travaillait pour une société d'informatique. On diagnostiqua un cancer avancé du sein, dont les métastases atteignaient les ganglions lymphatiques sous le bras. Elle subit une première mastectomie, puis une seconde ; elle subit ensuite une chimiothérapie qui provoqua des effets secondaires intolérables. Elle décida donc d'abandonner son traitement, malgré l'avis de ses médecins qui l'informèrent que son cancer s'était maintenant étendu aux os. Les patients qui présentent ce type de métastases ont environ une chance sur cent de survivre.

Le médecin de famille conseilla à Eléonore de commencer la méditation en 1986, alors qu'elle était malade depuis trois ans. Par la Méditation Transcendantale, Eléonore entendit parler de l'Ayur-Véda. Elle se fit hospitaliser à Lancaster où je lui enseignai le son primordial destiné à guérir le cancer. Les résultats furent remarquables. La douleur aiguë dans les os disparut (cet incident a été mentionné plus haut, au chapitre 7), et chaque fois qu'elle retournait chez elle passer une radiographie, son radiologue trouvait de moins en moins de poches de cancer des os.

Il était bien trop tard pour que l'on puisse attribuer l'amélioration de son état au traitement antérieur. Généralement, une tumeur bombardée d'irradiations et de chimiothérapie régresse très rapidement. Si Eléonore survit encore deux ans, elle entrera dans la catégorie privilégiée des malades qui ont démenti toutes les statistiques. Mais ce que je veux dépeindre ici, c'est le changement global qui s'est opéré en elle. Je lui demandai d'écrire l'histoire de sa maladie, vue de l'intérieur. Ce qu'elle m'a donné est un document tout à fait remarquable. Il commence au moment le plus poignant de sa vie, lorsqu'elle était sur le point d'entrer dans la salle d'opération pour subir l'ablation du sein :

> Parfaitement consciente, je suis allongée dans la salle d'attente, près des portes de la salle d'opération. Une infirmière passe, portant un énorme sein dans un sac en plastique transparent. Mes seins semblent si petits, sans défense et innocents. Lorsque j'allaitais mes fils, je me sentais en harmonie avec mes seins ; ils étaient

> féminins, doux et jolis — j'avais confiance en eux. Maintenant, je suis allongée là, attendant qu'on m'enlève au moins l'un d'entre eux.
> J'ai peur et je tremble. Chaque nerf de mon corps semble tendu vers quelque chose, voulant s'échapper avant qu'il ne soit trop tard. Je me sens poussée vers la salle d'opération. J'ai l'impression de trahir mon corps, en permettant sa mutilation. J'ai 35 ans, et tout cela me paraît complètement injuste.
> Quand tout est fini, les émotions s'emparent de moi. Je n'aime plus mon corps — je ne veux pas que mes médecins me voient, encore moins mon mari. Je me sens toute nue. J'ai perdu toute ma féminité, mutilée pour des semaines à venir, reliée à des drains dont les tubes sont cousus à mon corps. Le bruit des tubes en verre, bagués de rouge, m'accompagne chaque fois que j'essaie de marcher.

Finalement, Eléonore se rétablit suffisamment pour suivre une chimiothérapie de six mois. On lui dit que ses chances de guérison étaient grandes, mais lorsqu'on lui fit passer une radio du sein qui lui restait, on découvrit qu'il était également cancéreux. Une deuxième mastectomie fut décidée :

> Maintenant, je veux vraiment m'échapper. Pendant des mois, on m'a dit que j'avais le cancer, puis que je ne l'avais plus, puis que je l'avais de nouveau. Je suis si lasse de ces opérations et de cette incertitude. Je suis malade de cette fièvre, de ces horribles suées nocturnes, de la douleur, de l'humiliation, de ces doutes sur mon corps, mon esprit, mon sexe — de tout. Tout ce en quoi j'avais confiance m'a abandonnée.
> Cancer du sein bilatéral, mastectomie bilatérale, et enfin reconstruction bilatérale des seins. J'espère que c'est la fin et que je peux me mettre à guérir de mes autres symptômes, pour guérir complètement, malgré les statistisques.

Peu après, Eléonore commenca à pratiquer la méditation. Au début, elle considéra cela avec beaucoup de réserve et même un scepticisme manifeste ; ces sentiments firent ensuite place à un « sentiment d'acceptation intérieure ». Quatre mois plus tard, elle s'aperçut qu'elle était enceinte. Les médecins d'Eléonore lui avaient dit que sa chimiothérapie l'avait rendue stérile, phénomène qui se produit chez 25 % environ des femmes jeunes et 85 % des plus de 40 ans. Pour celles qui ne deviennent pas stériles, enfanter est extrêmement dangereux, mais pour Eléonore, l'idée d'avoir un autre enfant revêtait une importance particulière :

> Cette grossesse était pour moi le symbole d'une plénitude et d'une fusion avec la nature. C'était un miracle et j'étais heureuse. Lorsque mes médecins me dirent que je devrais avorter pour sauver ma propre vie, ce fut un cauchemar. Tandis que ma grossesse se poursuivait, je fus plus malade encore. On me dit que mes examens montraient maintenant que le cancer présentait des récepteurs oestrogéniques positifs et que mes chances de survie étaient minces. Je me rebellai contre ces faits et continuai ma grossesse, décision que je vécus en toute sérénité.

Après l'accouchement réussi d'un garçon, Eléonore découvrit que le cancer était revenu, cette fois dans ses os :

> De nouveau le cancer, et le cycle infernal reprit de plus belle. Les médecins m'affirmèrent que je vivrais « peut-être six mois, mais probablement pas plus de deux ans ». (C'était il y a quatorze mois.) Mon cancer des os avait beaucoup progressé (la radio révélait une douzaine de points cancéreux, principalement dans les côtes et les vertèbres), et je me sentais très malade, littéralement jusqu'aux os. Le traitement consistait en une chimiothérapie à haute dose « jusqu'à la fin de mes jours ». Cela voulait dire que je n'en avais plus pour longtemps.

Eléonore supporta très mal la chimiothérapie. Sur les conseils de son médecin de famille, celui-là même qui avait suggéré la Méditation Transcendantale, elle vint à Lancaster pour suivre un traitement ayur-védique. En parcourant son dossier, je reconnus qu'elle était gravement malade ; je ne pouvais lui promettre la guérison mais lui dis que son cas était moins désespéré qu'elle le pensait. En effet, le plus intime de son être n'avait pas été touché par le cancer et nous allions tenter de la ramener vers cette partie d'elle-même. Au bout de deux semaines, elle commença à se sentir mieux, à la fois physiquement et mentalement. Lorsqu'elle repartit, elle ne ressentait aucune douleur dans les os. Apparemment, ce fut le tournant décisif de sa maladie :

> Une fois que j'eus retrouvé mon travail, ma chimiothérapie et mes doutes, quelque chose se produisit. Une colombe sauvage s'introduisit dans l'entrepôt de la compagnie, un matin, et ne voulut pas en repartir. A mon arrivée, deux ou trois heures plus tard, l'oiseau me suivit à l'étage, à travers les couloirs qui conduisaient à mon bureau. Il se posa tranquillement en face de moi. Je le pris doucement dans la main et je me sentis soudain bouleversée tandis que nous communiquions.
>
> Quelques mois passèrent après que nous eûmes relâché l'oiseau dans la campagne. En septembre, je découvris que mes radios des os n'étaient pas bonnes, mais pas plus mauvaises non plus. La chimiothérapie me causait beaucoup d'inconfort. Je n'avais pas vraiment l'intention de l'abandonner,mais mes numérations sanguines étaient systématiquement mauvaises. Cela signifiait que j'allais devoir interrompre momentanément la chimiothérapie. Je me sentis tout de suite mieux et m'aperçus que je ne voulais plus de chimiothérapie, même au risque d'en mourir.
>
> En décembre, je retournai à Lancaster. J'y passai un moment merveilleux ; on m'avait préparé des herbes spéciales et on m'enseigna la technique du son primordial, pour que je la pratique à la maison. A la fin de décembre, une autre radio des os montra que mon état restait stationnaire. Cela confirma ma conviction que la chimiothérapie n'avait qu'un effet superficiel. Je continuai mon traitement ayur-védique et quand je revins, trois mois plus tard, la radio des os montra que toutes les poches de cancer, à l'exception d'une seule, minuscule, avaient disparu.

Le radiologue sourit et me dit qu'il ne savait pas comment cela avait pu se produire sans chimiothérapie. Il m'étreignit et, au moment de partir, me dit : « Cela fera date ». Mon médecin de famille appela le radiologue pour avoir des renseignements précis ; en raccrochant,il me dit que j'étais presque complètement guérie.

En apprenant ces nouvelles, je ne pus retenir mes larmes. Je me demandais comment j'avais jamais pu douter du résultat. Touchée par l'amour et la perfection de la nature, j'avais un seul désir, tranquille et serein, celui d'aller m'asseoir tout contre la terre, entourée de paix, dans la célébration des fleurs printanières, et d'apprécier tout ce qui s'était passé et tout ce que je suis.

Pour finir, je dois ajouter que je suis réaliste ; je comprends l'approche occidentale du cancer. Je sais également qu'il y a ici de grandes possibilités. Toutes les vérités de mon expérience convergent d'une certaine manière vers une vérité unique, mais lorsque je crois l'avoir saisie, elle m'échappe. J'en retire un sentiment d'humilité et je me sens assez sotte d'essayer d'analyser la plénitude. Mais je suis très, très paisible et tranquille, ayant reçu maintes fois l'assurance que la plénitude est la perfection.

Eléonore a parcouru un très long chemin. L'année dernière, elle n'avait presque aucune chance de survivre à sa maladie ; aujourd'hui, de nombreuses sommités en la matière, telles que le Dr Ikémi, considéreraient son cas comme une rémission spontanée. Son état général est satisfaisant ; aucun signe ne montre que son organisme s'affaiblit. Huit mois après la dernière chimiothérapie, son cancer des os s'est réduit à une seule petite ombre sur la radio, et on n'a pas clairement démontré que cette ombre était cancéreuse. Les paramètres biochimiques, devenus anormaux suite à la maladie active, sont maintenant redevenus normaux — cela prouve bien plus nettement que les radios qu'Eléonore va bien.

Je n'ai plus peur pour elle maintenant, même si elle devait recommencer la bataille. Eléonore est au-dessus des batailles — elle irradie la quiétude qu'elle décrit. Passer un moment en sa compagnie me rend heureux et confiant, d'autant plus que je comprends combien sa paix est rare. A partir du désespoir de la maladie, elle a découvert la joie. Au moment où la mémoire de la santé est revenue, elle lui a apporté une force suffisante pour toute sa vie.

Remerciements

A Gautama, Mallika et Rita, pour leur amour inconditionnel et leur acceptation de tout ce que je fais.

A Carla Linton, pour son dévouement à créer un monde meilleur.

A Muriel Nellis, qui a su dès le début me donner confiance en mes capacités d'écrivain.

A Toni Burbank, dont les conseils m'ont permis de clarifier ma pensée et qui a amélioré tous les chapitres de ce livre.

Et plus particulièrement à Huntley Dent — notre profonde amitié, les convictions que nous partageons, et ses conseils littéraires ont été pour moi des expériences bénéfiques.

Bibliographie

Plutôt que de présenter une bibliographie complète, j'ai le sentiment que les lecteurs apprécieraient une liste plus courte d'ouvrages particulièrement intéressants sur les principaux sujets que j'évoque dans ce livre : physique, médecine corps-esprit et Véda.

Chopra, Deepak. *Vivre la Santé*. Montréal : Stanké, 1988.

Chopra, Deepak. *Le Retour du Rishi*. Paris : Argel, 1989.

Davies, Paul. *God and the New Physics*. New York : Simon and Schuster, 1984.

Dossey, Larry, M.D. *Space, Time and Medicine*. Boston : Shambhala, 1982.

Franklin, Jon. *Molecules of the Mind*. New York : Atheneum, 1987.

Hawking, Stephen M. *Une brève histoire du temps*. Paris : Flammarion, 1989.

Kaku, Michio, Ph.D., and Jennifer Trainer. *Beyond Einstein*. New York : Bantam, 1987.

Locke, Stephen, M.D., and Douglas Colligan. *The Healer Within*. New York : Dutton, 1986.

Maharishi Mahesh Yogi. *On the Bhagavad-Gita*. London : Penguin, 1967.

• *Science of Being and Art of Living*. New York : Signet, 1968.

Murchie, Guy. *The seven mysteries of Life*. Boston : Hought Mifflin, 1978.

Smith, Anthony. *The Body*. New York : Viking, 19

Wilber, Ken, ed. *Quantum questions*. Boston : Shambhala, 1984.

Compléments bibliographiques en français*

Baiërlé, Pierre. *Passeport pour l'immortalité. L'Ayur-Véda Maharishi.* Lausanne: Faure, 1988.

Borysenko Jean et Rothstein Larry. *Penser le corps, panser l'esprit.* Paris: InterEditions, 1989.

Hanna Thomas. *La Somatique.* Paris : InterEditions, 1989.

Lynch James. *Le cœur et son langage.* Paris : InterEditions, 1987.

Paul-Cavallier, François, J. *Visualisation.* Paris : InterEditions, 1989.

* Ajoutés par l'Editeur.

Index

960637 - (IV) - (1,5) - OSB 80° - RET

Achevé d'imprimer sur les presses de la
SNEL S.A.
Rue Saint-Vincent 12 – B-4020 Liège
tél. 32(0)4 344 65 60 - fax 32(0)4 344 65 60
janvier 2001 – 19968

Dépôt légal : février 2001
Dépôt légal de la 1re édition : 1998